꿈이 만든 나라

대한민국 산업기술 100장면

1919 ~ 2019

꿈이 만든 나라

대한민국 산업기술 100장면

1919 ~ 2019

100 YEARS OF TECHNOLOGICAL CHALLENGE,
100 BREAKTHROUGH SCENES IN KOREA

한국공학한림원 편저

다니비앤비

머리말

                        일제강점기와 한국전쟁의 폐허를 딛고 일어난 우리나라는 사회적 혼란과 급변하는 세계 정세 가운데에서도 기적과 같은 경제 발전을 이루어냈습니다. 그 중에서도 산업기술 분야에서의 괄목할 만한 성장은 오늘날 우리나라가 세계적인 경제대국으로 도약할 수 있는 가장 중요한 역할을 담당했다고 할 수 있습니다.

    그러나 아쉽게도 지나온 우리 산업기술의 역사적 성과에 대한 발자취를 체계적으로 기록하고, 그 발전과정을 총체적으로 정리하는 작업이 부족하였습니다. 이러한 작업의 필요성을 절실히 공감한 한국공학한림원은 지난 2016년부터 총 4개년 계획으로 전 산업 분야를 망라하는 약 400인의 전문가가 참여하여 대한민국 산업기술 발전사를 정리하고 편찬하는 연구를 진행하였습니다. 이 연구의 결과물로 지난 2019년 6월, 10권 5,000페이지에 달하는 분량의 《한국 산업기술 발전사》를 발간한 바 있습니다. 이는 국내 최초로 우리나라 산업기술의 역사를 정리한 사료로서, 한국 산업기술의 발전과정을 상세하고 객관적으로 총 정리한 기록물로 널리 인정받았으며, 또한 우리 산업기술 발전의 경험을 후대에 전수하고 새로운 가치를 창출하기 위한 연구 기반을 구축한다는 큰 의미를 갖게 되었습니다. 하지만 제작된 발전사의 방대한 분량과 전문적인 내용으로 인하여 우리 산업기술 역사의 의미 있는 가치를 국민들에게 전달하기에는 많은 제약사항이 있었습니다. 이를 보완하기 위하여, 한국공학한림원에서는 일반 국민들이 우리 산업기술의 역사를 쉽게 접할 수 있도록 보다 대중적이고 교육적인 콘텐츠를 개발하게 되었습니다.

우리 산업기술의 지나온 발자취를 주요 장면별로 살펴본《꿈이 만든 나라(부제: 대한민국 산업기술 100장면)》는 그 당시 당장의 생존을 걱정해야 했던 가난한 나라에서 오늘날 세계 경제를 주도하는 부강한 나라로 발전할 수 있었던 원동력을 확인할 수 있는 귀중한 기록이 담겨 있는 책입니다. 이 책 안에는 지금의 대한민국을 만들어낸 수많은 산업기술 중에서 우리가 주목해야 할 100장면을 엄선하여 그 발전과정과 성과를 상세하게 소개하였습니다.

우리의 산업기술 역사를 시대 순으로 한 권의 발전사에 모아놓고 보니 지나 온 발전과정이나 이룩한 성과 모두가 감동의 장면뿐이었습니다. 불모지에서 싹을 틔우는 심정으로 오직 부강한 대한민국의 미래만을 꿈꾸며 지금의 세계적인 나라를 만들어낸 선배 산업기술인들의 노고에 다시 한번 경의를 표합니다. 이러한 성과를 돌이켜보는 것을 계기로 현업에서 고군분투하는 연구자와 기술인 그리고 기업인들이 우리 산업기술의 가치와 그 중요성을 다시 한번 되새기며 자부심을 갖고 앞으로 나아갈 방향을 제시하였으면 합니다.

지금 세계는 4차 산업혁명이라는 패러다임 전환의 시대를 맞고 있습니다. 우리나라도 그동안 고속 성장을 이끌었던 산업들의 성장세가 둔화되면서 미래를 준비하는 새로운 성장 동력을 만들어내기가 쉽지 않은 상황입니다. 이럴 때일수록 우리 산업기술 종사자들이 그동안 이룬 성과의 가치를 재발견하고, 과거의 굳건한 도전의식을 되살리려는 노력을 해야 하지 않을까 생각합니다. 특히, 100장면을 통한 반성과 다짐을 바탕으로 현재 우리에게 부족한 면이 무엇인지 꼼꼼히 살펴보면서 재도약의 발전을 위한 노력을 경주해 나간다면 새로운 미래를 향한 희망의 싹이 다시 피어날 것이라 믿습니다. 또한, 우리 젊은이들이 이 책에 담긴 과거 공업입국의 꿈을 현실로 이루어낸 선배들의 저력을 이어받아 지속가능한 미래를 만들어가는 인재로 성장했으면 하는 바람을 가져 봅니다.

한국공학한림원은 앞으로도 우리 공학기술계의 리더그룹으로서 우리나라 산업 및 공학기술의 발전을 위해 전력을 다해 노력할 것이며, 국가와 인류의 지속적인 발전을 위한 선도적인 역할을 성실히 수행하도록 하겠습니다.

감사합니다.

한국공학한림원 회장 **권오경**

차례

4부
2000년 이후

1부

일제강점기 ~ 1950년대

대한민국 임시정부에 깃든 공업입국의 빛

우리나라 과학기술계의 선구자 '박찬익'

001
/
100

선구자 박찬익

대한민국 임시의정원 의원 일동(앞줄 왼쪽 2번째가 박찬익)
출처: 국립중앙도서관 디지털컬렉션

하늘이 검은 구름으로 덮인 듯 20세기 초입 일제강점기의 어둠은 깊었다. 대한민국 역사의 잃어버린 퍼즐 조각처럼 우리 과학기술계의 미래도 앞이 보이지 않는 상황이었다. 우리 땅과 언어, 정신을 말살당하고 민족의 운명이 바람 앞의 촛불 같이 흔들리던 시절. '하늘도 그만 지쳐 끝난 고원(高原)/서릿발 칼날진 그 위에'(이육사, 〈절정〉) 굴하지 않고 더 크게 횃불을 들었던 독립투사들과 대한민국 임시정부의 발자취는 어둠 속 실오라기처럼 꺼져가던 여명을 밝혔다. 그 속에 '공업입국(工業立國)'으로 부국강병을 간절히 열망하던 과학기술자가 있었다. 1919년 대한민국 임시정부 수립에 참여한 독보적인 과학기술인 남파 박찬익(朴贊翊, 1884~1949)이다.

한일 합방 직전 일본의 내정 간섭이 극에 달하고 나라의 존립이 위태로울 때, 과학기술계에서도 교육을 통해 인재를 키우고, 측량과 공업기술을 익혀 토지를 지키고 산업을 일으키기 위한 움직임이 일어났다. 우리나라 초창기 이공계 교육의 시작은 '관립상공학교'로 거슬러 올라간다. 1899년 고종(高宗)은 청과 일본 등의 차관(借款)에 국가 재정을 의존하던 열악한 상황에서도 '기술 교육이야말로 국가 존립의 관건'이라며 우리나라 최초의 과학기술 교육기관인 '관립상공학교'를 설립하였다. 이후 관립상공학교는 일제의 통감정치 시절이던 1907년 '관립공업전습소'로 이름을 바꾸었다. 당시 대학이라고는 사실상 일본인을 위한 학교였던 경성제국대학이 유일했다. 식민지 젊은이들에게 고등교육의 기회는 주어지지 않았다. 해외로 나가 대학을 마친다 해도 고국에 돌아와 자신의 전공을 살려 일자리를 얻기는 어려웠다. 과학기술 분야 역시 일본의 철저한 통제 아래 숨죽이고 있었다.

경기도 파주에서 태어난 박찬익은 열아홉 살이던 1902년 관립상공학교에 진학하였다. 1904년 국권 회복을 위한 모의를 하다가 발각되어 퇴학당한 박찬익은 비밀결사조직 신민회에 가입하여 애국계몽운동을 벌이다가 1908년 도산 안창호의 후원으로 다시 관립공업전습소 염직과에 입학하였다. 이후 박찬익은 재학생을 중심으로 과학기술 진흥 운동에 앞장섰다. 동지들을 결집하고, 흩어진 힘을 하나로 모으기 위해 사회 명사들의 후원을 받아 1908년 9월 7일 우리나라 최초의 이공계 단체인 '공업연구회'를 창설하였다. 초대회장은 박찬익, 부회장은 정해설이었다. 공업연구회는 금공(金工, 기계공업)·토목·도기·응용화학·염직 등이 주축이 되어 회보를 발간했고, 학술 강연회를 열어 일반 국민 대상의 계몽 운동에도 힘썼다. 우리나라 최초의 과학기술 잡지인 〈공업계〉를 발간하기도 하였다.

1908년 10월 18일자 〈황성신문〉에 실린 관립공업전습소의 '공업연구회'에 관한 사설(社說)을 보면, 당시 기술학도들의 열정과 의기가 고스란히 전해진다.

…공업연구회를 조직하고 한 달에 두 번씩 야간에 모여 상호 토론 지식을 교환하고, 일반 방청자까지 강연과 실습을 통하여 공업의 뜻하는 바를 인식토록 하고 각자 매달 50전을 출연하여 잡지를 발간하고, 일반 국민에게 공업의 지식을 전달케 하기로 의결하였다고 하니…

금일 공업전습소의 발전은 실업계에 새로운 희망을 주고 있으니 우리 동포는 이와 같은 실상을 절감하고 상상력과 경쟁심을 분발하여 각종 공업의 연구와 진취를… 국력을 부강케 하는 목표에 득달하기를 축원하노라

당시 공업연구회 후원회에는 대표적인 애국계몽운동가였던 유길준, 안창호, 장지연, 신채호, 지석영, 이상재, 오세창, 김규식, 최남선, 노백린 등 160여 명이 대거 참여하였다. 국권을 회복하기 위한 발판으로 공업기술의 발전을 얼마나 염원했는지 알 수 있는 대목이다.

박찬익은 중국 상해에 대한민국 임시정부가 세워지자 합류해 평생을 독립운동에 헌신하였다. 중국어 실력이 뛰어났던 그는 외무부 외사국장 겸 외무차장 대리로서 대중국 외교에 주력하여 중국 총통 손문(孫文)으로부터 임시정부 승인을 받아냈으며, 한중합작 항일운동을 전개했다. 1932년 윤봉길의 의거로 임시정부가 위기에 처했을 때 이동녕, 김구를 도피시키기도 했다. 그는 임시의정원 의원, 법무부장, 임시정부 주화(駐華)대표단장 등을 맡아 활약했으며 그 공로를 인정받아 1963년 건국훈장 독립장이 추서되었다.

일제강점기에 우리나라 최초의 과학기술 단체를 조직하고, 대중을 위한 과학기술 잡지를 발간했던 박찬익 같은 선구자가 있었다. 그리고 격동의 한 세기를 지나 대한민국 임시정부 수립 100주년을 맞는 오늘, 대한민국은 세계 5위의 제조업 국가로 우뚝 섰다. 황무지와 같은 척박한 땅에 공업입국의 씨앗을 뿌린 이들의 꿈과 열망이 이 땅에 어떻게 열매 맺었는지를 되새겨 보아야 할 때다.

"떴다 보아라 안창남 비행기"

과학조선의 희망을 창공에 펼친 비행사 '안창남'

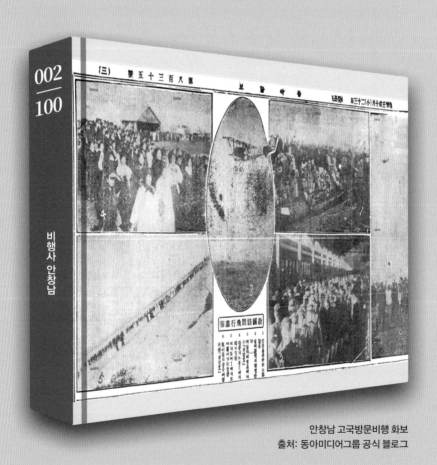

안창남 고국방문비행 화보
출처: 동아미디어그룹 공식 블로그

1922년 12월 10일. 영하의 겨울 날씨에 칼바람이 세차게 부는 여의도 상공. 비행기 옆면에 한반도가 그려진 안창남(安昌男, 1901~1930, 독립유공자 서훈)의 비행기 금강호(金剛號)가 힘차게 날아올랐다. 여의도 백사장에 구름 같이 모여든 관중들은 일제히 비행기의 궤적을 따라 시선을 옮기며 탄성을 질렀다. 경성 인구가 30만 명이던 시절, 5만여 명의 군중이 모였다. 경성 사람 6명 중 1명이 보러 나온 셈이었다. 안창남의 고국방문비행은 엄청난 민족적 이슈였다. 남대문역에서 하루 4회의 임시열차가 운행될 만큼 여의도로 향하는 길목은 인산인해를 이루었다. 안창남의 비행기는 한껏 날아올라 남대문, 광화문 위를 날며 비행했다. 그리고 경성시민들에게 인사의 종이를 뿌렸다.

'발명과 창작에 독특한 천재를 발휘하야 인류사상에 대서특필할 수많은 기록을 끼친 우리의 선조가 비행기의 발명에 있어서도 세계에 가장 앞섰던 일은 문헌이 증명하는 바입니다(「오주연문장전산고」에 비거飛車 기록이 있다) … (중략) … 위대한 조상의 피는 우리의 혈관에 흐르니 우리도 노력만 하면 예전의 영광을 다시 빛내 인류공동의 행복증진에 큰 공헌을 기여할 수 있을 것입니다. 우리는 이 뜻으로 고국방문의 비행을 실행하는 동시에 조선이 과학의 조선이 되고, 아울러 다수한 비행가의 배출과 항공술의 조속한 발전을 요망하야 마지아니합니다.'

조선인 비행사가 한반도 창공에서 첫 비행을 펼친 역사적인 순간이었다.

당시 최고의 신문물이었던 비행기가 조선 하늘에 등장한 것은 1913년 일본 해군 장교 '나라하라 산지(奈良原三次)'의 비행이 처음이었다. 비록 3분간의 비행이었지만 식민지였던 우리 국민들은 높은 과학기술을 구현하고 있는 일본의 국력에 경외감을 느꼈다. 1917년 5월에는 미국인 '아트 로이 스미스'가 아시아를 돌며 곡예 비행공연을 펼쳤다. 묘기와도 같은 비행술은 조선 소년들의 가슴을 뛰게 만들었다. 그중에 16세의 안창남이 있었다. 그 후 일본으로 건너간 안창남은 오쿠리 비행학교에 입학한다. 1921년 일본에서 처음으로 치러진 면장제도에 수석 합격하면서 조선에서는 그를 후원하는 사람들이 생겨났다. 1922년 한 언론사의 주선과 각계의 후원으로 그의 고국방문비행이 성대하게 열렸다. 근대 문명 최고의 상징과도 같은 비행기를 조선인 비행사가 운전하는 일은 억눌려 있던 조선인들의 기개를 단숨에 일으켜 세워, 과학을 향한 대중의 관심을 불러일으키기에 충분했다.

늘 고국의 하늘을 그리워하던 안창남은 고국방문에 쓸 비행기를 구하지 못해 오쿠리학교에 있는 헌 비행기를 빌렸다. 보통 비행기의 반밖에 되지 않는 크기의 뉴포르기를 수리한 후 옆면에 한반도 문양을 손수 그려 넣었다. 방한 기능도 없는 누더기 같은 작은 비행기를 타고 12월 10일과 13일 두 차례에 걸쳐 경성과 인천의 하늘을 날았다. 이를 두고 당시 신문에서는 "꿈인 듯 생시인 듯 어쩔 줄 모르고 황홀했다"고 보도했다. 그 후 "떴다 보아라 안창남 비행기"로 시작하는 경기민요 〈청춘가〉를 개사한 노래가 대중들 사이로 퍼져 나갔다. 안창남을 따라 비행기 조종술을 익히려는 젊은이들이 급격하게 늘어났고, 조선인 최초의 여성 비행사 권기옥(1925년 중국 운남항공학교 졸업)의 등장으로 이어졌다. 선구적 비행사 안창남은 당시 조선과 일본의 언론이 일거수일투족을 보도할 만큼 인기 있는 조선의 아이돌 스타였다. 그는 이후 중국으로 건너가 항일운동에 참여하던 중 불의의 비행기 사고로 젊은 나이에 세상을 뜨고 말았다.

한편 미국에서는 1920년 대한민국 임시정부의 노백린 군무총장이 캘리포니아주에서 쌀농사로 거부가 된 재미동포이자 독립운동가인 김종림의 도움을 받아 월로우스 레드우드(Willows Redwood)에 비행학교를 세워 조선인 조종사를 양성하였다. 이때 김종림은 자신의 농장 중 40에이커의 땅을 비행훈련장으로 내놓았다. 약 4,000달러를 지원하여 5대의 항공기를 임차하고 비행사 양성소를 설립해 약 30명의 학생을 훈련시켰다. 그 학생들 중 박희성과 이용근은 1921년 7월 광복군 비행 참위로 임명되었다. 그러나 이 비행학교는 김종림의 쌀농사가 대홍수로 타격을 입으면서 1921년 말 폐교하고 말았다.

조선 하늘을 날았던 최초의 조선인 비행사 안창남은 민족의 항공 독립을 꿈꾼 '독립운동가'였다. 그의 고국방문비행은 일본의 식민지로 전락해 민족의 자존심이 짓밟힌 조선인들에게 '우리도 할 수 있다'는 자신감을 일깨워주었다. 이를 계기로 조선인들이 주도하는 발명학회, 과학지식보급회, 조선박물연구회 등이 불붙듯 만들어졌다. '과학조선' 운동이 대중적으로 널리 퍼지면서 과학기술에 기반한 부강한 나라를 만들어야 한다는 주장이 힘을 얻었고, 이는 1930년대 과학운동을 거쳐 해방 이후로까지 이어졌다.

세계무대에 우리의 과학기술력을 떨치다

국제적 인정을 받은 조선인 엔지니어 '이병두'

003
—
100

엔지니어 이병두

INFLUENCE OF COMPOSITION OF BODY AND GLAZE ON THE PHYSICAL PROPERTIES OF A TRUE PORCELAIN[1]

By Pyungtoo William Lee

ABSTRACT

An effort to produce a higher quality of true porcelain at cones 10 to 12. Physical properties of body and glaze and their workabilities are observed. Tested for shrinkage, warpage, translucency, absorption and modulus of rupture.

Introduction

The purpose of this investigation is to obtain the possibility of producing a true porcelain of higher quality, chiefly, using domestic materials. The proper proportions and mixture of the different constituents and ingredients in the body and glaze have much to do with the quality of the ware. In solving the problem there are two things to be considered: the physical and chemical properties of their constituents, and their influences. This present investigation deals only with the physical properties and their influence.

이병두의 연구논문
《Journal of the American Ceramic Society》 9-2

1922년 미국 오하이오 주립대학 석사 학위 수여식. 푸른 눈의 졸업생들 사이로 검은 머리칼에 다부진 눈매를 가진 동양의 한 청년이 시선을 끌었다. 아시아의 동쪽 끝 이름도 낯선, 조선이라는 나라에서 날아온 이방인이었다. 당시 미국에서도 신학문이던 세라믹공학으로 석사 학위를 취득한 이유를 묻는 인터뷰에 그는 이렇게 대답했다. "요업공학이 조선의 독립자금을 만들기에 가장 적합한 학문이라 생각하기 때문입니다. 그리고 조국의 고려청자의 전통을 살리려는 저의 개인적인 꿈 때문이기도 합니다."

이 청년이 조선인 최초로 국제적인 활약을 펼친 엔지니어 이병두(李秉斗, William P. Lee, 1897~1978)이다. 평양의 숭실전문을 다니다가 일찌감치 미국으로 건너간 그는 대학에서 정치학과 사회학을 전공했다. 그러나 식민지 청년으로서 보다 현실적인 대안을 찾기 위해 다시 과학기술 분야 대학원에 진학한 것이었다.

식민지 시대 조선인이 과학기술에 관한 고등교육을 받는 것은 쉽지 않았다. 그래서 그 기회를 찾아 적지 않은 사람들이 해외로 유학을 떠났다. 상당수는 가까운 일본으로 갔으나 일부는 멀리 미국으로도 건너갔다. 대부분 국내 기독교계 학교를 마치고 선교사들의 도움을 받아 떠난 경우들이었다. 미국 오하이오 주립대와 미시간대는 과학을 공부하려는 조선인들이 많이 진학한 대표적인 곳이었다. 이들 중에는 학위를 취득하고 귀국한 사람들도 있었으나 이들이 조선 땅에서 자신의 전공을 살릴 기회를 얻기는 무척 어려웠다. 따라서 미국에 머무르며 자신의 전문 분야로 진출한 사람들이 생겨났다. 이 과정에서 국제적으로 두각을 나타내는 조선인 엔지니어가 등장하기 시작했다. 이들은 전문적인 기술 개발 외에도 식민지 조선의 독립과 처우 개선을 위해 활동하기도 했다.

이병두는 1926년 조선인으로서는 최초로 영문 과학저널 〈Journal of the American Ceramic Society〉에 연구논문을 발표했다. 1938년 공학전문 학위(Professional Engineering Degree)를 받은 후, 의치용 세라믹에 관한 미국 특허를 12건이나 연속으로 취득했다. 이러한 연구 성과에 힘입어 그는 '덴티스트 서플라이(Dentists Supply)'라는 회사를 세워 큰 성공을 거두었고, 이를 통해 상당한 재산을 모을 수 있었다.

그는 고국에도 세라믹공학과를 세워 인재를 양성해야 한다는 선각자적인 신념을 실천에 옮겼다. 1959년 연세대학교 후원 기관인 UB재단에 미화 5만 달러를 기탁해 연세대학교 요업공학과(현재 세라믹공학과)를 창설할 수 있도록 도왔다. 1960년대 한국에는 현대적인 의미의 첨단 파인세라믹스가 거의 알려지지 않았던 시기였다. 세라믹 치과 재료 분야에 종사하던 이병두 선생은 앞으로 세라믹스가 치과 재료는 물론 바이오, 전자 재료와 같은 첨단 신소재로 크게 발전할 것이라 예측했다. 그래서 자신의 재산을 기꺼이 연세대학교 세라믹공학과 설립을 위해 기증한 것이었다. 우리나라 여러 대학교에 수많은 학과들이 있지만 이처럼 한 개인이 자신의 재산을 기증하면서까지 시대적 필요에 따른 학과 설립을 요구하여 세워진 경우는 연세대 세라믹공학과가 유일하다.

일제강점기라는 어려운 여건 속에서도 조선인들은 과학기술 분야에서 두각을 나타냈다. 국가의 후원과 지지는 없었으나 개인의 강인한 열정과 정진으로 국제적으로 인정받는 성과를 거두었다. 이병두는 조선인 최초의 엔지니어로서 의치용 세라믹 연구 개발을 선도한 세계적인 연구자이며, 조선인의 과학기술적 기개를 떨친 선구자였다.

또 북미유학생총회, 한국의 벗 연맹, 〈코리아리뷰〉 발간 등 독립운동에도 적극 참여했다. 조국에서 추진하는 교육사업인 1934년 이화여전 재건, 1959년 연세대 요업공학과 설립에도 기부하는 등 고국의 교육계 발전을 위해 힘쓰기도 했다.

빼앗긴 들에 우뚝 선 소나무처럼

조선인 과학기술 박사들의 출현 '조응천과 최황'

004
/
100

과학기술 박사 조응천과 최황

THREE ELECTRODES VACUUM TUBE OSCILLATOR

THREE ELECTRODES VACUUM TUBE OSCILLATOR, A
SPECIAL CASE OF PARALLEL RESONANCE.

THE EFFECT OF THERMAL TREATMENT UPON
SPECIFIC GRAVITY CHANGES AND PHYSICAL
PROPERTIES OF PORTLAND CEMENT CLINKER

조응천과 최황의 박사 학위 논문초록

봄기운이 완연한 경성의 어느 저녁, 종로 기독교청년회관에서 과학 강연이 열렸다. 900명이 넘는 인파가 몰려든 이날 강연의 주제는 '라디오'였다. 강연자는 미국 인디애나대학교에서 물리학 박사 학위를 받고 귀국한 조응천이었다. 신기한 네모 상자에서 소리가 나오는 기이한 현상의 원리를 실험을 통해 설명하는 젊은 과학자의 목소리에는 힘이 넘쳤다. 라디오를 직접 보는 것도 힘들던 시절, 그를 지켜보는 관객의 눈에는 새로운 세상을 발견한 호기심이 번득였다. 지구 반대편 미국으로 유학 갔다가 박사가 되어 돌아온 조응천은 모두가 선망하던 엘리트이자 조국의 희망 그 자체였는지도 모른다.

1920년대부터 해외에서 유학하는 조선인들 중에 학부를 넘어 대학원으로 진학하여 과학기술 공부를 계속하는 경우가 생겨났다. 당시 국내 기독교계 전문학교에서 교수 인력을 필요로 했고, 대학을 다니는 과정에서 학문적 열정이 높아진 것이 그 배경이었다. 20세기 초 선진국에서는 발전하는 과학기술의 성과를 높이기 위한 연구 인력이 크게 늘어나고 있었다. 따라서 과학기술자가 되기 위해서는 대학원에서 교육과 연구 경력을 쌓는 것이 중요해졌다. 조선인들 중에서 대학원 과정을 밟는 이들이 나타난 것은 수준 높은 과학기술을 공부하는 연구자들이 본격적으로 출현하게 되었음을 의미한다. 일제강점기라는 환경에서 국내보다는 해외에서 이러한 과학기술자들이 등장하는 것은 막을 수 없었다. 미국에서 박사 학위를 받은 사람들이 등장했고, 이어 일본에서도 학위자들이 점차 나타났다.

일제강점기 동안 이공계 박사 학위를 받은 사람은 10명 안팎으로 손에 꼽을 정도다. 한국인 최초의 이학박사는 1926년 미국 미시간대학교에서 천문학을 전공한 이원철이고, 최초의 공학박사는 1934년 오하이오 주립대에서 화학공학을 공부한 최황이었다. 그리고 1928년 인디애나 대학교에서 물리학박사 학위를 받은 조응천과 1933년 미시간 대학교에서 물리학박사 학위를 받은 최규남 등이 있었다. 의원을 개업할 수 있는 의·약학 분야는 조선인 박사가 340명에 이른 반면, 이공계 분야는 박사 학위를 받을 때까지 학업에 매진하기가 어려웠다. 뿐만 아니라 박사 학위를 받은 조선인을 채용하는 곳이 거의 없어 소수에 불과했다.

조응천(曺應天, 1895~1979)은 평양 숭실전문학교를 졸업한 뒤 미국으로 건너가 트라이스테이트 대학에서 토목공학으로 공학사를, 퍼듀대학에서 물리학과 수학으로 이학석사 학위를 받았다. 뒤이어 인디애나 대학교에서 전기학의 세계적인 권위자 램지 교수 밑에서 박사과정을 밟아 1928년 〈삼극진공관에 관한 연구: 최대 전류 조건(A Study of the Three-Electrode Vacuum-Tube Oscillator: Condition for Maximum Current)〉이라는 논문으로 물리학(전자공학 관련)박사 학위를 취득했다. 한국으로 돌아온 조응천은 기독교 청년운동에 참여하면서 〈농민생활〉이라는 월간지를 발행하며 농민 교육에 힘썼다. 광복 후에는 군정청 경무부 통신국장, 정부 수립 후에는 육군통신학교장과 통신감을 거친 뒤 1956년 소장으로 예편하였다. 1957년 체신부차관에 취임한 뒤 한국동란으로 파괴된 통신시설 복구에 공을 세웠다. 관직에서 물러난 뒤에는 동국전자고등공업학교 기술고문, 동국전자공과대학 명예학장, 광운전자공과대학 학장, 대한전자공학회 회장 등을 역임하면서 대한민국 과학기술교육 발전에 힘을 쏟았다. 그는 전기통신공학에 관한 서적 외에도 일반교양 과학서적인 《백만인의 원자학》, 《백만인의 인공위성》 등 많은 저술을 남겼다.

최황(崔晃, 1908~?)은 경성고등공업학교(서울대학교 공과대학의 전신) 응용화학과를 우등 졸업하고, 1929년 미국 뉴욕주 시라큐스 대학교 화학공학과에 입학하여 1931년 6월 최우등으로 졸업했다. 곧이어 오하이오 주립대학 박사과정에 진학하여 1934년 〈보통 시멘트 벽돌의 비중 변화와 물리적 성질에 대한 열처리 효과(The Effect of Thermal Treatment upon Specific Gravity Changes and Physical Properties of Portland Cement Clinker)〉라는 논문으로 박사 학위를 취득하여 한국인 최초의 공학박사가 되었다. 학업 성적이 매우 뛰어났던 최황은 돌아와 연희전문학교 교수로 활동했고, 과학운동에도 참여하여 과학데이 강연자로 나서기도 했다.

조응천과 최황은 일제강점기라는 역경 속에서도 과학기술에 대한 열정과 노력을 굽히지 않은 선구적인 이공계 박사 학위자들이다. 이들은 아무도 가지 않은 길을 먼저 헤치고 걸어감으로써 우리나라 과학기술의 저변 확대에 크게 기여했으며, 후학들의 길을 열었다. 또한 자신들이 익히고 배운 선진 학문을 전하기 위해 과학기술 교육에 종사하면서 후학들이 과학기술 분야로 진출하는 것을 아낌없이 도왔다. 이들이 교수로 재직했던 숭실전문학교와 연희전문학교는 과학기술 교육이 활발히 일어난 대표적인 교육기관이었다. 아울러 이들은 대중들에게 강연을 통해 과학기술을 널리 보급하는 데도 깊은 관심을 기울여 대중들의 호응을 한몸에 받았다.

조선 제일의 다리를 아시나요?

조선인 토목기술자 최경렬이 설계한 '한강신인도교'

005
100

한강신인도교

최경렬이 설계한 한강신인도교 전경
출처: 그림엽서 '漢江の人道橋'

유유히 흐르는 한강을 가로지르며 시원스레 놓인 한강대교 위로 쉼 없이 차들의 행렬이 이어진다. 돌아서면 지나간 물결이 되어버리는 시간과 역사의 소용돌이를 오랫동안 묵묵히 지켜보고 있는 한강은 일제강점기를 거쳐 한국전쟁의 아픔을 지나 경제 발전을 이룬 오늘날까지 참으로 많은 상징적인 순간들을 아로새기고 있다. 아스라한 흑백사진 속에 남은 한강대교의 옛 모습, 한강신인도교로 불렸던 이 다리는 누구의 손에 의해 만들어졌을까? 사실 이 다리는 당시 일본인들이 주도하던 대부분의 대형 토목사업들과는 달리 조선인 토목기술자의 손에 의해 만들어졌다.

한강 최초의 교량인 한강인도교는 1917년 조선총독부가 건설했다. 한강로에서 노량진까지 강 가운데 중지도를 만들어 2개의 다리를 이은 형태로 차도 폭 4미터, 좌우측 보도가 1미터에 불과해 증가하는 교통량을 처리하기에는 힘에 부쳤다. 그래서 1925년 7월 대홍수 때 중간 둑이 유실되어 재건할 때, 확장 공사를 거쳤다. 그럼에도 거듭되는 불편을 해소하기 위하여 1934년 8월 신교 건설에 착수하는데, 이것이 한강신인도교이다.

일제강점기에는 철도를 비롯한 도로, 교량, 댐, 항만, 수리시설 등 다양한 근대적 건설 공사가 펼쳐졌다. 근본적으로는 식민지를 효과적으로 통치하고 수탈하기 위한 목적이었고, 다른 한편으로 내한한 일본인들의 산업 활동을 활성화하기 위해서였다. 따라서 조선에서 벌어진 주요 기술 사업은 전적으로 일본인들에 의해 추진되었고, 조선총독부가 전폭

적으로 지원하는 형식이었다. 이런 차별적인 상황에서도 일찍부터 과학
기술 고등교육을 받고 조선총독부 기술부서에 취업해 고위직에 오른 몇
몇 우리 민족에게도 사업 참여의 기회가 주어졌다.

한강신인도교를 설계한 조선인 토목기술자 최경렬(崔景烈, 1905~
1975)이 그중 한 명이다. 평안남도 순천에서 출생한 그는 평양고등보통
학교를 마치고 일본으로 유학을 떠나 1924년 경도제국대학 토목공학과
를 졸업했다. 일본 최고의 명문대학을 나왔을 뿐만 아니라 조선인 중 비
교적 이른 시기에 고등교육을 받았다. 그는 조선총독부 내무국 토목과
에 취직했고, 3년 후 기사(技師)로 승진했다. 뛰어난 역량과 능력을 인
정받은 그는 1934년 일본인 기수 2명을 데리고 한강신인도교 설계에 착
수한다. 당시 금액으로 300만 원이라는 거액이 투입된 조선 최대 규모
의 프로젝트였다. 6개의 시안을 비교 검토한 결과 본류 측 교량은 당시
의 신기술을 동원한, 구조적으로 견고하고 아름다운 '6경간 타이드아
치' 형태로 구상했다. 그는 설계자이자 공사 감독관으로서 이 교량의 건
설 사업을 주도했고, 1936년 10월에 2년여에 걸친 대역사를 완성했다.
총연장 1,005미터로 조선 제일, 한반도 최고의 교량이 탄생했다.

조선인들이 주요 기술 사업에 참여하거나 심지어 그것을 주도하는 일
은 매우 드물던 시절이었으니 큰 자랑거리가 아닐 수 없었다. 언론에서
도 이 사실을 대대적으로 보도하며 민족의 자긍심을 고취하는 기회로
삼았다. 〈조선일보(1935. 10. 23)〉는 "현대문명의 일대정화로서… 그야
말로 조선 제일의 다리로서 가난한 조선에 세계적인 것을 또 하나 더할
터인데… 조선인 기사의 머리로 설계되었다는 소식이 들려서… 과학조
선의 환성으로 자못 명랑하다"고 대서특필했다.

이 다리는 당시 가장 교통량이 많던 경인, 경부 지역의 도로와 원활히 연결되면서 서울, 인천, 경기 지역에 큰 변화를 가져왔다. 특히 조선인이 많이 거주하던 낙후한 흑석 지역에 중앙보육학교가 들어서면서 학교 촌을 형성하여 발전하는 계기를 만들었다.

최경렬의 한강신인도교 설계는 조선인이 주도해서 이룬, 대내외에 과시할 만한 대표적인 기술 성과였다. 또한 해방 이후에도 우리나라 교량 공학의 효시 역할을 했다. 비록 일제식민지 통치정책의 일부였다고 해도 그 결과는 많은 조선인이 이용하는 실체적이며 상징적인 시설로 기능했다. 선도적인 조선인의 노력으로 이루어진 기술 사업은 후대에도 기술적 유산으로 전승되었다.

오늘날 우리나라가 세계인이 놀라워하는 급속한 산업기술 발전을 이룰 수 있었던 데에는 이러한 기술의 뿌리가 있었다. 한강이 쉬지 않고 흐르듯 역사도, 기술도 흘러가며 발전한다. 지금 대한민국에 놓인 수많은 교량들은 어쩌면 조선인 최초로 다리를 설계하고 건설했던 한 조선인 토목기술자에게 빚을 지고 있는 것이리라.

과학 황무지 조선을 과학화하자

김용관이 주도한 '과학조선 건설 운동'

006
—
100

과학조선 건설 운동

'과학데이' 포스터

1934년 4월 19일, 평양에서는 흥겨운 카퍼레이드가 펼쳐졌다. '과학조선 건설'이라는 깃발을 단 자동차 15대가 행진곡을 울리며 평양 시내를 누볐다. 서울 광화문 거리에서도 수십 대의 자동차가 〈과학의 노래(김억 작사, 홍난파 작곡)〉를 틀어놓고 행진했다. 이날 라디오에서는 특집 방송을 편성했고, 저녁에는 곳곳에서 대중 강연과 활동사진 상영회가 열렸다. 과학의 의미를 북돋우기 위한 성대한 행사가 열린 '과학(科學)데이' 날의 풍경이다. 자동차가 몇 대 없던 시절, 과학이란 단어조차 낯설던 식민지 조선에 새로운 희망이라도 등장한 것처럼 국민들의 이목을 집중시킨 날이었다.

과학데이는 "과학 황무지 조선을 과학화하자"라는 구호와 함께 1934년부터 매해 개최된 우리 민족 최대의 과학운동 행사였다. 국내 최초의 종합 과학 잡지인 〈과학조선〉을 창간한 김용관(金容瓘, 1897~1967)이 민족 지도자와 과학기술자들의 도움으로 이 행사를 마련했다. 첫 번째 행사가 열린 이날은 '과학'이 민족운동의 주축으로 떠오른 상징적인 사건이었다.

1930년대 중반부터 민족의 정체성을 지키며 조선인 스스로 발전을 추구하려는 움직임이 교육계는 물론 경제, 문화, 과학, 언어, 스포츠 등 다양한 분야에서 일어났다. 과학기술 또한 민족의 발전을 이루기 위한 필수요건으로 여겨지며 교육문화계 지식층의 관심이 부쩍 높아졌다. 때마침 국내외에서 고등교육을 받은 과학기술자들이 점차 늘어나면서 민족의 과학기술 활동을 주도할 사회집단으로 성장하고 있었다. 특히 경성고등공업학교를 졸업한 과학기술인들은 국내 최고의 이공계 교육기관을 나온 사람으로서의 사명의식을 강하게 품고 있었다.

과학운동은 1934년 경성고등공업학교 출신 김용관이 주도한 '과학지식보급회'가 조직된 후 본격적으로 출발하였다. 위대한 생물학자 찰스 다윈의 기일인 4월 19일을 과학데이로 정하고, 그 전후 일주일에 걸쳐 과학기술 행사를 다양하게 펼쳤다. 특히 카퍼레이드와 활동사진 상영회, 견학단 운영 등이 매우 인기 있었다. 지식층에게 과학기술의 중요성을 자각하게 함과 동시에 학생층에게도 과학기술에 대한 흥미를 널리 느끼게 하려는 의도가 적중했다. 주최 측에서는 이 행사의 영향으로 과학기술을 접하게 된 규모를 43만 명에서 최대 120만 명(가구당 3인)으로 추산했다.

조선인 과학기술자 60명 이상이 과학운동에 활발히 참여함으로써 우리나라 역사상 최초로 과학기술계의 공동 참여와 협력이 이루어졌다. 무엇보다 이때 내건 '과학조선 건설'이라는 구호는 과학기술계를 넘어 우리 모두가 중요하게 추구해야 할 민족적 과제로 자리매김했다. 과학데이 전후로 벌인 카퍼레이드를 비롯한 과학기술기관 견학, 대중 과학 강연, 라디오 방송, 신문의 과학기술 보도, 과학기술 좌담회 등의 행사는 이후 우리나라 과학축전의 원형이 되었다.

우리나라 최초의 종합 과학 잡지 〈과학조선〉은 1933년 6월 김용관, 박길룡(朴吉龍), 이인(李仁) 등이 설립한 발명학회(發明學會)가 창간한 학회지이다. 초기에는 발명가들의 활동을 돕기 위한 실용적 정보를 제공하고 발명 정신을 고취하기 위한 내용이 기사의 주류를 이루었다. 1934년 과학 대중화 사업이 대규모 대중운동으로 발전하면서 〈과학조선〉은 점차 대중적 과학 잡지로 변모하였다. 매호 1,000부씩 발행하여 10여 년(1933~1944) 넘게 발명학회와 과학지식보급회 회원 중심으로 널리 배포되었다. 〈과학조선〉은 그 역사적 가치를 인정받아 등록문화재 제566-1호, 제566-2호로 지정되었다. 비록 성사되지는 못했지만 이 과학운동에서 제기된 이화학연구소의 설립은 과학기술계를 비롯하여 각계의 사람들로부터 관심과 지지를 불러 모았다.

일제강점기 한국인들의 주도하에 과학기술을 진흥하고 대중화하려한 노력을 대표했던 '과학데이'와 그 대변지였던 〈과학조선〉 활동은 해방 이후로도 면면히 이어져 현대 과학기술 입국의 토대가 되었다.

스러져도 다시 일어나는 풀처럼

조선인의 힘으로 세운 '대동공업전문학교'

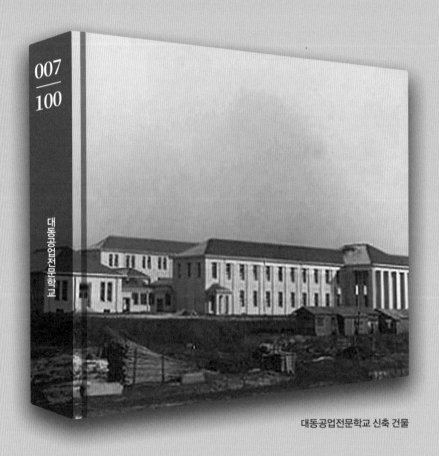

007
100

대동공업전문학교

대동공업전문학교 신축 건물

일제에 의한 민족 말살 통치가 극에 달하던 1930년대 말. 중일전쟁에 투입할 인적·물적 자원을 수탈하기 위한 국가총동원법이 공포되었다. 또한 한국인들을 완벽한 일본인으로 만들기 위한 정책이 실시되었다. 한글 교육과 역사 교육은 중단되었고, 창씨개명이 강압적으로 행해졌다. 민족성이 강한 학교들은 폐교되거나 강제 개명을 당했다.

평안남도 평양시 신양동에 자리한 숭실전문학교는 1897년 숭실학당으로 개교해 1900년에 정식 중등교육을 실시하고, 1905년 대학부를 설치한 한반도 최초의 고등교육 기관이었다. 이 민족교육의 상징과도 같은 학교가 신사참배 거부로 폐교 위기에 처했다. 학교를 지켜야한다는 염원이 조선 전역으로 퍼져 나갔지만 실질적으로 이를 인수할 사람이나 단체가 나타나지 않았다. 막대한 인수 경비를 감당할 수 없었기 때문이다.

폐교를 눈앞에 둔 그때, 조선인 기업인 이종만(李鍾萬, 1885~1977)이 나타났다. 당시 한반도 전역에 750개에 달하는 광산을 소유한 '광산왕'으로도 불리던 그가 거액의 자산을 쾌척하기로 한 것이다. 그가 기부한 재원은 설립자금만 120만 원(현재 화폐가치로 1,200억 원)이었고, 사재 30만원까지 털어 넣었다. 이렇게 숭실전문학교의 건물과 설비를 이어받아 1939년 한국인이 최초로 세운 이공계 고등교육기관 '대동공업전문학교'가 탄생했다.

일제강점기 우리나라에는 이공계 고등교육기관이 극히 적었다. 1930년대 후반까지 일제가 세운 일본인 위주의 경성고등공업학교와 수원고

등농림학교, 기독교 선교사들이 세운 연희전문학교의 수학 및 물리학과(수물과), 숭실전문학교의 농학과가 있었을 뿐이다.

조선인이 이공계 고등교육기관을 설립하는 것은 불가능에 가까웠다. 일제의 까다로운 사립학교 규정 때문에 설립 허가를 받기 어려웠을 뿐만 아니라 일반 학교보다 최소 네 배 이상 마련해야 하는 막대한 경비가 더 큰 장벽이었다. 이러한 상황에도 불구하고 우리 민족은 1922년부터 이과와 공과 등을 갖춘 민립 종합대학 설립 운동을 펼쳤다. 우리 민족이 만든 근대적 교육기관이자, 고려대학교의 전신인 보성전문학교를 대학으로 확장하려는 움직임을 벌이기도 했다. 선교사들도 연희전문학교를 대학으로 승격시키거나 숭실전문학교를 확장하기 위해 노력했다.

하지만 일제는 조선에 법문학부와 의학부만을 갖춘 경성제국대학을 세운 이후 새로운 대학의 설립을 승인하지 않았다. 조선인이 과학기술 분야의 고등교육을 받을 기회는 유학 외에는 전혀 얻을 수 없는 상황이 지속되었다.

이런 상황에서 신사참배 거부로 폐교 사태를 눈앞에 두었던 숭실전문학교가 조선인이 세운 최초의 이공계 고등교육기관으로 재탄생했던 것이다. 이종만이라는 걸출한 조선인 기업가를 비롯하여 각계각층의 열정과 후원으로 세워진 대동공업전문학교는 일제강점기 과학기술 교육에서 이룩한 가장 중요한 쾌거 중의 하나였다.

1939년 개교 이후 대동공업전문학교는 교토제국대학 물리학과를 나온 신건희를 비롯한 조선인 교수들이 주축이 되어 당시 주요 산업이었던 광업 분야 전문인을 양성하는 광산과를 우선적으로 설치하여 운영했다. 1944년 개편될 때까지 6년이라는 짧은 교육기간에도 총 368명의 조선인 광산기술 인력을 배출한 기술 인재의 요람이 되었다.

대동공업전문학교는 조선인이 고등교육을 받을 수 있는 기회를 한층 넓혀주었다. 특히 고등교육기관이 워낙 적었던 이공계 분야는 새로운 공업전문학교의 등장으로 문호가 대폭 넓어졌다. 과학기술 분야 중 광산기술에서 조선인 고급인력이 가장 많이 양성될 수 있었던 배경에는 대동공업전문학교의 역할이 컸다. 조선인들의 힘으로 고등교육기관이 세워지면서 다른 지역에서도 학교 설립 운동이 거세게 일어났다. 초등학교는 물론 중등학교도 조선인들 스스로 세우려는 움직임이 활발해졌다.

일제가 아무리 식민 지배를 통해 과학기술의 발전과 고급인력 양성을 억제하려 해도 우리 민족의 뜨거운 열정을 막을 수는 없었다. 스러지고 밟혀도 다시 일어나는 풀처럼, 역사 속에 강인한 생명력으로 자라나 오늘날 대한민국 기술 교육의 뿌리가 되었다.

역경을 헤쳐 온 과학 외길

국내 최초의 여성 과학기술자 '김삼순'

008
100

여성 과학기술자 김삼순

언론의 김삼순 농학박사 취득 보도
: 경향신문 (1966. 6. 1)

1966년 5월 31일 봄기운이 완연한 오후의 김포공항. 입국장에 원피스를 차려입은 한 여인이 나타나자 기다렸다는 듯 기자들의 카메라 플래시가 일제히 터졌다. "박사 학위를 받으신 소감이 어떻습니까?", "한국에서의 활동 계획을 말씀해주십시오." 어색한 듯 꽃다발을 품에 안은 그녀는 쏟아지는 질문에 미소로 답했다. 57세에 일본 큐슈(九州) 대학에서 한국 최초의 여성 농학박사가 되어 금의환향한 김삼순(金三純, 1909~2001) 박사의 귀국길이었다.

일제강점기에 여성이 근대적 고등교육을 받는 것은 하늘의 별 따기였다. 전통적으로 가부장적 유교사상이 바탕이 된 사회였고, 여성에 대한 제도적인 교육 차별이 남아 있었기 때문이다. 특히 과학기술 분야에서 고등교육의 기회란 전무하다고 해도 과언이 아니었다. 여성의 경우 대학 진학을 위해 거쳐야 하는 고등학교가 없었으며, 이공계가 주로 설치되어 있는 제국대학에서는 여성을 받아주지 않았다. 멀리 미국으로 유학을 가서 이공계를 전공한 여성이 드물게 존재하긴 했으나, 이들이 국내로 돌아와 자신의 전공을 계속 이어가는 것은 불가능했다. 그러다가 1940년대 들어 일제의 전시 동원 체제로 많은 남성이 군대에 징집당하면서 그 빈자리를 채우기 위해 극소수의 조선인을 포함한 일부 여성에게도 이공계 고등교육의 문이 열렸다.

김삼순은 한일합방 직전 전남 담양의 대부호 집안에서 태어났다. 여자는 학교를 아예 안 보내던 시절, 3남 4녀의 셋째 딸인 그녀가 '신여성'으로 학업을 계속할 수 있었던 것은 풍족한 집안 환경과 자식 3명을 일본에 유학시킨 아버지의 교육열 덕분이었다. 서울 유학 시절 전기와 철마(기차) 같은 신문물을 보며 새로운 세상에 눈을 뜬 그녀는 하루 빨리 과학기술을 배워야겠다고 결심했다. 하지만 여자가 이공계 대학에 들어가는 길은 순탄치 않았다.

열아홉 살이 되던 해, 그녀는 당시 여성이 갈 수 있는 최고 학교인 도쿄여자고등사범학교 이과에 진학했지만, 조선인에 대한 일제의 차별로 청강생 신분으로 공부해야 했다. 그녀는 졸업 후에 교사 경력을 쌓은 후, 계속 대학에 진학할 기회를 엿보았다. 거듭되는 실패 속에서도 다시 큐슈제국대학 연구실에서 연구 경력을 쌓았다. 마침내 전문학교 출신 여성에게 입학 기회가 주어진 홋카이도 제국대에 합격할 수 있었다. 1943년 서른넷의 나이에 조선인 여성으로서는 최초로 제국대학을 졸업했다. 그녀의 졸업논문은 박테리아의 생리에 대해 연구한 것이었다. 대학을 졸업하자 곧바로 대학원에 들어가 응용균학 연구실에서 연구를 이어 나갔다. 일본의 패전으로 연구 활동이 중단되기도 했으나 뜨거운 연구 열정으로 1966년 큐슈 대학에서 박사 학위를 받을 수 있었다. 특히 지도교수와 함께 세계적인 과학저널 〈네이처(Nature)〉에 게재한 〈Photoinactivation of Taka-amylaseA(다카아밀라제A의 광불활성 반응)〉을 비롯한 2편의 연구 논문은 세계 20여 개국에 소개될 정도로 높은 평가를 받았다.

김삼순은 실질적으로 우리나라 최초의 여성 과학 연구자였다. 그녀 앞에 놓인 무수히 많은 장애물을 극복하고 과학기술자로 성장했다. 눈에 보이는 것은 이미 다른 사람들이 다 장악하고 있어 눈에 보이지 않는 미생물 분야를 선택한 그녀는 '식민지 백성'이라는 소리를 듣지 않기 위해 악착같이 공부에만 매달렸다. 그녀는 아무도 가지 않은 길을 홀로, 처음 헤쳐 나간 선구적 여성이었다. 34세에 대학을 졸업하고 57세에 박사 학위를 받은 사실은 그녀가 맞닥뜨렸던 고난이 얼마나 험난했는지를 상징적으로 보여준다. 그녀의 삶은 이후 후학들에게 깊은 감동을 주며 훌륭한 모범이 되었다.

한국으로 돌아온 그녀는 버섯 및 미생물 연구에 매진해 '균학'이라는 학문 분야를 새롭게 개척하고 정립했다. 1972년 '한국균학회'를 조직해 초대회장을 맡았고, 10년에 걸쳐 출간한 《한국산버섯도감》(1990, 공저)은 버섯 연구의 원전으로 꼽힌다. 이러한 업적을 인정받아 1981년에는 대한민국 학술원 자연분과에서 유일한 여성회원으로 선정되었다. 최초의 여성 농학박사라는 상징성보다 한국 균학 발전에 끼친 그녀의 뛰어난 연구업적에 더 주목해야 하는 이유다.

여성이 과학기술의 주체로 등장하기까지 거친 과정은 남성보다 훨씬 더 어려웠다. 과학기술 분야도 사회의 통념과 제도적 차별에 굴하지 않고 끊임없이 고군분투하며 도전한 선구적 여성들에 의해 더디기는 하지만 여성이 활발히 진출하여 활약하는 영역으로 발전하고 있다.

황폐화된 국토와 국민을 살리다

서민들의 일상을 데운 '연탄 화덕'

연탄 공장의 작업 광경
출처: 국가기록원

1952년 무렵, 우리 국민의 삶은 궁핍하기 그지없었다. 당시 밥 짓기와 난방에 쓸 재료는 오로지 산에 자라는 나무나 그 나무로 만든 숯뿐이었다. 그러나 전쟁으로 산림이 소실되고, 남은 나무들마저 땔감으로 남용되는 바람에 전 국토가 황폐해지고 있었다.

"유 창장, 국민들이 밥 짓고 방을 따뜻하게 데울 연료 문제가 큰일이야. 지방에서 무연탄을 연료로 사용한다는 소식을 들었는데, 거기 이 문제를 해결할 방법이 없는지 찾아 봐."

당시 이승만 대통령은 유재성 공군 항공창장에게 무연탄을 활용한 에너지원을 만들어 보라는 지시를 내렸다. 유 창장은 경성공전 화공과를 졸업한 오원철 대위에게 이 임무를 맡겼다. 오 대위는 부산과 경남 일대를 돌아다니며 민간의 무연탄 사용 실태를 조사했다.

무연탄은 탄소 함량이 적고 휘발 성분이 많은 유연탄과 달리 화력이 약했다. 그러나 화재 위험이 큰 유연탄보다 안전성 면에서 우수했고, 남한 지역에 묻혀 있는 매장량도 많아 가정용 난방연료로 안성맞춤이었다. 불의 힘이 약하고 오래가지 못한다는 문제를 해결할 효과적인 방법을 찾아야 했다. 그래야 황폐화된 산도 보호하고 국민이 사용할 에너지원도 확보할 수 있었다.

"오 대위님, 구마산에 한번 가보시죠. 그곳 호떡집 중국인 사장이 연탄으로 호떡을 구워 판다는데, 오 대위님이 찾는 바로 그게 아닐까 싶어요."

구마산에서 오 대위가 본 것은 그토록 찾아 헤매던 무연탄을 효과적으로 사용하는 방법이었다. 호떡집 사장의 화덕은 직경 1미터, 높이 1미터 크기에, 겉은 벽돌, 안쪽은 20센티미터 두께의 흙으로 마감한 것이었다. 그는 철판 위에 석탄 가루를 놓고 물을 섞어가며 곱게 뭉쳐 불이 타오르는 화덕에 넣고 삽으로 평평하게 다진 후 쇠막대기로 여기저기 구멍을 뚫었다. 잠시 후 그 구멍에서 새파란 불길이 치솟아 올랐다. 무연탄 덩어리 사이사이에 뚫린 구멍이 산소와 접촉하는 면적을 넓히는 역할을 했다.

"무연탄이 이렇게 화력이 좋다니. 구멍을 뚫어 산소와의 접촉면을 많이 확보하는 게 관건이었군요!"

오 대위는 그 모습을 보고 문제 해결의 실마리를 찾았다. 부산에서도 한 피난민이 무연탄 덩어리에 구멍 14개를 뚫은 구멍탄(또는 구공탄)을 만들어 화덕에 담아 사용한다는 보고가 들어오자 확신을 갖고 실험에 착수했다.

화덕 풍로와 구멍탄 사이 간격을 최대한 좁혀서 사용하면 효율이 올라갔다. 또 구멍탄 두 개를 위 아래로 놓으면 아래쪽이 타면서 점차 위에도 불이 붙는 것을 확인했다. 연구팀은 이러한 과정을 거쳐 국민에게 보급할 개량형 '연탄 화덕'을 완성하였다.

오원철 대위는 훗날 "연탄 바게스(화덕)를 발명한 사람이야말로 국내 무연탄이 신탄을 대체해 취사와 난방에너지원으로 활용될 수 있게 함으로써 산림 황폐화를 막은 일등공신이며, 어려운 시기에 우리 국민들의 생존에 가장 큰 공로자"라고 평가했다.

연탄 화덕과 개량형 구멍탄인 19공탄, 22공탄의 발명은 무연탄의 연소성을 크게 개선했다. 연탄 두 장을 수직으로 연탄 화덕 안에 넣어 연속으로 연소할 수 있게 만들어 사용시간도 늘렸다. 레일을 만든 온돌에

연탄 난방을 적용했고, 온돌바닥 보온으로 열이 빠져 나가는 것을 최소화시켜 연료의 소비효율을 획기적으로 개선했다.

연탄 화덕이 보급되자 정부는 공기업인 대한석탄공사를 중심으로 석탄 생산을 확대했다. 1954년 무렵 정부 소유의 연탄 공장을 민영화하자 1960년대 후반에는 전국적으로 약 400여 개의 연탄 공장이 설립됐다. 삼표연탄, 삼천리연탄, 대성연탄, 한일연탄 등 대규모 연탄 공장들이 이 무렵에 설립되었다.

1962년 정부는 세계 최초로 통일된 연탄 규격을 만들어 편의성을 획기적으로 높였다. 연탄은 1960년대에서 1980년대에 이르기까지 서민들의 취사와 난방에 활용되었다.

연탄 난방 시스템은 이름 모를 민초 발명가의 노력으로 만들어진 풀뿌리 기술 혁신이었다. 연탄은 해방과 전쟁을 겪으며 황폐화된 국민들의 의식주를 책임졌으며, 이후 경제성장 시기의 필수적인 에너지원 역할을 했다. 연탄은 땔나무의 대체연료로 사용되어 국토의 황폐화를 막는 데에도 공헌했다.

1986년 국제 유가가 급격히 하락한 이후 정부가 석유 및 천연가스로 전환하는 정책을 실시하면서 석탄 및 연탄 산업은 점차 내리막길을 걷기 시작했다. 정부는 석탄 회사와 연탄 회사가 도시가스 및 콘덴싱보일러 회사로 변화하도록 지원했다. 또한 석탄 광산이 몰려 있던 강원도 지역에는 강원랜드와 하이원리조트 등을 설립하여 지역의 고용이 유지되도록 지원하였다.

국민의 주린 배를 채운 밀가루

제분 산업의 시작을 알린 '대한제분'

010
—
100

대
한
제
분

대한제분 인천공장 건설 현장
출처: 국가기록원

식구는 많고, 먹을 것은 귀하던 시
절. 해질녘 밀가루 한 포대를 실은 아버지의 낡은 자전거가 신작로를 신
나게 달린다. 엄마는 뜨거운 김이 오르는 육수에 텃밭에서 구한 호박과
감자를 듬성듬성 썰어 넣고 반죽한 밀가루를 홍두깨로 쓱쓱 밀어 뜨끈
한 칼국수를 한 솥 끓여냈다. 젓가락 부딪는 소리와 후루룩 삼키는 소리
가 주거니 받거니 들리는 방 안, 가족들을 배불리 먹인 뿌듯함에 가장
의 고단함은 눈 녹듯 녹고, 팍팍한 살림살이에 지친 엄마도 두 다리를
뻗고 앉았다. 내일은 텃밭에 쑥쑥 자란 부추를 베어 매운 고추 얹어 부
추전을 부쳐볼까. 벌써부터 부침개 굽는 고소한 냄새가 담장을 넘는다.
가진 것은 없어도 마음만은 푸근했던 그 시절, 밀가루는 배고픔을 달래
는 제2의 쌀이었다.

　우리나라에 밀가루를 만드는 롤분쇄기 제분 공정이 처음으로 도입된
것은 일제 강점기에 일본인들이 진남포에 세운 만주제분(1918년)이 시초
였다. 이후 풍국제분(1931년), 일본제분, 재동제분(1935년), 일청제분
(1936년) 및 조선제분(1938년)이 설립되었다. 해방 이후 밀가루를 생산
하는 제분업은 4개의 공장이 있었으나 한국전쟁 중에 모두 파괴되었다.

　휴전 직후인 1952년 12월 1일, 대한제분 복구를 기점으로 우리나라
의 제분 산업은 발전하기 시작한다. 1957년 대한제분은 인천항이 인접
한 곳에 당시 '동양 제일'이라는 기치를 내걸 만큼 과감한 투자로 신관
제분공장을 신축하였다. 본격적인 밀가루 생산에 들어간 대한제분은
60~70년대 제면, 제빵 산업의 급성장을 견인했다. 1958년에는 제일제

당의 자체 설비를 이용한 밀가루 제품을 출시하였고, 1968년부터는 '백설표' 밀가루 생산을 시작하였다.

1970년대 후반 들어 식생활 문화의 급격한 서구화와 간편 조리 가공식품을 선호하는 분위기에 맞춰 밀가루에 쌀가루, 전분, 옥수수가루나 설탕, 분유 등의 재료를 알맞게 넣어 조리하기 쉽게 배합한 도넛 가루, 핫케익 가루 등의 프리믹스 제품이 등장했다.

1983년 대한제분은 국내 최초로 소맥분 대량(bulk) 수송 시스템을 확립하여 소맥분을 대량으로 생산할 수 있게 되었다. 1994년 삼양사는 전 제품에 비타민, 나이아신 등을 첨가한 영양 강화 밀가루를 선보였고, 2004년 CJ제일제당은 검은콩 밀가루를 출시하였다. 2009년에는 백설 유기농 밀가루가 국내 최초로 유기가공식품 인증을 받았다. 2012년 CJ푸드빌은 뚜레쥬르에 빵의 품질을 높이기 위해서 분급밀가루를 도입하였다. 분급밀가루란 밀가루를 입자 크기별로 분리하는 분급기를 거친 밀가루를 의미한다. 밀가루의 입자가 너무 거칠거나 미세할 경우, 빵 풍미에 영향을 줄 수 있기 때문에 균일한 입자의 밀가루만 선별, 사용하는 것이다.

곡물을 분쇄한 가루를 이용한 가공식품의 발전은 곡물분쇄기의 도입과 곡물분쇄 전처리에 관한 기술 개발과 함께 성장했다. 국내 제분 기술은 지난 60여 년 동안 꾸준한 연구와 기술 개발 및 투자의 결과 2000년대 이후에는 선진국들도 인정하는 세계적인 수준에 이르렀다. 이를 바탕으로 제분 기술력이 뛰어난 일본, 미국 등에 밀가루 제품을 수출하고 있다. 현재 대한제분, 사조동아원, 삼양사, CJ제일제당 등은 미국, 일본, 중국, 싱가포르 등지에 연간 4~5만 톤의 고품질 밀가루를 수출하고 있다.

국내 제분 관련 산업은 단순 소재 식품인 밀가루뿐 아니라 머핀믹스, 쿠키믹스, 호떡믹스 등 다양한 프리믹스 제품을 출시하여 홈메이드 식품 문화 확산에 기여하고 있다. 건강한 삶을 추구하는 소비자의 요구를 반영하여 천연재료만을 사용한 자연재료 튀김 및 부침 가루 등도 출시되고 있다.

귀한 선물이었던 설탕의 추억

제일제당에서 국내 최초로 생산한 '설탕'

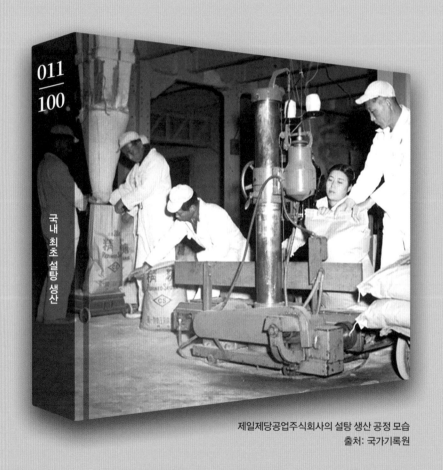

011
/
100

국내 최초 설탕 생산

제일제당공업주식회사의 설탕 생산 공정 모습
출처: 국가기록원

한국전쟁 직후 모든 것이 부족했지만, 특히 원당을 수입해 만드는 설탕은 턱없이 모자랐다. 국내 생산이 개시된 1953년 즈음엔 당시 쇠고기 값의 2배쯤 되는 비싼 물건이었다. 1960년대 중반에 가격이 조금 내리지만 그래도 쌀값의 2배가 넘을 정도로 여전히 비쌌다. 그러다 보니 설탕은 연말연시나 명절 때 가장 인기 있는 귀한 선물이었다. 달달한 맛의 설탕은 피로회복제처럼 인식됐고 큰 인기를 모았다. 1970년대까지도 집을 찾아온 손님에게 따뜻한 물에 설탕을 탄 '설탕물'을 대접하는 풍경이 흔했다. 요즘 들어 비만과 성인병의 주범인 것처럼 기피하는 설탕이 한때는 가장 귀한 식품 중 하나였다는 사실이 새삼 놀랍다.

　우리나라의 설탕 공장은 일제강점기에 일본 기업인 '대일본제당'이 평양 선교리에 세운 것이 최초이다. 생산량은 많지 않았으며, 당시 대구의 흑기상점과 서울, 평양 등 많은 상점에서는 일본에서 설탕을 수입해 팔았다. 해방 이후 우리나라는 설탕 생산시설이 전혀 없었기 때문에 수입품이나 주한 외국인 부대에서 흘러나오는 군수품에 의존하였다. 이후 설탕이 점점 생활필수품으로 자리잡으면서 제당 공장 건설이 절실히 필요해졌다.

　미국의 원조 품목의 하나로 원당이 책정됨에 따라 1953년 10월, 국내 최초로 삼성그룹 창업주인 고(故) 이병철 회장이 부산 전포동에 제일제당 설탕 공장을 세웠다. 드디어 우리나라에도 설탕을 직접 생산하는 시대가 열렸다. 1일 생산량은 25톤 규모였다. 당시 제일제당이 책정한 설탕 가격은 수입품의 3분의 1 수준인 근당 100환이었다. 당시에는 공장을 24시간 가동해도 수요를 따라잡기 힘들 정도로 인기가 높았다. 이듬해에 생산 시설을 두 배로 확장하고 국내 설탕 총 소비량 2만 8,923톤의 33.3퍼센트에 해당하는 9,635톤의 설탕을 생산하면서 수입품을 점차 대체하기 시작했다.

1953년 CJ제일제당이 제당 산업에 처음 진출한 이후, 삼양사(1955년), 대한제당(1956년)이 차례로 설탕 제조 사업을 시작하였다. 이후 동양제당, 금성제당, 한국정당, 해태제과(제당부) 등도 진출하면서 국내 수요는 모두 국산품으로 대체되었다. 이후 회사들 간의 치열한 경쟁으로 일부 업체가 생산을 중단하며 1950년대 말 CJ제일제당, 삼양사, 대한제당의 3사 체제로 정비된 후 과점 체제로 현재에 이르고 있다.

CJ제일제당은 끊임없이 새로운 기술 개발에 도전했다. 1957년 공장 증설을 하면서 활성탄만을 사용하던 기존의 탈색 공정에 설탕의 순도를 높인 이온교환수지 공정을 추가적으로 도입하였다. 1962년부터는 국내 최초로 설탕을 외국에 수출하기 시작하였다. 1965년에는 '백설표'라는 브랜드를 만들었고, 일반 소비자들의 불편을 줄이기 위한 소형포장 공정을 도입하였다. 1974년 10톤 용량의 탱크로리를 일본에서 들여와 해태제과 공장으로의 공장 간 설탕 벌크 수송을 최초로 시도해 성공을 거둠으로써 하역비와 포장비용, 유통경비를 1톤당 1,500원씩 절감할 수 있는 길을 열었다.

우리나라의 제당 산업은 1980년대 들어 원료 가격의 안정과 88올림픽 붐과 함께 형성된 가공식품의 성장에 따라 안정세를 이어갔다. 2013년에는 생산 규모가 1조 2,758억 원에 이르렀고 2억 6,287만 달러 규모의 수출 실적을 올렸다.

현재 CJ제일제당, 삼양사, 대한제당이 이끄는 국내 제당업체의 점유율은 약 86퍼센트이며, 나머지 14퍼센트는 수입산이 차지하고 있다. 2015년 기준 국내 원당 소비량은 약 168만 톤, 국내 설탕 생산량은 약 140만 톤이다. 약 100만 톤의 설탕이 국내에서 소비되고 있어 시장 규모로는 약 1,664억 원에 이른다.

포화 단계에 이른 국내 제당 시장은 최근의 웰빙 바람으로 수요가 감소하고 있지만, 자일로스 설탕이나 타가토스 같은 기능성 감미료 등도 개발되고 있다. 또한 화장품, 세제 등에 설탕을 이용한 제품 개발도 확대되는 추세이다. 제당 산업은 생활필수품이라는 산업의 특성상 수요의 급격한 변동이 없고, 경기 변동에도 크게 영향을 받지 않으나, 원료인 원당을 100퍼센트 수입에 의존하고 있는 사정상 국제적인 기상이변이나 환율 변동에 따라 원료 수급에 어려움이 발생하는 특징이 있다. 따라서 원당의 안정적인 확보 방안과 함께 지금까지 쌓아온 기술력을 바탕으로 플랜트 또는 기술 수출 등을 통해 활로를 찾을 필요가 있다.

전후 폐허 속에서도
교육은 희망이었다

고급 인재 양성의 초석이 된 '미네소타 프로젝트'

012 / 100

미네소타 프로젝트

1954년 9월 5일 서울 대학교와 미네소타 대학교의 협정 체결
(가운데 최규남 총장, 오른쪽 프리먼 미네소타 주지사)

국가 간 격차가 심화되는 것은 지속 가능한 성장 차원에서 볼 때, 세계 경제를 위협하는 핵심 요소 중 하나라는 인식이 커지고 있다. 국제 사회는 이에 대한 최소한의 방어책으로 공적개발원조(ODA, Official Development Assistance)라는 정책을 수행 중이다.

ODA는 선진국 정부 또는 공공기관이 개발도상국의 경제·사회 복지의 기본 토대를 세우기 위해 자금을 지원하는 정책이다. ODA는 증여 형식의 무상 원조와 차관 형식의 유상 원조로 나뉜다. 우리나라의 경우 유상 원조는 대외경제협력기금(EDCF, Economic Development Cooperation Fund)으로 기획재정부에서 관리하고, 무상 원조는 외교부에서 코이카(KOICA)를 통해 관리하고 있다.

ODA가 우리에게 특별한 의미를 지니는 이유는 우리가 한국전쟁 직후 국제적인 원조의 덕을 보았기 때문이다. 전쟁 직후 거의 모든 기반 시설이 파괴된 폐허 속에서 국가 재건에 힘쓰던 1950년대, 정부는 국가 재정의 상당 부분을 해외 원조와 차관에 의지해야 했다. 국제적인 지원을 바탕으로 힘을 모은 정부와 우리 국민은 경제 성장의 밑거름을 마련했고, 마침내 비약적인 경제 성장을 이뤄냈다. 1995년 세계은행 차관을 졸업하면서 국제원조 수혜국이라는 이름을 버렸으며, 2010년에는 OECD 내 개발원조위원회(DAC) 회원국이 되어 원조 공여국의 자격을 얻었다.

1950년대 당시 우리나라에 필요했던 건 실질적인 경제적 도움이기도 했지만, 오히려 미래를 꿈꿀 수 있는 기회였는지도 모른다. 당장 먹고사는 것조차 힘든 시기였지만, 아무리 그렇더라도 미래를 꿈꿀 희망이 있다면 견딜 수 있었다. 우리에게 그 미래는 바로 사람이었다. 당시 한국 사회는 장기적인 관점으로 국가 발전을 계획할 수 있는 시야와 기술력을 겸비한 인재가 꼭 필요한 상황이었다.

1950년대에 우리나라가 미 군정으로부터 받았던 대부분의 원조는 국민 기초생활 보호를 위한 단기적인 생활필수품 원조에 치우쳐 있었다. 그 가운데 인재 양성이라는 국가적 희망을 품은 정부는 미국 측에 인재 양성을 위한 프로그램을 요청했다. 이에 대한 미국의 응답이 바로 '미네소타 프로젝트'다.

당시 한국의 상황을 제대로 인식한 미국 정부는 미국 국무부와 미국 국제개발처(USAID)를 통해 한국에 기술 인재들을 키울 고급 교수진을 양성하는 교육 원조를 제공하기로 결정한다. 그리고 이를 실행할 미국 측 파트너로 미네소타 대학교를 선정하였다. 한국 측 파트너로 선정된 서울대학교는 선발한 인재를 기술 연수 차원에서 미네소타 대학으로 보냈다. 한편 미네소타 대학 측에서는 서울대로 자문단을 파견해 의학, 농학, 공학 분야의 교육 체계 정비에 세밀히 관여하였다.

미네소타 대학교에서는 서울대의 교수들에게는 단기연수, 강사나 조교들은 장기연수의 기회를 제공하였다. 단기 3개월부터 장기 4년에 이르는 교육과 숙식을 포함한 모든 연수비용을 미국 정부가 전액 부담하는 조건이었다. 이 과정의 목표는 현장 경험을 강화하여 한국 내 산업의 미래 성장 가능성을 확보하는 것이었다.

미네소타 프로젝트를 통하여 연수를 받은 인력은 총 226명이었고, 장기연수를 통해 박사 학위를 취득한 인력은 77명에 이른다. 이 가운데

74명이 귀국하여 후진 양성에 나섰다. 미래가 보장되는 미국 생활을 뒤로 하고 조국의 장래를 위해 귀국길에 오른 유학파의 숫자에 미국 정부도 놀랐다고 한다.

이렇게 형성된 서울대의 인재 양성 시스템은 국내 다른 대학에도 영향을 주었고, 우리나라 산업기술 인력들을 양성하는 기반이 되었다.

미네소타 프로젝트를 통해 한국의 기술 교육 체계가 한층 선진화되고, 그 선진화된 교육 체계를 통해 많은 기술 인력이 양성되었음을 감안할 때 이 프로젝트가 한국 산업과 한국 경제의 발전에 미친 영향력이 막대했다는 것을 짐작할 수 있다. 미네소타 프로젝트를 통해 선진 기술과 학문을 전수할 고급 인력이 양성된 것은 우리 산업기술 개발의 물꼬를 튼 중요한 계기라고 평가해야 할 것이다.

경제 성장과 국가 발전을 이끈
기간산업

건설 산업을 일으킨 '동양시멘트'

013
—
100

동양
시
멘트

동양시멘트 삼척 공장 전경
출처: 국가기록원

건물과 도로 포장에 사용되는 시멘트의 주원료인 석회암은 수많은 조개와 산호 등 석회질을 지닌 생물의 사체가 오랜 기간의 퇴적 작용을 거치며 만들어진다. 석회암은 강원도 정선군을 비롯해 태백산 지역에 가장 많이 매장되어 있다. 그 규모는 국내 소비용 시멘트를 생산하기에 무리가 없을 정도다.

풍부한 석회암으로 시멘트를 생산할 수 있는 나라라면 경제 성장에 필요한 동력의 한 축을 확보한 것이나 다름없다. 고속도로나 공장 등 경제 성장에 필요한 건설 산업을 일으키기 위해서는 시멘트를 대량으로 생산하는 것이 필수적이기 때문이다.

우리나라의 시멘트 산업은 일제강점기인 1919년 평양 근교의 승호리에 건설된 승호리 공장에서 시작되었다. 1945년 무렵에는 6개의 공장이 건설되었으며, 당시 시멘트 총 생산능력은 연간 170만 톤 규모였다.

전쟁 이후 남한 지역에는 1942년 동해안 삼척에 건설된 연간 8만 톤 규모의 반건식 공정을 갖춘 삼척시멘트 공장 하나만 남았다. 삼척시멘트는 1938년 일본 오노다시멘트의 삼척 공장으로 출발하였으나 1945년 해방 직후 생산이 중단되었다. 공장에 종사하던 한국 기술자들이 이를 인수하여 정상 가동을 시도하였으나 이마저도 전쟁을 겪으면서 파괴되고 말았다. 결국 1953년 운크라(UNKRA, United Nations Korea Reconstruction Agency) 원조 계획으로 보수 공사를 할 수 있었다.

국내 기술자들을 확보하는 데는 성공했지만 규모를 갖춘 생산시설에 힘을 쏟을 안정적인 투자자가 절실했다. 1956년 마침내 동양그룹의 창업자인 이양구 회장이 삼척시멘트를 인수하였다. 1957년 동양세멘트공업㈜으로 상호를 바꾸면서 연간 8만 톤의 시멘트를 생산하는 시멘트 제조 회사로 새롭게 출범하였다. 그 후 생산시설을 꾸준히 확장한 결과 1959년에 연간 생산능력이 18만 톤이던 것이, 1961년에는 38만 톤, 1967년에는 100만 톤으로 늘어나며 국내 최대 시멘트 메이커로 자리 잡았다. 현재 동양시멘트는 삼표그룹에 인수되어 2017년 삼표시멘트로 상호를 변경하였다.

전후의 국토 부흥 사업과 경제개발계획에 따라 시멘트의 수요는 날로 증가하였다. 이에 따라 정부는 시멘트 산업을 국가 발전의 기간산업으로 삼아 적극 육성하였다. 1954년 6월 운크라의 자금을 유치하여 시멘트공장건설위원회를 구성하고 삼척시멘트 공장 보수를 지원했고, 1955년 11월에는 대한양회공업을 설립하여 시멘트 산업의 새로운 면모를 갖춰 나갔다. 1956년 경제부흥 5개년 계획, 1960년 경제개발 3개년 계획 및 제1차 경제개발계획으로 산업화를 위한 토목 건설 사업이 본격화하면서 건설의 기초 재료인 시멘트의 수요는 대폭 확대되었다. 1960년대 들어 정부는 시멘트 산업을 전략적인 개발 산업으로 육성하고 적극적인 수출 진흥책을 추진하였다.

1963년에는 업계 단결의 구심점이 되는 한국양회공업협회(이하 양회공업협회)가 설립되었다. 양회공업협회는 수급 파동에 따른 문제를 정면으로 돌파해 나갔다. 1964년 양회공업협회는 동남아시아 시장을 공동 개발하기 위해 우리나라 최초의 공판 카르텔인 공판 회사를 설립하여 수송과 유통을 개선하였다.

1957년에는 대한양회 문경 공장이 준공되었으며, 1964년에는 쌍용

양회, 한일시멘트, 현대시멘트가 설립되었다. 1966년에는 아세아시멘트, 1969년에는 성신양회가 설립되면서 1971년도의 연간 시멘트 생산 능력은 700만 톤에 이르렀다. 마침내 우리나라는 시멘트 수입국에서 시멘트의 자급자족은 물론, 해외로 수출하는 나라로 성장했다.

평화를 위한 에너지를 연구하다

기술연구소의 시작을 알린 '원자력연구소'

최초의 연구용 원자로 '트리가마크-II' 건설 기공식 장면
(1959년 7월 14일)

미국 마블사의 만화 원작 영화가 최근 인기를 끌면서 주인공 중 한 명인 아이언맨(Ironman)의 초소형 원자력 수트가 많이 알려졌다. 아이언맨은 원자력의 힘을 활용해 세상을 멸망시키려던 타노스를 물리치고 인류와 우주의 모든 생명체들에게 평화를 선물한다. 나이가 좀 있는 분들은 원자력이라는 말을 들으면 데즈카 오사무의 〈우주소년 아톰〉이란 만화를 떠올릴 지도 모른다. 이름 자체부터 '원자(Atom)'를 뜻하는 아톰은 '원자력'을 에너지로 삼아 생명을 얻은 로봇이다. 작가는 당시 히로시마와 나가사키에 투하된 원자폭탄으로 원자력에 대한 이미지가 좋지 않던 시절, 원자력을 평화를 위한 에너지로도 사용할 수 있다는 것을 아톰을 통해 보여주고 싶었다고 한다.

1953년 말 미국 아이젠하워 대통령이 UN총회에서 주창한 원자력의 평화적 이용에 대한 연설도 이와 맞닿아 있다. 국제 사회는 원자력의 긍정적인 면모를 지속적으로 강조했고, UN 산하에 국제원자력기구(IAEA)를 창설하면서 그 의지를 분명히 했다.

우리 정부도 원자력의 평화적 활용이라는 과제에 적극적으로 동참했다. 더군다나 우리는 당시 급격한 경제 개발에 필요한 전기를 공급하기 위해 새로운 에너지원의 필요성이 크게 대두되는 상황이었다.

1955년에는 한미 간에 '원자력의 비군사적 이용에 관한 한미 간 협력을 위한 협정'이 체결되었고 국회 비준을 거친 뒤 한미 간 원자력에 관한 기술 협력이 본격적으로 시작되었다. 정부는 1956년 문교부에 원자력과를 신설했고, 1958년에는 대통령 직속 행정기관인 원자력원을 발족했다. 1959년 2월 3일, 마침내 원자력연구소가 설립되었다. 연구소 창설 2년 후인 1961년 10월에는 우리나라 최초의 연구용 원자로인 트리가 마크-Ⅱ(TRIGA Mark-Ⅱ) 가동을 시작하는 등 실질적인 기술 개발 활동에 착수하였다.

미국 정부는 원자력의 평화적 이용 계획에 발맞추어 35만 달러를 무상 원조했고, 우리나라도 1958년 예산에 38만 2,000달러를 책정하여 원자로 및 부속 기자재를 도입하는 자금을 마련하였다. 미국 GA가 공급한 이 원자로의 시공은 중앙산업이 담당했으며, 이를 운전하기 위한 인력을 미국에 파견하여 면허를 취득하기도 했다. 이후 지속적인 원자로 도입 과정을 거친 우리나라는 마침내 자체 기술로 원자로를 건설하는 계기를 마련할 수 있었다.

원자력연구소의 설립으로 국내 원자력 기술은 한층 깊어질 수 있었다. 이를 통해 원자로 건설은 물론 원자력발전소 건설에 이르는 과정을 전략적이고, 체계적으로 연계할 수 있게 되었다. 정부는 원자력연구소 설립 이후에도 1962년 방사선의학연구소를 설립하여 우리나라 의학 발전의 결정적 계기를 만들었다. 이어 설립된 방사선농학연구소는 육종, 생리영양학, 작물 보호, 식품공학 등의 발전에 이바지하였다.

1962년 11월 원자력원은 원자력 발전을 실제로 추진하기 위한 '원자력발전대책위원회'를 설치하고, 원자력 발전과 관련한 제반 조사를 원자력연구소로 하여금 추진하게 하였다. 이후 원자력연구소는 원자로 건설 기술을 축적하였고, 원자력발전소 건설 과정의 핵심 기술요소인 원자로를 제공하는 역할도 담당하였다.

그 이후 우리나라는 원자력의 평화적 이용 측면에서 경제적 효율성이 가장 높은 원자력 발전과 관련한 산업과 기술을 꾸준히 발전시킴으로써 마침내 세계에서 몇 안 되는 원자력발전소 수출국 대열에 들어설 수 있었다.

원자력연구소는 21세기에도 초소형 원자로 기술을 개발하기 위해 노력하고 있다. 아이언맨과 우주소년 아톰이 지구의 평화를 지키고 생명을 살리기 위해 사용한 원자력 장비를 직접 만드는 연구를 오늘도 쉼 없이 진행하고 있다.

현대판 문익점이 문을 연
나일론 시대

코오롱에서 생산한 국내 최초의 '나일론 스트레치사'

015
100

나일론 스트레치사

대구나일론제사공장
출처: 국가기록원

1950년대 한국전쟁 이후 전후 복구와 산업 발전을 위해 불철주야 앞장섰던 근로자들의 발목을 잡는 것이 있었으니 바로 자주 헤지는 면양말이었다. 물론 잘 헤지지 않고 쉽게 빨아 신을 수 있는 나일론 양말이 있긴 했다. 하지만 질기고 탄력 좋은 나일론 양말은 운 좋게 외국 출장을 다녀온 동료들에게 선물로나 얻을 수 있는 귀한 물건이었다. 1960년대에 들어서면서 국내에서 나일론을 생산하기 시작하면서 이제 누구나 나일론 양말을 싸게 구할 수 있게 되었다.

1957년 4월에 설립된 한국나이롱은 1958년 대구 신천동에 공장을 세우고 1959년 1월부터 월 생산량 12.6톤 규모로 나일론 스트레치사를 생산하기 시작했다. 이는 원사인 필라멘트를 수입해 스트레치사로 가공했던 것으로 본격적인 나일론 생산은 아니었지만 대한민국 화학섬유 산업의 시작을 알리는 신호탄이었다. 스트레치사는 나일론 필라멘트사에 꼬임을 만들어 열로 고정시킨 실을 말하며, 이를 이용해 직물을 짜면 가로 방향과 세로 방향 모두 신축성이 커진다.

국내 최초로 원료인 나일론사를 생산한 것은 1963년 8월 한국나이롱이 미국 켐텍스(Chemtex)와 기술 제휴를 맺고, 하루 생산량 2.5톤 규모의 대구 공장을 설립하면서부터라고 할 수 있다. 1963년 1월 설립된 한일나이론공업은 스위스 인벤타(Inventa)로부터 기술을 도입하여 1964년 안양에 하루 생산량 1.5톤 규모의 나일론 필라멘트 공장을 건설하였다. 한국나이롱과 한일나이론공업 두 기업은 초기에는 선진 외국에서 기술을 도입하였지만, 이후 자체 기술 개발에 힘쓰며 쌍두마차처럼 한국 화학섬유 산업을 본격적으로 이끌었다.

1966년 설립된 동양나이론(현 효성)은 독일의 빅커스–짐머(Vickers–Zimmer)에서 기술을 도입하여 1968년 하루 생산량 17.5톤의 나일론 필라멘트를 생산하기 시작하였다. 1970년대 말에는 한일나이론과 합병하면서 코오롱(1977년 한국나이롱은 코오롱으로 사명을 변경했다)과 어깨를 나란히 했다. 이 두 회사 외에도 한일합성, 태광산업, 고려합성, 선경합섬, 삼양사 등이 가세해 대한민국은 그야말로 화학섬유 산업 강국으로 성장하고 있었다.

1973년은 우리나라 화학섬유 산업에 있어 전환점이 된 해이다. 우리 손으로 뽑아낸 화학섬유 생산량이 10만 톤에 이른 해이고, 본격적인 생산을 개시한 지 10년 만에 내수 43.6%, 수출 56.4% 비율로 수출이 앞서는 체제로 체질을 바꾼 해이기 때문이다.

우리나라 화학섬유 산업을 돌이켜볼 때 기억해야 할 이름이 있다. 현대판 문익점이라고 할 수 있는 오운(五雲) 이원만 코오롱 창업자다. 작업모를 생산하여 크게 성공한 이원만은 거미줄보다 가늘고 강철보다 강하며 값싸고 질긴 나일론을 일본에서 처음 접했다. 그는 당시 기적의 섬유라 일컬어진 나일론을 국내에 들여와 대한민국 화학섬유 산업을 이끈 일등 공신이다. 그는 "나는 동포에게 의복을 주자고 결심했다. 헐하고 질긴 의복을 입히고, 부녀자를 빨래의 고통에서 해방시키고, 부녀자의 양말 뒤꿈치를 꿰매는 고역의 생애를 그렇게 하지 않고 편하게 살 수 있는 생애로 전환시키려고 했다"며 밝히기도 했다. 또한 그는 1963년 국내 최초의 나일론 원사 공장 준공식에서 "나는 오늘 한국에서 처음으로 나일론 원사를 생산했다. 옛날부터 전해 내려오는 말 그대로 인간 생활에서는 의복이 날개다. 우리 민족도 잘 입고 떳떳이 밖으로 나가 세계의 다른 민족과 경쟁해 이겨야 한다"고 강조하기도 했다.

당시 업계의 최대 당면 과제는 나일론 원사 수입에 필요한 자금 확보였다. 그래서 업계에서는 1963년 한국합성섬유스트레치협회를 발족시켰다. 한편 정부도 국내 소비 위주의 섬유 산업을 수출형 산업으로 변모시키기 위해 화학섬유 산업에 지원을 아끼지 않았다. 정부는 1962년 제1차 경제개발 5개년 계획부터 섬유 산업을 주력 수출 산업으로 선정하였고, 1967년 제2차 경제개발계획에서는 수출 전략화를 통해 섬유 산업을 국가 재건에 필요한 외화벌이 사업으로 육성하는 정책을 채택했다. 1962년 5월 홍콩 시장을 개척하였고, 그 다음해인 1963년 초 4개월 간 처음으로 1만 2,000파운드의 수출 실적을 올렸다. 상공부는 국립공업연구소를 중심으로 공업표준정책을 강화하는 한편, 1964년 한국섬유시험검사소와 한국직물시험검사소 설립을 통해 수출 제품의 품질 기준 향상을 도모했다.

이러한 노력으로 1970년대가 되자 화학섬유 전성시대가 도래했다. 섬유 산업은 본격적인 수출 산업으로 성장 발전하였으며, 1983년에 이르자 화학섬유 생산량이 10년 전의 5배가 넘는 68만여 톤, 1988년에는 100만 톤을 넘겨 세계 5위의 화학섬유 생산국으로 꼽히게 되었다.

대한민국 전자 산업의 태동을 알리다

금성사의 국내 1호 라디오 'A-501'

016
/
100

라디오 A-501

금성라디오 공장 작업 광경
출처: 국가기록원

1959년 11월 15일, 우리나라 최초의
전자제품인 '금성사 라디오'가 미도파백화점에서 첫 선을 보였다. 이전까
지 라디오는 미군 PX를 통해 흘러나온 것이거나 밀수품이 전부였다. 가
격도 비싸 당시 최고급으로 치던 미국 제니스(Zenith) 라디오는 쌀 50
가마 가격이었다. 그에 비해 '금성사 라디오'는 제니스의 20분의 1 수준
인 2만 환에 불과했다. 그렇다 해도 당시 금성사 직원의 세 달치 월급에
달하는 고가였기에 시장의 반응도 시큰둥했다.

하지만 정부의 '농어촌에 라디오 보내기 운동', '전자제품 국산화' 정
책에 힘입어 얼마 안 가 외국 제품 수준으로 성능이 개선되며 나라 곳곳
으로 퍼져 나갔다. 사람들은 이렇게 보급된 라디오를 통해 당대 명가수
의 노래를 들었고, 매일 같은 시간 흘러나오는 라디오 드라마에 귀를 기
울이며 울고 웃었다. 라디오는 전쟁으로 입은 상처와 시대의 불안을 달
래주는 보물 같은 존재로 우리 곁에 자리잡았다.

우리나라 음향 및 영상기기 산업은 해외에서 부품을 수입하거나 외
국 기업과의 합작을 통해 기술을 습득하면서 발전하였다. 1960년대까
지 한국의 오디오 기술은 주로 일본의 저가 부품을 가져와 청계천에서
조립하여 판매하는 수준이었다. 독창적인 회로 설계가 아닌 외형이나
단순한 기능만 바꾸어 조립한 것이 대부분이었다.

국산 라디오 생산을 처음 시작한 사람은 LG그룹을 창립한 고 구인회
회장이었다. 1947년 락희화학공업사(현 LG화학)를 설립해 '럭키크림',
'럭키치약' 등으로 큰 성공을 거둔 후였다. 1957년 금성사(현 LG전자)를

설립한 구 회장의 마음속에는 라디오가 자리잡고 있었다. 오랫동안 생각해왔던 라디오 개발 가능성을 타진했지만, 임원들은 "기술 수준이 낮아서 힘들다"는 반응을 보였다. 구 회장은 "기술 수준이 낮으면 외국에 가서 배워오면 되고, 그것도 안 되면 외국에서 기술자를 데려오면 되지 않느냐"며 임원들을 꾸짖었다고 한다.

구 회장은 서독에서 초급공대를 나온 헹케를 기술 책임으로 채용하고, 1958년 12월 공채 공고를 통해 기술 사원을 채용했다. 당시 28:1의 경쟁률을 뚫고 입사한 사람들은 부산 시내 전파사의 고급 라디오 기술자들이었다. 그들 중 한 명이었던 김해수는 이공계 출신으로 하동중학교 교사였고, 한때 부산에서 화평전업이란 라디오상을 운영한 경험이 있었다. 그를 중심으로 기능공 2명이 함께 참여하여 일본제 라디오인 산요 제품을 모델로 국산 제1호 라디오를 설계했다. 1958년 4월 생산 계획을 세우고, 1959년 1월까지 약 10만 달러 규모의 시설을 서독으로부터 도입하여 부산에 제조 공장을 차렸다. 마침내 1959년 11월, 10개월의 노력 끝에 진공관식 라디오 국산 1호인 'A-501' 생산에 성공했다. 이 제품에 사용한 스피커는 5인치 구경이며 최대 출력 5와트로 설정하였다. 100볼트였던 전기 사정이 좋지 않을 것에 대비해 50볼트에서도 사용할 수 있게 만든 것이 특징이었다. 자체 제작이 어려운 부품은 서독에서 수입하기도 했으나 일제보다 비싼 것이 흠이었다. 그래서 진공관, 스피커, 레지스터 등 핵심 부품은 수입하고 스위치, 섀시, 트랜스, 스크류, 너트, 플레이트, 소켓 등은 직접 만들었다. 첫 해 생산량은 87대였다.

개발 초기에는 기술 고문으로 헹케가 참여했으나 실제 A-501을 만든 실무 개발자는 금성사 공채 1기생인 김해수였다. 초반부터 헹케와 김해수는 제품 설계를 놓고 논쟁을 벌였다. 라디오 내부 구조를 두고 헹케는 서독제를 모델로 ㄷ자형 새시를 고집한 반면 김해수는 평판형을 추천하였는데, 결국 일본제를 모델로 삼자는 김해수의 의견이 채택되었다. 갈등 끝에 헹케가 사임하자 당시 구인회 회장은 김해수에게 "미스터 헹케가 없더라도 우리 기술자만 데리고 회사를 이끌어 나갈 수 있겠는가?"라고 물었다. 그러자 김해수는 자신 있게 "그렇습니다"라고 대답했다고 한다.

제품명 'A-501'은 '전기용(AC) 5구 라디오 제1호'라는 의미를 담고 있다. 이 제품은 부품의 60% 이상이 국산화된 최초의 국산 라디오였다. 1962년에는 미국 아이젠버그사에 라디오 62대를 수출하면서, 국산 가전제품 사상 첫 수출을 기록하기도 했다. 금성라디오 제작은 우리나라 전자 산업의 태동을 알린, 산업기술사에 있어 한 획을 긋는 역사적인 사건이었다.

국내 전자 산업의 불씨를 지핀 금성사 라디오 'A-501'은 전자 산업의 불모지였던 대한민국을 IT 강국으로 발돋움하게 한 산업사적 가치를 인정받아 2013년 8월 등록문화재로 지정되었다.

2부

1960년대 ~ 1970년대

1961
우리 손으로 만든 첫 번째 화학비료 공장
'충주비료'

1962
미생물 발효법으로 만든 글루탐산 조미료
'미원'

1963
국내 최초로 개발한 대동공업의
'동력 경운기'

서민들의 주린 배를 채워준 '삼양라면'

1966
우리나라 기술 개발의 모태가 된
'한국과학기술연구소'

1970
국가 산업의 대동맥 '경부고속도로'

1971
고급 기술 인력 양성을 위해 설립된
'한국과학원'

1972
대한민국 최초의 공업단지
'울산 석유화학단지'

1973
산업구조 고도화를 이끈
'중화학공업 육성 정책'

중화학공업 육성 기반을 마련한
'산업기지 개발 촉진법'

우리나라 토목사의 신기원,
'소양강다목적댐'

철강 산업을 태동시킨 포항제철의
'제1고로 출선'

풍산의 '소전 동가공'

현대중공업의 초대형 유조선
'애틀란틱배런호 건조'

1974
우리 기술로 만들어낸 세계 최고 수준의
'서울 지하철 1호선'

1975
국산 차 1호. 현대자동차의 '포니'

1976
세계 최초 동서식품의 '1회용 커피믹스'

현대건설의 '사우디 주베일 산업항 공사'

1977
국내 최초로 개발된 화천기계의
'NC(수치제어) 선반'

1978
한국 최초의 원자력발전소,
'고리원전 1호기'

효성의 '폴리에스터 타이어코드 개발'

1979
코오롱에서 개발한 '아라미드 섬유'

한국 화학 공업 발전의 요람

우리 손으로 만든 첫 번째 화학비료 공장 '충주비료'

충주비료 공장
출처: 국가기록원

충주시 목행동에 자리한 충주비료 공장은 60년대에 미국의 지원을 받아 건설한 한국 최초의 산업체다. 22만 평 부지 위에 수만 평의 건물과 부대시설이 채워진 최신식 공장으로 만들어졌다. 화학비료가 없던 시절, 우리 농부들은 풀 위에 인분을 얹어 발효시킨 퇴비로 농산물을 경작하였다. 충주비료 공장의 등장과 함께 화학비료를 공급받은 농가에서는 그 동안의 수확량과는 비교가 안 되는 생산 효과를 맛볼 수 있었다. 굶주림에서 벗어나지 못하던 당시 우리 국민들은 이 화학비료 덕분에 수확량이 늘어나자 배고픔을 잊을 수 있었고, 식량 자급의 꿈도 꿀 수 있었다. 그 시절, 국내에서 유일한 기간 산업체였던 충주비료 공장은 전국에서 찾아오는 수백 명의 산업 시찰단을 맞이하느라 매일 분주한 나날을 보냈다.

　　1950년 발발한 한국전쟁으로 국내에 소규모로 존재하던 비료 공장 시설은 대부분 파괴되었다. 휴전 후에는 과인산석회를 생산하는 인천의 조선화학비료와 석회질소를 생산하는 삼척의 북삼화학 공장 정도만 남았다. 그러나 이 공장들도 전쟁의 여파로 제대로 가동되지 않아 농민들은 수입 비료에 전적으로 의존할 수밖에 없었다. 이러한 상황은 1950년대 내내 계속되었다.

　　정부는 국가 재건을 위해 부서별로 가장 시급한 복구 및 증산 계획을 수립하였다. 이때 비료, 시멘트, 판유리가 3대 육성 산업으로 선정되었다. 당시에 비료 생산은 먹고 사는 문제와 직결된 가장 중요하고도 시급한 과제였기 때문이다.

1955년 한국 최초의 요소비료 공장인 충주비료 공장이 착공에 들어갔다. 이는 한국 비료 산업의 시작이자 더 나아가 한국 화학공업의 발판이 될 역사적인 첫 걸음이었다. 전량 해외 수입에 의존하는 화학비료 수급 상황을 타파하기 위해 정부는 FOA(Foreign Operation Administration) 원조 계획에 따라 AID 자금 3,334만 달러와 내자 2억 7,500만원으로 연간 8만 5,000톤 규모의 요소비료 공장을 충북 충주에 건립하기로 결정했다. 1955년 5월 체결된 이 계약은 정부 수립 이후 최초로 미국 회사와 함께한 공장 건설 공사였다. 건설 추진 방법도 모르는 상태에서 미국 회사의 의견에 따라 공사를 진행하다 보니 적지 않은 문제가 생겼다. 1955년 9월 착공해 1958년 4월 준공 예정이었던 충주비료 공장은 건설을 담당한 미국 맥그로 하이드로카본(McGraw-Hydrocarbon Co.)과 다섯 차례에 걸쳐 계약을 수정해야 했고, 건설비도 당초 계약한 금액보다 약 70%가 추가되었다. 공사 기간도 21개월이나 연장되는 바람에 1961년 4월 29일에야 겨우 준공할 수 있었다. 준공 이후에도 잦은 고장으로 생산량이 크게 밑도는 문제가 발생했다. 결국 1962년 5월 23일, 충주비료 공장은 미국의 얼라이드 케미컬(Allied Chemical)과 기술 고문 계약을 체결해 공장 운영과 조업 등 전반에 관한 자문을 구했다. 이를 통해 비료 생산량을 최대로 늘리고자 노력했다. 이러한 과정을 거치며 1963년부터는 연간 8만 5,000톤의 요소비료를 생산해 시설 능력을 초과하는 실적을 올릴 수 있었다.

충주비료 공장은 최초의 요소비료 공장으로 한국 비료 산업의 초석을 놓았으며, 국내 최초로 고온고압 공정을 갖춘 화학 공장이었다. 제1비료로 불린 충주비료 공장에 이어, 1958년 제2비료인 호남비료 공장 건설이 추진되면서 비료 국산화의 길이 열리기 시작했다. 공장의 건설 과정은 거의 전적으로 외국 회사에 의존해야 했지만, 이때 익힌 선진 기술은 이후 한국 화학공업 발달의 기초가 되었다. 특히 충주비료 공장의 건설과 운영 과정에서 경험한 시행착오와 노하우는 다른 비료 공장과 화학 공장으로 확산되어 비료 산업 및 중화학 산업 시설 건설과 운영에 중요한 기술적 자산이 되었다.

또한 대규모 공장이 전무했던 시절, 충주비료에서 경험을 쌓은 엔지니어들은 최고 수준의 인재로 인정받았다. 이들은 경제개발 5개년 계획 추진을 통한 산업화 과정에서 핵심기술 인력으로 활약했다.

충주비료는 설립 초기에 총 72명을 해외에 파견해 기술을 습득하게 했으며, 나중에 이들을 충주비료의 기술 간부로 등용했다. 이들은 이후 제3비료 영남화학과 제4비료 진해화학 건설 추진에도 참여하였으며, 각각의 회사 설립과 동시에 중견 간부로 차출되었다. 또한 호남비료, 한국비료, 남해화학 등 전국의 화학 공장에도 다수 진출했다. 충주비료가 자체적으로 설립한 기술원 양성소에서 배출된 기능 인력들 역시 충주비료뿐만 아니라 타 기업체에도 취업하여 기술 확산에 기여했다. 이후 건설된 영남화학, 진해화학 등 전국의 다른 화학공업 공장들로 퍼져 나가면서 충주비료는 인재 배출의 요람 역할을 담당했다.

세계 일류 기술로 만들어낸 감칠맛

미생물 발효법으로 만든 글루탐산 조미료 '미원'

018
100

미원

미원의 초창기 제품
출처: 미원 브랜드 홈페이지

주부들에게 '맛의 비법', '마법의 가루'로 불리던 조미료계의 양대 산맥 '미원', '미풍'의 경쟁은 1960년대 말부터 1980년대 초까지 격렬한 마케팅 대결로 이어졌다. 특히 1970년 1월 31일부터 시작된 파격적인 경품 광고 경쟁은 그야말로 '사은품 대첩'이었다. 미풍이 먼저 빈 봉지 다섯 장을 모아 보내는 1만 명에게 선착순으로 3,000원 상당의 여성용 스웨터를 경품으로 준다는 광고를 냈다. 당시 3,000원은 근로자 월급의 10분의 1쯤 되는 큰돈이었다. 이에 질세라 미원도 '새 포장 발매기념 사상 최대의 호화판 사은 대잔치'란 제목으로 선착순 15만 명에게 순금 반지를 준다며 맞섰다. 집집마다 미원, 미풍 봉지를 구하는 진풍경이 벌어졌다. 양사의 경품 응모 엽서로 우체국은 불이 났고, 사원들은 밀려드는 봉지를 세느라 진땀을 뺐다.

　감칠맛 조미료 전쟁이 벌어진 이후 미원은 '1가구 1미원'이라고 불릴 정도로 주방의 필수품이 되었다. 영원한 맞수 대상과 CJ제일제당은 60여 년 동안 다양한 조미료들을 선보이며 대한민국 맛의 수준을 높이고 있다.

　생물 신소재 발효기술은 전통적인 발효 식품 이외에 생물 신소재를 미생물을 이용하여 발효하는 기술이다. 이러한 신소재 발효기술이 적용되는 산업은 건강기능식품 외에도 풍미료 및 향료를 포함한 조미료 산업과 식용 천연색소와 물성 개량 소재가 포함된 식품첨가물 산업 등이 있다. 그중에서도 특히 글루탐산나트륨(MSG, Mono-Sodium Glutamate)과 핵산 조미료 산업은 국제적으로 매우 큰 시장을 형성하고 있으며, 우리나라는 이 분야의 기술력에서 선두그룹에 속해 있다.

MSG는 단백질을 구성하는 아미노산 중 분포가 가장 큰 글루탐산에 나트륨을 붙여 물에 잘 녹게 한 것이다. 1908년 일본의 이케다 기쿠나에 교수가 다시마 추출물을 연구해 음식에 감칠맛을 주는 물질이 아미노산의 하나인 글루탐산임을 밝혀내면서 세상에 알려졌다. 우리나라의 기능성·식품 신소재 제품 개발과정에서 주목할 만한 역할을 한 것이 바로 MSG와 핵산계 발효 조미료의 개발이었다.

감칠맛을 내는 대표적인 조미료 MSG는 1955년 대성공업사에서 밀 단백질을 염산으로 가수분해하여 제조한 바 있다. 1956년 동아화성공업(미원 및 대상그룹의 전신)이 '미원' 상표로 MSG를 생산하면서 우리나라의 본격적인 조미료 시대가 시작되었다. 1962년 '미원'은 미생물 발효법으로 만든 조미료를 생산하였다. 1964년에는 제일제당에서 '미풍'이라는 상표로 시장에 뛰어들면서 미원과 제일제당 두 회사의 경쟁이 시작되었다. 두 회사의 경쟁은 제품 순도나 공정 합리화 같은 기술 관련 경쟁은 물론 해외 시장 진출 경쟁으로까지 이어졌다. 1972년 대상이 인도네시아에 진출하자, CJ는 1992년 인도네시아에 진출했다. 1996년에는 대상이 베트남에 MSG 생산 공장을 수출하면서 국내 조미료 산업의 국제화에 크게 기여했다. 현재 전 세계 60여 개국으로 수출하고 있는 대상의 발효조미료 '미원'은 산업통상자원부가 주관하는 '세계 일류상품'에 선정되기도 했다.

우리나라 식품용 유전자 이용 기술은 1960년대와 1970년대에 각각 미생물 발효법으로 개발된 MSG 및 핵산 조미료 생산 기술이 바탕이 되었다. 조미료 생산 기술에서 발전된 미생물공학 기술은 글루탐산뿐만 아니라 라이신, 메치오닌, 스레오닌 등 식품, 사료 첨가제, 의약품에 사용되는 여러 아미노산 생산 기술 발전에 확대 활용되었다. 1980년대 이후 대학과 생명공학연구원 등에서 연구가 본격화되었으며, 식품 분야에서의 응용 연구는 1990년대 이후 유전공학 연구지원 사업 등을 통해 시작되었다. 1990년대와 2000년대에 걸쳐 유산균 등 식품 미생물의 숙주, 플라스미드 벡터, 나이신 등의 표지인자, 분비체제를 이용하는 기술 등이 개발되었다.

노동력 문제를 해결한
농업 기계화의 시작

국내 최초로 개발한 대동공업의 '동력 경운기'

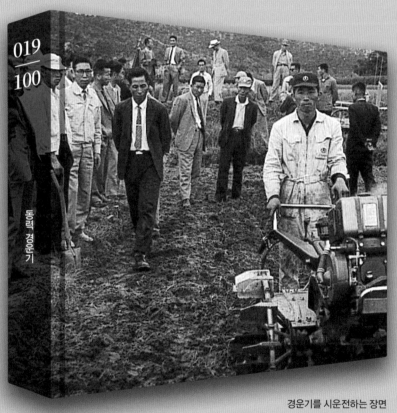

019
/
100

동력 경운기

경운기를 시운전하는 장면
출처: 대동공업

과거 시골의 농가에서는 소를 가족처럼 아끼며, 귀한 재산으로 여겼다. 농사를 지을 때 밭갈이 같은 힘쓰는 일 대부분은 소의 힘을 빌려야 했기 때문이다. 그러나 1970년대에 접어들면서 소가 밭을 가는 평화로운 모습은 점차 사라져 가기 시작한다. 1963년 대동공업에서 경운기 생산에 성공한 이후 쟁기를 등에 매고 묵묵히 콧김만 내뿜으며 우직하게 밭일을 하던 소는 요란한 엔진 소리를 내는 경운기로 대부분 대체되었다. 1947년에 설립된 대동공업은 선반 4대, 프레스 1대, 용접기 1대라는 소규모 생산시설을 갖추고 있었다. 자동차 정비, 발동기와 선박용 엔진 수리 등을 주업으로 하다가 1948년에 주물 공장을 설립한 이후 가마니 짜는 기계, 정미소용 발동기를 생산하면서 기술력을 쌓았으며, 이를 토대로 1963년 경운기 생산에 성공하였다.

동력 경운기는 두 바퀴가 달린 엔진부를 길게 뻗은 손잡이로 조작하는 형태이며, 사람이 탑승하지 않고 서서 걸으면서 작업하게 만들어졌다. 여기에 쟁기나 로터리, 배토기 등을 달아 밭을 가는 데 썼고 이동하기 편하도록 마차처럼 뒤쪽에 트레일러를 달아 사용하기도 했다. 필요한 경우 펌프를 달아 양수기 용도로도 사용했다.

동력 경운기가 등장하면서 우마차도 점차 사라졌다. 농경지를 쟁기질하는 것을 주목적으로 개발된 동력 경운기는 충분한 동력을 갖춘 차량으로서도 소나 말에 비하여 월등한 힘을 가졌기에 농촌의 간편한 운반수단으로도 사용되었다.

1970년대는 우리나라가 본격적인 산업화의 행보를 시작한 시기로 높은 경제성장률로 온 나라에 활력이 넘쳐나던 때다. 여기저기 건물이 올라가고 도로가 뚫렸으며, 공장 굴뚝에서는 쉬지 않고 연기가 피어올랐다. 농촌에 살던 젊은이들은 도시로 이동하여 산업화의 역군으로 변신하였다. 우리나라는 소비재 수입 국가에서 중화학공업 수출 국가로 변모하고 있었다.

산업이 발전하기 위해서는 기술과 자본의 축적 과정이 필요한데 당시 우리나라는 인력은 물론 기술, 자본, 생산 시설, 경험 모두가 부족한 상황이었다. 농기계 업체들 역시 자본이 부족하고 기술도 미약한 실정이었지만 정부의 정책적 지원을 발판 삼아 발전의 시동을 걸 수 있었다. 그 결과 인력에만 의존하던 농업 분야에도 생산성을 높이기 위한 다양한 농기계가 개발되기 시작했다.

사실 당시 정부의 정책 목표는 농기계 산업 육성이 아니라 식량 자급 달성과 이농 현상에 따른 노동력 부족 해결, 농가 소득 향상이 목표였다. 이를 위해 체계적인 농업 기계화 기반을 구축하는 정책을 펼쳤던 점이 다른 산업 분야의 육성 정책과 다른 점이었다. 그럼에도 우리나라는 세계적으로도 가장 빠른 농업 기계화를 이루며 후발 개발도상국의 모델이 되기도 했다. 그중에서도 동력 경운기는 우리나라 농업 기계화의 시작을 알리는 대표적인 농기계였다.

농촌 노동력 문제 해결과 식량 자급에 크게 기여한 우리나라의 농업 기계화는 수입에만 의존하던 농기계를 국산화하였고, 미약하지만 수출에도 이바지하였다. 이후 대학에서 선진 기술을 습득한 전문 인력이 다수 양성되면서 농기계 제작 기술이 비약적으로 발전하는 계기가 되었다. 이후 농기계 산업은 내수를 바탕으로 주요 기계의 국산화를 달성하며 제조업의 한 분야로 성장하였다. 농기계 제작 분야의 전문 인력들은 산업화 과정에서 농기계 산업보다 더 우수한 급여를 제공하는 자동차 산업이나 기타 산업계로 진출하면서 전체 제조업 발전에도 기여하였다.

우리나라 최초의 인스턴트 음식

서민들의 주린 배를 채워준 '삼양라면'

삼양라면

삼양식품 공장의 라면 포장 작업
출처: 국가기록원

지난 반세기 동안 서민들의 삶과 떼어놓으려야 떼어놓을 수 없는 식품이 바로 라면이다. 혼자든 여럿이든 배고픔을 달래는 한 끼 역할을 해준 라면은 그에 얽힌 기억 하나 없는 사람이 드물 정도로 명실상부한 한국인의 소울 푸드다.

　1963년 첫 선을 보인, 중량 100그램짜리 삼양라면의 가격은 10원이었다. 시내버스 요금이 5원, 커피 한 잔이 35원이던 시절이었으니 비싼 편은 아니었지만 그렇다고 만만한 가격도 아니었다. 60년대의 라면은 면발과 국물에 녹아 있는 기름기 때문에 지방을 보충할 수 있는 '보양식'처럼 여겨지기도 했다. 라면을 명절 선물로 보내는 일도 있었고, 라면보다 값싼 국수를 섞어 많은 식구들이 나눠 먹기도 했다.

　70~80년대에는 서민의 애환을 상징하는 싸고 간편한 '대용식'으로, 90년대에는 다양한 방식으로 먹을 수 있는 '기호식'으로 우리 곁에 늘 함께하던 라면은 2000년대 들어 불어닥친 웰빙 바람 때문에 그 위상이 예전 같지 않다.

　1956년 미국과의 식량원조 협정(PL480) 체결을 기점으로 우리나라에 밀, 보리, 옥수수, 원면 등이 공급되기 시작했다. 밀가루, 옥수수 전분, 설탕 등 식품 원료가 풍부하게 공급되면서 제과, 제빵, 제면, 청량음료, 라면 등 식품 가공 산업도 급격하게 발전하기 시작한다. 이 무렵 설립된 제과, 제빵업체에는 삼립(1959년)과 동양제과(1956년)가 있고, 라면업체로는 삼양식품(1963년)과 농심(1966년)이 있다. 그 가운데 60년대 들어 가장 높은 성장세를 보인 분야는 장류 공업과 면류 제조업이었다.

인스턴트 라면은 1958년 일본에서 최초로 개발되었다. 우리나라는 1963년 9월 15일 삼양식품공업회사가 일본 묘조식품으로부터 기술자와 생산시설을 전량 도입하여 닭 육수 기반의 '삼양라면'을 생산한 것이 그 효시이다. 라면 생산 초기에는 쌀을 주식으로 하는 우리나라의 고유한 식문화로 인해 크게 주목을 받지 못했다. 그러다가 점차 싼 가격과 사용 편의성, 고유한 풍미 등을 인정받으면서 서민 음식으로 소비가 늘기 시작했다. 1960년대 미국으로부터 원조 받은 밀가루의 소비 진작을 위해 정부에서 거의 강제적으로 실행한 '혼분식 장려 정책'과 군납 식품 지정 덕분에 라면은 연간 40%라는 급성장을 지속했다. 라면의 소비가 증가하면서 라면 제조 기술의 국산화도 빠르게 진행되었다. 더불어 다양한 소비자의 욕구를 충족시키기 위해 라면의 종류도 빠르게 늘어났다. 건강 기능성을 추가한 새로운 제품들도 만들어지고, 먹기 더 편리한 제품들도 개발되었다.

우리나라 국민들의 라면에 대한 애정은 남다르다. 2016년 기준으로 국민 1인당 연간 라면 소비량은 약 76개로 세계 1위를 유지하고 있다. 그러나 국내 라면 시장은 구조적 정체기에 접어든 상태이다. 향후 인구 감소에 따른 수요 감소를 감안하면 거의 포화 상태라 할 수 있다. 라면 시장 점유율은 2016년 기준으로 농심이 약 54%, 오뚜기가 23%, 삼양이 10%, 팔도가 9% 정도이다.

최근에는 소비자의 건강과 편의에 대한 수요로 기존 유탕면 이외에 생라면, 건조면, 냉면, 면발이 굵은 라면 등 새로운 제품이 많이 개발되고 있으며, 해외 여러 나라에도 진출해 세계인의 입맛을 사로잡고 있다.

인스턴트 라면 관련 주요 기술은 제면 기술과 스프 제조 기술, 용기 제조 기술, 포장재 기술 등이 있다. 인스턴트 라면의 특성상 제품의 맛과 품질도 중요하지만 안전성과 사용 편의성을 높이는 기술도 한 축을 담당하고 있다. 이러한 민감성을 반영하듯 1980년대 '공업용 우지(牛脂, 쇠고기 기름)' 파동을 겪기도 했고, 컵라면 용기의 환경호르몬 문제가 이슈가 되기도 했다. 한편 1990년에는 컵라면 전성시대가 열리며 해외 수출이 본격화되면서 K-푸드를 전파하는 데에도 기여했다. 시대에 민감하게 맛과 트렌드를 개발하되 식품과 환경에 대한 사회 문화적인 이슈에도 발 빠르게 대응하며 글로벌 식품으로 성장하고 있다.

과학기술계의 제갈공명을 키우다

우리나라 기술 개발의 모태가 된
'한국과학기술연구소'

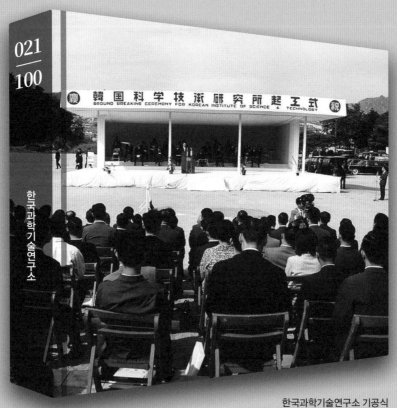

021
—
100

한국과학기술연구소

한국과학기술연구소 기공식
출처: 국가기록원

삼국지에 등장하는 제갈공명은 촉나라의 유비를 보필하며 삼국통일을 위한 그의 행군을 도왔다. 현재의 정세를 파악하고 미래를 내다본 현명한 책사의 대명사로 불리는 제갈공명처럼 산업계에도 싱크탱크 역할을 하는 기관이 있다. 바로 미래를 선도하는 프런티어 역할을 하고 있는 과학기술연구소이다. 국내 기술연구소의 본격적인 시작을 알린 한국과학기술연구소(KIST)는 우리나라 산업계의 핵심 두뇌 집단이다. KIST 설립은 각 산업 분야별 연구소 구축으로 이어졌고, 대덕연구단지를 만드는 시발점이 되었다.

KIST 설립에는 미국의 도움이 컸다. 1960년대 중반까지 우리나라의 과학기술연구소는 대체로 국공립 기관 형태로 운영되어 전문성이 떨어졌다. 연구기기, 시설, 인력 등 연구자원과 환경 역시 낙후되어 있었다. 더욱이 경제개발 5개년 계획의 추진과 함께 진행된 공업화를 과학기술연구가 뒷받침해야 했는데, 행정에 치우친 국공립 연구기관으로는 역부족이었다. 이에 정부는 산업계의 기술 개발 수요를 뒷받침할 새로운 연구소의 필요성을 절실히 느끼고 있었다. 그런 와중에 1965년 열린 한미정상회담이 그 돌파구 역할을 했다. 미국의 존슨 대통령이 먼저 한국에 공업기술 및 응용과학 연구소 설치를 지원하겠다는 의사를 밝혔다. 이러한 미국의 원조에 힘입어 KIST를 설립할 수 있었다.

KIST의 성과에 고무된 우리 정부는 각 산업 분야의 특성을 살린 연구소들을 추가로 설립하였다. 1970년, 북한의 위협과 주한미군 철수에 따른 자주국방에 대한 염원을 담은 국방과학연구소(ADD)가 홍릉에 세워졌고, 1975년에는 미사일 개발을 위한 ADD 대전 기계창이 건설되면서 국방기술 연구 개발의 싹이 트기 시작했다. ADD는 KIST 출신 연구소장과 간부 연구원들을 대거 영입하고, 재미 과학자들을 유치하여 새로운 연구 개발 제도를 만들었다. 소총 박격포 차량 및 장거리 미사일까지 개발하면서 우리나라 방위 산업과 중공업 발전에 큰 기여를 하였다. 특히 ADD를 거쳐 간 수백 명의 젊은 연구원들은 학계, 연구계 및 산업계에서 국가 과학기술 발전에 큰 역할을 했다.

대덕연구단지 조성은 당초보다 다소 늦어진 1978년에야 본격화되었다. 그해 한국표준연구소를 필두로 한국선박연구소, 한국화학연구소, 한국핵연료개발공단이 입주하였다. 1979년에는 쌍용종합연구소, 한양화학중앙연구소, 럭키중앙연구소 등의 민간연구소들이 입주하면서 민관의 시너지 효과도 얻을 수 있었다.

연구소에 필요한 숙련된 기술자와 과학자는 삼고초려의 마음으로 모셔왔다. KIST는 연구원들에게 충분한 급여를 제공하고 주택, 휴가 등 파격적인 처우를 보장했다. 책임급 연구원에게는 3년마다 1년 유급 연구 휴가를 주어 해외의 신지식, 신기술을 접할 기회를 제공했다. 연구과제 수행도 연구 개발 단위마다 자율성과 책임성을 부과하기 위해 계약연구제를 도입했다. 이로 인해 해외에서 귀국을 망설이던 많은 인재들이 국내로 들어오기 시작했다.

초기에 KIST는 그 설립 취지인 산업계의 기술 개발 수요에 부응하는 데는 미치지 못했다. 이는 연구소의 역량이 부족했다기보다 오히려 수요처인 산업계가 연구소의 역량을 활용할 수준에 미치지 못했기 때문이다. 그럼에도 불구하고 다음 세 가지 방면에서 성과가 있었다. 첫째, 당시 산업계가 들여온 해외 기술을 소화하여 산업계에 체화시키는 기술이전센터로서의 기능이었다. 둘째, 정부가 추진한 새로운 에너지 수급, 기계공업 육성, 과학기술 장기정책 등의 연구 기능이었다. 셋째, 국방에 필요한 기술 지원 기능이었다.

설립 당시에 목표로 삼았던 산업 발전에 대한 본격적인 기여는 오히려 1980년대 이후에 이루어졌다. 이때부터 본격적으로 산업계의 기술 개발 수요에 부응하는 계약이 폭발적으로 이어졌다. 아라미드 섬유 개발, 폴리에스터 필름 개발 등이 이 시기의 주요 업적으로 손꼽히고 있다. 그러나 KIST가 우리 산업기술 개발에 미친 기여는 이런 직접적인 업적보다는 뛰어난 인재를 산업계로 영입한 것과 민간기술연구소 설립의 모태 역할을 한 것이 더 크다. 이를 통해 한국 산업기술 개발의 지평을 넓히는 효과를 거두었다.

대덕연구단지는 산업계의 기술 개발을 지원하는 더 직접적인 역할을 했다. 이들 연구소의 기술 개발 연구 성과를 토대로 우리나라 중화학 공업은 경쟁력을 높이며 해외 시장에 본격적으로 진출할 수 있었다.

천릿길도 고속도로부터

국가 산업의 대동맥 '경부고속도로'

경부고속도로 준공식 행사
출처: 국가기록원

1970년 7월 7일, 나지막한 산등성이 사이 허허벌판을 가로지르는 경부고속도로가 개통되었다. 군악대의 연주에 맞춰 꽃가루가 뿌려지고 개통을 축하하는 인파의 박수 소리가 터져 나왔다. 황량한 들판에 아스팔트가 깔리고 새하얀 차선이 도드라져 보이는 텅 빈 도로 위로 관계 차량과 버스 한 대가 시범적으로 달렸다. 서울에서 부산까지 걸어서 보름이 걸리고, 달리면 사흘이 걸리던 아득한 천릿길이 자동차로 불과 4시간이면 가닿을 수 있는 '검은 비단길'로 변하는 순간이었다. 자동차도 몇 대 없던 시절, 혹자는 무모하다고 하고 더러는 불가능하다고 했던 단군 이래 최대의 토목공사였다. 경부고속도로 건설을 통해 전국이 일일 생활권으로 연결되면서 대한민국 산업과 물류, 경제와 국민들의 삶은 빠르게 달려가기 시작했다.

1960년대 중반까지만 해도 우리나라 전체 자동차 보유 대수는 수만 대에 불과했다. 아직까지는 철도가 주요 교통수단으로 기능하던 시절이었다. 하지만 1962년 제1차 경제개발계획이 발표되고 국내 물동량과 수출·입 화물량이 크게 증가하면서 도로 교통 수요 역시 점점 늘어나기 시작했다. 처음에는 간선 국도 확충과 도로 포장, 교량 복구 위주로 도로 정비가 이루어졌지만 폭발적으로 늘어나는 수요를 감당할 수 없었다.

전체 교통 투자에서 차지하는 비중은 제1차 경제개발계획 기간 (1962~1966년)에 철도 60%, 도로 17%였으나, 제2차 경제개발계획 기간(1967~71년)을 거치며 철도 29%, 도로 52%로 역전되었다.

1967년 정부는 수출지향 공업입국을 위해 인천과 부산을 서울에 직결하는 고속도로를 건설하기로 결정한다. '고속국도 건설 10개년 계획'이 그것이다. 고속도로를 비롯한 현대식 도로 개발이 본격적으로 시작된 것이다. 그 첫 번째 결과는 1968년 12월 21일 개통한 서울~인천 간 29.5킬로미터를 연결하는 한국 최초의 고속도로인 경인고속도로였다. 길이는 짧지만 자동차 운행시간을 1시간에서 18분대로 단축시킴으로써 서울과 인천 주변의 산업단지 축과 남동해안 지역에 건설된 공업벨트의 성장을 촉진했다. 또한 도로행정 조직과 재원, 도로 정책을 근본적으로 혁신하면서 1968년을 한국 현대 도로 개발사의 원년으로 만들었다.

1968년 2월 1일, 서울~수원 30킬로미터 구간 기공식을 시작으로 경부고속도로 건설이 시작되었다. 16개 건설사와 3개 군 건설 공병단이 동원된 거대한 공사였다. 동원 인원 893만 명, 중장비 165만 대, 철근 5만 톤, 총 공사비 429억 원을 투입하였다. 마침내 2년 5개월 만인 1970년 7월 7일, 총길이 428킬로미터에 이르는 경부고속도로 전 구간을 개통하였다. 한강, 금강, 낙동강의 3대 강을 건너고, 험준한 추풍령 고개를 넘는 국내 최대 규모의 고난이도 사업이었다. 당시 우리의 기술 수준은 고속도로와 같은 대규모 토목공사를 해본 경험이 없어서 설계에서 시공에 이르는 전 과정에 일관성 있는 기준을 마련한다는 것이 사실상 불가능했다. 마찬가지로 구조물 설계 기준이 없어 선진국의 주요 고속도로 사례를 참고했지만 우리 실정과 잘 맞지 않는 경우가 많았다. 그도 그럴 것이 국토의 70%가 산림지대인 우리의 자연 조건은 물론 경제력, 기술력, 시공 경험 등 거의 대부분의 조건이 달랐기 때문이다.

열악한 환경, 낙후된 경제, 뒤떨어진 기술 등의 악조건을 딛고 뚝심으로 이룬 경부고속도로 완공을 통해 우리나라는 비로소 고속도로 건설의 전 과정에 걸쳐 일관성 있게 적용할 수 있는 고유한 기준을 갖게 되었다. 이는 곧 우리나라 도로건설 기술 발전의 전환점이 되었다. 또한 경부고속도로는 국가 산업의 대동맥으로서 국가 경제와 사회 개발의 견인차 역할을 하였다. 전국이 일일생활권이 되고 자동차 산업의 발전과 물류비용이 획기적으로 감소하여 한국 경제 발전의 기폭제가 되었음은 물론이다.

개통 첫 해 369만 대였던 통행량은 1985년에는 3,400만 대를 넘기면서 10배로 성장했다. 현재는 매년 3억 1,000만 대 이상의 차량이 경부고속도로를 달리고 있다. 경부고속도로 개통일인 7월 7일은 1992년 '도로의 날'로 지정되어 우리 기술로 국토의 대동맥을 건설했던 그날을 기념하고 있다.

산업기술 인재 양성의 요람

고급 기술 인력 양성을 위해 설립된 '한국과학원'

023
—
100

한국과학원

한국과학원의 현판을 거는 장면
출처: 국가기록원

1970년대는 수출 중심 정책들이 효과를 내면서 본격적인 경제 성장의 발판을 마련하던 시기였다. 하지만 지속적인 성장을 위한 핵심 기술이나 자본은 여전히 부족한 상황이었다. 더군다나 산업을 이끌어가기 위해 가장 중요한 공학기술 분야의 우수한 인력이 턱없이 부족했다.

정부는 산업이 한 단계 성장하기 위해서는 공학기술 분야의 인재 양성이 가장 시급한 문제임을 깨닫고, 우선 급한 대로 해외의 우수 인재를 영입하고자 노력했다. 그런 한편 공학기술 분야의 우수한 인재를 지속적으로 양성할 수 있는 이공계 특수대학원의 필요성을 인식하고, 1971년 2월 서울 홍릉 인근에 한국과학원(KAIS)을 설립했다. 이론 중심 교육에 치우쳐 있던 국내 이공계 대학원 교육의 한계를 극복하기 위한 방편이었다.

한국과학원은 1984년 한국과학기술대학(KIT)을 흡수하여 한국과학기술원(KAIST)으로 이름을 바꾸고, 캠퍼스를 대전 유성(대덕 캠퍼스)으로 이전했다. 한때 한국과학기술연구소와 통합되어 운영되다가, 1989년 다시 한국과학기술연구소와 분리되어 이공계 연구 중심 대학으로 거듭났다. 1996년엔 부설 고등과학원을 설치했고, 2009년 한국과학영재학교와 한국정보통신학원을 통합하여 현재에 이르렀다.

KAIST는 학생들에게 수업료를 받지 않았으며, 오히려 장학금을 지급했다. 기숙사는 모두 무료로 제공했고, 남학생들에게는 병역 혜택까지 주었다. 1986년에는 국내 최초로 무학년·무학과 제도를 시행했고,

1992년 무시험 전형을 시행하면서 좀 더 실용적이며 효율적인 인재 양성 프로세스를 도입했다. 이러한 정책들의 효과는 상당히 컸다. KAIST에 대한 평판이 크게 올라갔음은 물론 이곳을 목표로 공부하는 인재도 많아졌다.

KAIST에 대한 평판은 세계 유수의 대학과의 경쟁에서도 높게 나타났다. 세계대학평가 순위(QS University World Rankings)에서도 2018년 현재 40위를 기록하고 있다(공학 부문만 떼어놓고 비교하면 15위에 해당한다). KAIST는 개교 이래 학사 1만 7,000여 명, 석사 3만 1,000여 명, 박사 1만 2,000여 명 등 총 6만 1,000여 명(2018년 2월 현재)의 과학기술 인재를 배출했다.

이처럼 KAIST는 대표적인 고급 기술 인력 양성기관으로 자리매김하면서 우리나라 산업기술 발전에 상당히 큰 역량을 제공했다. KAIST에서 배출한 학생들은 향후 이공계의 고급인력으로 성장할 수 있는 길이 열렸다.

KAIST의 성공에 고무된 정부는 1986년에는 포항공과대학교(POSTECH)를 설립했다. 이후 1995년 광주과학기술원(GIST), 2009년 울산과학기술원(UNIST)의 전신인 울산과학기술대학교 설립으로 이어지며 이공계 고급인력 양성기관의 저변을 넓혔다. 이들 이공계 연구중심 양성기관에서 배출된 고급 인재들은 당시 수출 산업화의 길을 걸으며 빠르게 성장하기 시작한 중화학공업 분야에 진출하여 눈부신 활약을 펼쳤다. 뿐만 아니라 이들은 빠르게 확대되던 분야별 특수 국책 연구기관은 물론, 당시 기하급수적으로 늘어난 기업 부설연구소에도 진출하여 우리나라의 산업기술 발전에 크게 기여했다.

KAIST를 시작으로 이공계 고급인력 양성기관에서 다량으로 배출된 우수한 공학기술 전문 인력들은 우리 산업과 산업기술 발전에 활력을 불어넣으며 우리나라가 경제적 도약의 계기를 마련할 수 있게 도왔다.

우리나라의 연구 개발 인력은 2015년 기준 약 62만 명에 이르고, 상근 연구원 수는 35만 6,000명으로 세계 5위 규모에 달한다. 기술 인력이 이렇게 늘어난 데는 기술 인력 전문 양성기관들의 역할이 컸다고 할 수 있다. 만약 이공계 인재 양성 전문기관의 설립이 조금이라도 늦어졌다면 지금까지 우리나라가 이룩한 산업구조 고도화는 물론 지금과 같은 경제 발전도 더 늦춰졌을 것이다.

한국 산업화의 신호탄

대한민국 최초의 공업단지 '울산 석유화학단지'

024
100

울산 석유화학단지

울산 석유화학단지 전경
출처: 국가기록원

석유화학공업단지 건설은 1950~60년대 일본으로부터 원료를 수입하던 우리나라의 '경제 독립'을 알리는 출발점이었다. 최초의 석유화학 공업단지가 지어진 울산은 일본, 미국, 러시아 등 태평양과 동남아시아에 이르는 항로의 요지에 있어 해외 교역에 유리한 입지였다. 또한 태화강과 동천강의 풍부한 하천과 용수가 합류하여 바다에 이르는 넓은 평지는 한눈에 보아도 최적의 조건이었다. 입출항이 자유로운 울산항과 수심이 깊은 만(灣), 휴전선에서 멀어 전쟁의 위험에도 비교적 안전한 것도 유리하게 작용했다. 1963년 가동을 시작한 국내 최초의 정유공장을 보유하고 있는 곳이었기에 더더욱 금상첨화였다. 한가한 농촌 마을이었던 울산은 대한민국 최초의 석유화학 공업단지로 탈바꿈하며 본격적인 산업화의 시작을 알렸다.

석유화학 산업과 관련한 기술적 배경이나 축적된 경험을 갖지 못했던 우리나라는 산업화 초기에 제조공정 기술 대부분을 돈을 지불하며 도입해야 했다. 석유화학 공장 건설의 경험마저 없어 설계부터 구매, 건설까지 전체를 일괄도급계약(Turnkey-Base Contract) 형태로 미국과 일본의 엔지니어링 회사에 맡겨 공장을 지어야 했다.

당시 석유를 비롯한 유류 제품의 조달 창구는 광복 직후 미군정이 설립한 대한석유저장회사(KOSCO)가 독점하고 있었다. KOSCO는 휘발유 같은 이미 정제된 고가(高價)의 완제품을 수입해 팔았다. 석유를 싼값에 안정적으로 공급받으려면 공기업 주도의 수급 전략이 필요했다. 1962년 '경제개발 5개년 계획' 발표와 동시에 정부는 대한석유공사(현

SK에너지)를 설립했다. 1963년 3월 12일, 미국의 석유 메이저 회사 걸프로부터 2,500만 달러를 유치해 울산에 국내 최초의 정유공장 건설을 위한 삽을 떴다. 13개월 뒤 완공된 울산 정유공장의 하루 원유 정제 능력은 3만 5,000배럴이었다. 울산 정유공장이 가동하면서 원료 나프타의 확보는 물론 비료공장과 정유공장 등지에서 기술 인력을 확보할 수 있었다.

정부는 제2차 경제개발 5개년 계획(1967~1971)의 핵심 사업으로 철강단지와 함께 석유화학단지 건설을 선정했다. 석유화학공업 개발 계획이 확정되자 정부는 석유화학공업단지 입지 선정 작업에 돌입했다. 1967년 7월, 울산·인천·여수·비인 등 4개 후보지 중 울산지구를 우리나라 최초의 석유화학산업단지로 지정했다. 그리고 울산시 부영동에 110만 평(1차로 68만 평)의 단지 조성을 마치고, 1968년 3월 22일 기공식을 가졌다. 그 후 거의 4년 반의 건설기간 동안 내·외자 약 2,000억 원이 투입되어, 제1차로 계획된 사업 중 나프타 분해공장(NCC), LDPE 및 VCM, AN, PP, 무수프탈산, 알킬벤젠, SBR, 유틸리티센터 등 9개 공장이 준공되었다.

1972년 10월 30일, 거대한 플랜트가 빽빽하게 들어 선 울산 석유화학공업단지에서 합동 준공식이 거행되었다. 울산 석유화학단지는 아시아에서는 일본(1958년), 대만(1968년)에 이어 세 번째로 준공된 것이었다. 울산 석유화학공업단지의 순조로운 가동과 포항제철(POSCO) 공장의 성공적인 준공과 가동은 수출의 급속한 증대와 경제 성장에 크게 기여했다. 정부는 중화학공업 중심의 수출주도형 경제 개발에 자신감을 갖게 되었다. 1973년 7월, '석유화학공업 육성기본계획'이 발표되어 울산 석유화학단지를 더욱 확장하기로 했으며, 동시에 전남 여천지구에 여천 석유화학단지 건설을 결정했다. 1980년 1월에는, 여수 석유화학단지 입주 5개사의 합동 준공식이 성대하게 열렸다.

2015년 현재 우리나라에는 울산, 여수 및 대산 석유화학단지가 가동 중이며, 에틸렌 생산능력은 연산 864만 톤이다. 우리나라는 2012년부터 일본을 제쳤고 미국, 중국, 사우디 다음으로 에틸렌 생산능력 기준으로 세계 4위의 석유화학 강국이 되었다.

한편 국내 석유화학기업들은 2008년 글로벌 금융위기를 전후하여 해외 여러 지역에 대형 석유화학 프로젝트를 전개하였다. 제조 원가의 경쟁력 향상을 위해 고가의 나프타 대신 저렴한 천연가스와 셰일가스 사용으로 원재료의 다양화도 시도하였다.

롯데케미칼은 2009년 말레이시아 최대 석유화학업체 타이탄을 인수하였고, 2015년 우즈베키스탄 수르길에 '천연가스 채굴 → 에탄 크래킹 → PE·PP 등 석유화학 제품 생산'의 수직 계열화 공장을 설립하였다. 또한 2019년 5월 미국 루이지애나에 셰일가스를 이용한 에틸렌 생산 공장을 준공하여 미국 트럼프 대통령이 롯데그룹 신동빈 회장을 백악관으로 초청하여 이를 축하하기도 했다.

오늘날 한국의 건설 회사들이 해외 곳곳에서 다수의 대규모 석유화학공장 건설 프로젝트의 주계약자로 활약하고 있는 배경에는 그간 약진해 온 국내 석유화학 산업계의 눈부신 발전과 높은 기술력, 그리고 이들이 길러낸 많은 기술 인력의 뒷받침 덕택이다.

70년대 새마을호는
중공업 강국의 미래로 달렸다

산업구조 고도화를 이끈 '중화학공업 육성 정책'

025
——
100

중화학공업 육성 정책

중화학공업 육성 정책을 발표하는 1973년 연두 기자회견
출처: 한국사 데이터베이스

삼랑진역은 경부선과 경전선의 분기선이 있는 역이다. 이곳에서 열차를 기다릴 때마다 근대와 현대를 가르는 어떤 분기점을 떠올리게 된다. 평행으로 달리는 열차는 분기점을 지나며 그 도착지가 갈린다. 한 국가의 운명도 이와 같아서 어떤 분기점을 지나면서 성장과 실패가 갈린다. 처음에는 미약하지만 시간이 흐를수록 그 차이는 극명해진다. 다행히도 우리는 그 분기점에서 성장의 발판을 만들었다. 1970년대는 우리나라 산업의 분기점이 된 시기다. 1960년대 우리 경제를 이끌었던 경공업 중심의 산업구조는 이 시기를 지나며 중화학공업 중심의 산업구조로 변모했다.

"우리나라 공업은 이제 바야흐로 중화학공업 시대에 들어섰습니다. 따라서 정부는 이제부터 중화학공업 육성의 시책에 중점을 두는 중화학공업 정책을 선언하는 바입니다. … 80년대 초에 우리가 100억 달러의 수출 목표를 달성하려면 전체 수출 상품 중에서 중화학 제품이 50%를 훨씬 더 넘게 차지해야 되는 것입니다. 그러기 위해서 정부는 지금부터 철강, 조선, 석유화학 등 중화학공업 육성에 박차를 가해서 이 분야의 제품 수출을 목적으로 강화하려고 추진하고 있습니다."
— 출처 : 대통령비서실, 〈박정희대통령 연설문집〉
제10집(1973년 1~12월), 1974, pp. 58~59.

1973년 1월 12일 박정희 대통령은 연두 기자회견을 통해 중화학공업국으로의 행보를 본격화하겠다는 선언을 했다. 경제개발 5개년 계획과 세계 경제의 높은 성장세에 힘입어 1960년대 한국 경제는 평균 7.7%의 경제성장률을 기록하며 개발도상국으로 도약하기 위한 준비를 마쳤다. 그러나 70년대 초의 국제적인 정세 불안은 세계 경제 전체를 위축시켰고, 1973년 제1차 오일 쇼크는 거기에 찬물을 끼얹었다. 국내 경제가 이제 막 숨통을 틔우던 시기였기에 불안한 세계 경제 상황을 돌파할 체력은 없었다. 자원이 부족한 국가가 안팎의 열악한 조건을 극복하고 세계 경제 성장의 대열에서 뒤처지지 않으려면 중공업 중심 공업국으로서의 면모를 갖추지 않으면 안 되는 상황이었다. 이를 위해 정부는 철강, 기계, 석유화학 산업 등은 수입 대체 산업으로, 노동집약적인 조립 산업 특성을 가진 전자, 조선 산업은 수출 산업으로 육성할 방침을 세웠다. 여기에 비철금속을 더한 6개 분야를 전략 산업으로 선정하고 금융, 조세, 재정, 기술 지원 등 막대한 자원을 집중적으로 투입하기 시작했다.

정부의 전폭적인 지원과 과감한 정책 시행으로 우리나라는 1976년 세계 19위의 무역국으로 올라섰다. 1977년에는 수출 100억 달러를 달성하는 놀라운 성과를 거두었다. 1970년대 경제성장률은 평균 8.6%를 기록했다. 중화학공업 육성 정책으로 우리 수출구조의 중심축이 경공업에서 중화학공업으로 옮겨지는 성과를 거두었다. 이로써 우리나라는 진정한 산업구조 고도화의 길을 걸을 수 있게 되었다.

또한 거의 모든 경제 개발 자금을 원조, 차관 등의 해외자본에 의존해 오던 정부가 처음으로 국내자금의 동원을 위해 「국민투자기금법」에 의한 국민투자기금을 통한 재정 투자와 융자를 활용한 것도 큰 의의를 가진다.

산업기술 발전 측면에서는 당시로서는 처음으로 상대적으로 매우 높은 기술력을 필요로 하는 중화학공업들이 육성됨으로써 산업기술의 연구 개발을 획기적으로 촉진하는 촉발제가 되었다. 주요 중간재 수입 산업이었던 석유화학, 철강 등의 분야에서 수입 의존도가 크게 낮아지고 수출 산업화가 빠르게 진전되었으며, 일관생산체제를 갖춘 산업단지의 확충이 이루어지는 성과를 보였다.

이후 한국의 중화학공업은 강제적인 조정을 거쳐 1980년대 후반의 3저 호황을 배경으로 세계 시장에서 두각을 나타냈으며, 1990년대 개발도상국의 외채위기와 외환위기 속에서도 한국 수출의 대표 주자로 한국 경제의 위기 탈출을 주도하였다.

경제 도약을 이끈 산업기지 건설

중화학공업 육성 기반을 마련한
'산업기지 개발 촉진법'

산업기지 건설 홍보물
출처: 국가기록원

한 국가가 경제개발계획을 추진하면서 장기적 관점에서 반드시 고려해야 할 것은 국토 개발과 관리 방안이다. 국토 활용 계획과 개발은 한 번 진행하면 되돌리기 어려운 대규모 사업이기 때문이다. 후손들의 미래를 담보한 사업인 동시에 당사자 간 이해관계가 매우 첨예하게 대립할 수 있는 사업이기도 하다.

우리나라에서 국토 개발에 관한 논의는 제1차 경제개발 5개년 계획이 시작된 1962년부터 본격화하였다. 그러나 체계적인 계획을 수립하고 사업이 시작된 것은 그로부터 10년 후인 1972년 제1차 국토 종합개발 계획(1972~1981)이 추진되면서부터였다. 두 차례의 경제개발계획을 완수하면서 얻은 정보와 자신감을 토대로 국토의 균형 개발에 대한 전략적인 방안을 마련하기 위해 신중하게 접근한 결과였다.

1973년 12월 제정된 산업기지 개발 촉진법은, 정부의 중화학공업 육성 시책에 따라 기존 공업단지 규모 이상의 산업지구에 대한 필요성이 제기되어 추진되었다. 이는 경제개발 5개년 계획과 국토 종합개발 계획의 수립이 완료되었기 때문에 가능한 일이었다.

산업기지를 선정하는 데는 치밀한 계획이 필요했다. 그 산업에 반드시 필요한 여러 여건이나 주변의 발전 가능성 등을 세밀하게 고려하지 않고 일부 측면만을 반영해 산업기지 입지를 선정한다면 후일 막대한 재투자가 필요하거나 그 산업의 성장을 도모하기 어려울 수 있기 때문이었다. 따라서 산업기지 설립은 제반 조건에 대한 고려와 장기적 경제 성장의 흐름에 대한 이해, 국토 균형 개발에 대한 고려, 이해관계 충돌에 대한 대안 등을 충분히 검토한 후 추진되었다.

산업기지 개발 촉진 사업은 한국수자원개발공사가 산업기지개발공사(1988년 한국수자원공사 개칭)로 이름을 바꾼 후 사업을 수행하였다. 입지는 경제적 조건과 지역 개발이라는 기준에 따라 선정하였다.

기계는 창원, 비철금속은 온산, 석유화학은 여천, 조선은 옥포와 죽도, 안정이 선정되었다. 울산에는 자동차, 조선, 석유화학 등 3개 산업기지가 들어섰다. 제철은 포항과 아산만, 광양만, 시멘트는 북평, 전자는 구미가 선정되었다.

특기할 만한 것은 울산 석유화학공업단지는 산업기지 개발 촉진법이 시행되기 7년 전인 1968년부터 이미 조성되기 시작했다는 점이다. 사실 우리나라의 초창기 산업은 대규모 단지를 조성할 만한 규모는 아니었다. 그러나 당시 수출을 이끌던 섬유, 신발, 비료, 시멘트, 정유 등의 산업을 뒷받침할 석유화학 제품의 국산화가 필요해지면서 이를 지원할 대규모 산업단지 조성이 필요하게 되었다. 이에 따라 제2차 경제개발 5개년 계획의 핵심 사업으로 울산 석유화학공업단지 건설이 추진되었다. 1968년 3월 기공식을 가진 울산 석유화학공업단지의 성공에 고무된 정부는 1973년 산업기지 개발 촉진법을 제정하여 중화학공업화에 필요한 산업단지를 조성하는 법적 기반을 마련하였다.

울산 석유화학공업단지가 성공적으로 조성되면서 그동안 대일 수입에만 의존하던 석유화학 원료를 자체 생산할 수 있었다. 또한 석유화학, 철강 등 산업에서 수입 의존도가 크게 낮아지고 오히려 수출 산업화가 빠르게 진전되었다.

1970년대에 추진한 우리나라 중화학공업 육성 정책의 성과를 측정하는 가장 대표적인 지표는 수출 상품의 구조 변화라고 할 수 있다. 1970년 당시 수출 상품들의 구조를 보면 제조업이 전체의 82.5%를 차지하고, 경공업 69.7%, 중화학공업 12.8%에 머무는 매우 편중된 구조였다. 그러나 중화학공업 육성 정책이 적극적으로 진행된 1980년에는 제조업이 전체 수출의 90.9%를 차지한 가운데, 중화학공업 비중이 41.5%에 이르러 경공업 49.4%에 필적하는 수준으로 올라서게 되었다. 우리나라의 이러한 중화학공업화는 당시 많은 개발도상국들 가운데 거의 유일무이한 성공 사례로 손꼽히고 있다.

'한강의 기적'을 만든 숨은 공신

우리나라 토목사의 신기원,
'소양강다목적댐'

소양강다목적댐
출처: 국가기록원

모처럼의 휴일, 차창 밖 청명한 날씨를 즐기며 서울에서 46번 경춘국도를 타고 드라이브를 떠난다. 신북 IC를 지나 양구 방면으로 얼마쯤 달렸을까. 우람한 산들이 병풍처럼 둘러처진 가운데 그 앞을 가로질러 막고 있는 거대한 언덕이 눈앞에 펼쳐진다. 높이 123미터, 제방 길이 530미터로 동양에서는 가장 크고, 세계에서는 네 번째로 큰 사력댐인 소양강댐이다. 전망대에 올라보니 탁 트인 시야 가득 들어오는 푸른 물빛이 내륙의 바다 위에 서 있는 듯하다. 이 웅장한 댐이 경제적으로 빈곤했던 1970년대 초 우리 기술과 인력만으로 건설됐다는 사실이 믿기지 않아 탄성이 절로 나온다. 경부고속도로(1970년)와 서울 지하철 1호선(1974년)과 더불어 3대 국책사업이었던 소양강댐(1973년)에 서서 '한강의 기적'으로 불리는 경제 성장의 시간들을 회상해 본다.

1960년대 농업국에서 공업국으로 변모하는 와중에 사람들은 도시로, 서울로 모여들었다. 도시 집중화와 공업지대화가 가속화하면서 각종 용수와 전력 수요가 급증했다. 여름이면 반복되는 가뭄과 홍수 피해도 극심해지면서 이들 문제를 일시에 해결할 수 있는 해법을 찾아야 했다. 그 해법은 대형 다목적댐의 건설이었다.

수자원이라는 용어조차 생소했던 그때, 1960년대까지만 해도 한국에는 댐 기술자가 없었다. 일제 때 일본인 기술자들의 어깨너머로 배운 기능공들만 존재할 뿐, 댐 기술력은 극히 열악했다. 자체적인 설계 능력은 물론 대형 댐 건설비를 충당할 재정 능력도 없었다. 소양강다목적댐을 착공한 1967년도의 정부 예산이 1,642억 원이었는데, 댐 건설비가 320억 원이었다는 사실은 정부의 결정이 얼마나 대단한 결단이었는지를 말해준다. 비록 외국의 기술을 도입하여 시행하였으나 이 사업은 현대적인 기계화 시공에 의한 사력댐으로, 설계·시공·현장 시험, 계기 매설 등에서 댐 건설 기술 발전에 획기적 공헌을 하게 된다.

소양강다목적댐은 4대강유역 종합개발사업의 첫 사업으로 건설한 댐(「특정다목적댐법」 1966년 4월 23일 공포)으로 조국 근대화를 상징하는 대역사였다. 1967년 4월 착공한 후 우여곡절 끝에 같은 해 9월 비로소 다목적댐 개발로 확정되었으며, 댐 형식은 1968년 8월에야 콘크리트 중력식에서 흙과 모래와 돌을 이용하는 사력식으로 확정되었다. 댐은 중앙에 연필심을 박듯 진흙으로 단단히 다진 다음 모래와 자갈을 차례로 경사지게 쌓아올린 후 맨 마지막에 표면을 암궤로 견고하게 고정시키는 방식으로 축조했다. 댐의 바닥 너비만 무려 550미터나 된다. 높이도 사력으로 바뀌면서 더 높아져 123미터가 됐다. 1972년 11월 대통령이 참석한 가운데 담수를 개시하였다. 담수식에 대통령이 참석한 것은 이때가 유일했다.

착공 이래 만 5년 반 만인 1973년 10월 준공식을 거행하였다. 댐 건설사업의 주체는 건설부였고 그 시행은 한국수자원개발공사가 대행하였다. 준공 당시 한 신문은 댐을 두고 '123미터의 인조산(人造山)'이라고 표현했다. 댐 축조에 들어간 진흙과 모래, 돌이 당시 3,500만 국민 한 사람이 일곱 가마니씩 져 날라야 하는 양이었다고 한다.

당시 기준에서 단일공사로는 최대 사업이었으며, 이 공사를 활발하게 추진함으로써 타 산업 분야도 발전하는 파급 효과를 불러왔다. 본격적인 기계화 시공으로 각종 중장비 운전과 수리는 물론 용접을 비롯한 각종 작업을 담당할 기능공 양성의 산실 역할도 하였다. 이때 양성된 수백 명의 기능공은 현대조선소를 비롯해, 이후의 댐 건설 현장과 구미국가산업단지 조성 등에 투입되었다. 뿐만 아니라, 1970년대 중반 시작된 중동 건설 붐을 타고 건설 회사들이 국외로 진출하는 데 든든하게 뒷받침하는 기초가 되었다.

소양강다목적댐은 당시 경제 사정을 고려해 원래 규모보다 작은 차선책인 현재의 크기로 건설되었다. 준공 후 오랫동안 '댐을 너무 크게 쌓아 국고를 낭비'했다는 비판에 시달리기도 했지만 1984년 대홍수 때 수도권을 보호하는 댐의 역할을 확실하게 각인시키면서 그 가치를 인정받았다. 이후로도 한강에서 홍수라는 인식을 할 수 없을 만큼 완벽하게 수량을 조절해 수해 경감은 물론 사회 발전에 크게 기여하였다. 또 생활, 공업, 농업 및 하천유지용수로 연평균 약 21억㎥를 공급하며 남한강 상류의 충주 다목적댐(1985년)과 함께 수도권 용수 문제를 완전히 해결했다. 이로써 시민들의 생활에 안정을 가져다주었음은 물론 오늘날 항상 풍부한 유량의 한강을 바라볼 수 있게 했다. 아울러 수력발전으로도 연평균 약 4억7,000만kWh의 무공해 청정에너지인 전기를 생산하고 있다.

소양강댐의 성공적인 건설은 한국 토목과 건설 기술의 눈부신 성장과 발전을 이룩하는 계기였으며, 우리나라가 짧은 시간 세계를 놀라게 한 '한강의 기적'을 이루는 데 있어 근간을 이루는 숨은 공신이었다.

용광로보다 뜨거운 열정으로 이룬 철강 산업

철강 산업을 태동시킨 포항제철의 '제1고로 출선'

028
100

포항제철의 제1고로 출선

마침내 쇳물을 쏟아내는 포항 제1고로
출처: 포스코 역사관

1973년 6월 9일 오전 7시 30분, 경북 포항의 포스코 포항제철소 용광로 제1고로에서 쇳물이 쏟아져 나왔다. 당시 포스코 박태준 사장 이하 임직원 일동이 마음을 졸이며 기다린 뜨거운 쇳물은 불이 지펴진 지 21시간 만에 나오기 시작했다. 그 자리에 있던 모두가 이 사업 추진에 책임을 다한 박태준 사장의 "조상의 핏값(대일 청구권 자금을 의미함)으로 짓는 제철소 건설에 실패하면 우리 모두 우향우해서 영일만 바다에 빠져 죽자!"라는 말을 떠올렸다. 배수진을 치고 용광로 건설에 임하자는 굳은 다짐이 드디어 결실을 본 것이다.

기술과 자본이 일천한 우리나라가 일관제철소 건설을 추진하며 겪은 무수한 고난과 시련을 헤치고 성공적으로 첫 쇳물을 생산하는 감격적인 순간이었다. 당시 첫 출선의 성공 여부는 국가의 명운이 걸린 중요한 사건이었다.

포스코의 용광로는 30층 빌딩 높이인 100미터를 넘는 고로(高爐)다. 용광로에서 나온 쇳물은 제강, 압연 등의 후공정을 거쳐 다양한 철강 제품으로 만들어진다.

고로의 상부 투입구를 통해 소결 공정을 거친 철광석과 연료인 코크스를 균일하게 투입하면, 4기압 정도의 세기로 40개의 구멍을 통해 용광로 안으로 불어넣은 1,200℃의 열풍을 만나 최고 2,300℃까지 온도가 오르며 코크스와 화학작용을 한 철광석이 녹기 시작하고, 쇳물과 슬래그 가스로 분리된다. 이때 코크스는 연료로서도 작용하지만 철광석에 포함된 산소를 분리시키는 환원제 역할을 한다. 용해된 순수한 철 용액으로 변한 쇳물과 슬래그는 용광로 바닥으로 떨어져 출선구를 통해 용광로 밖으로 배출되고, 부생가스는 고로 상층부로 빠져나간다. 부생가스는 집진기를 통해 재생되어 제철소 각 설비 가동을 위한 전력을 생산하는 데 사용되고, 이산화규소가 주성분인 슬래그는 수재처리 시설을 거쳐 재생되어 비료나 시멘트 등으로 재활용된다.

포스코의 제1고로는 우리나라 철강 산업을 태동시킨 역사적 상징성을 지닌 용광로다. 한 언론에서는 제1고로를 '경제 국보 1호'라고 칭하기도 했다. 제1고로로 상징되는 철강 산업은 1970년대 건설과 자동차, 조선 등과 함께 한국 경제를 이끌었다. 포스코는 제1고로의 경험을 바탕으로 일관제철소의 심장인 고로를 포항에 4기, 광양에 5기를 지었다. 국제적인 혁신기술인 파이넥스(FINEX) 기술도 완성시킬 수 있었다. 현대제철은 당진에 용광로 3기를 지었다. 포스코의 파이넥스는 비(非)고로 쇳물 제조법으로는 세계 최대 규모이다. 그리고 광양에 있는 제1고로는 내용적이 무려 6,000㎥ 세계 최대 규모의 고로이며, 광양제철소는 세계에서 가장 많은 쇳물을 생산할 수 있는 제철소다.

철강 산업은 수많은 산업의 근간이 되는 산업이다. 한 국가에 철강을 생산할 수 있는 기반 시설이 있다는 것은 그 나라 경제 성장의 토대가 튼튼하다는 것을 말해 준다.

첫 출선의 성공은 우리나라 철강 산업 지속 발전의 초석이 됨과 동시에 자동차, 조선, 기계 산업에 기초소재를 안정적으로 공급할 수 있는 여건을 마련한 것이었다. 나아가 국가 경제 발전의 원동력으로서의 역할을 할 수 있었다.

포스코는 1973년 45만 톤 생산에 이어 1974년에는 102만 톤을 기록하였다. 국내 선철 생산 증가는 반제품 수입 대체로 이어져 포스코의 철강 공급이 국내 수요의 60% 이상을 차지할 정도로 자급도가 향상되었다. 2018년 포스코는 1973년 이래 44년여 만에 누적 조강 생산 5억 7,000만 톤을 기록했다. 이는 2,000cc 자동차 4억 대를 생산할 수 있는 물량이다.

철강재 수출 또한 급격히 증가하는데, 1971년 9만 9,000톤이던 수출 물량은 1973년 87만 톤, 1974년 133만 톤을 기록하였다. 금액 기준으로 보면, 1971년 2,400만 달러에서 1973년 1억 8,000만 달러로 1억 달러를 넘어섰으며, 1974년 4억 4,000만 달러로 급증하였다.

세계 동전 시장을 점령하다

풍산의 '소전 동가공'

029
/
100

소전 동가공

세계 각국의 다양한 동전들
출처: ㈜풍산

동전 앞뒷면에 금액과 문양, 발행연도, 발행처 등이 새겨져 있지 않은 동전을 소전(素錢, Blank Coin)이라고 한다. 고순도, 고정밀의 높은 품질을 갖춘 '소전'을 제작해 전 세계 동전 교역량의 절반 이상을 점유하고 있는 한국 기업이 있다. 전 세계 최대의 소전 생산업체는 바로 동가공 제품을 생산하는 우리 기업, '풍산'이다.

풍산의 약진은 1970년 한국조폐공사로부터 주화용 소전 제조업체로 지정되면서부터 시작되었다. 기초소재 산업의 하나인 신동(伸銅) 산업은 막대한 투자가 필요한 장치 산업이지만 국내 시장이 좁다는 이유로 성공 여부를 가늠할 수 없었다. 그럼에도 풍산은 기초소재 산업의 발전 없이는 공업 발전을 기대할 수 없다는 사명감으로 제련기술을 꾸준히 연마했다. 풍산은 다년간 축적한 기술을 바탕으로 울산 사업장에 최신 전용 주조라인을 갖추고 자동치수 관리 시스템을 도입하여 소전 제조용 압연재 소재의 두께를 정밀하게 관리함으로써 소전의 단중 및 표면 관리를 고객이 요구하는 수준 이상의 품질로 생산해냈다.

풍산은 1973년 350만 달러에 달하는 제품을 대만에 처음 수출했다. 그 후로 우수한 품질을 인정받아 바이메탈(Bi-Metal), 클래드(Clad), 노르딕 골드, 양백, 백동, 알브론즈, 황동 등 50여 종의 제품을 전 세계 70여 개 나라에 수출하고 있다. 현재 세계 30억 명 가까운 인구가 풍산의 소전으로 만든 동전을 사용하고 있다. 이는 뛰어난 품질과 정확한 납기로 세계 유수의 조폐국으로부터 높은 평가를 받았기 때문에 가능한 일이다.

그 대표적인 사례로 유로화 동전이 있다. 1993년 유럽연합(EU)을 출범시킨 12개 회원국은 1995년 단일통화인 유로화를 발행하기로 합의하였다. 3억 명이 넘는 EU 인구 1인당 200개 정도의 신규 동전을 발행하는 화폐혁명이 본격적으로 시작된 것이다. EU는 유로화의 역내 조달을 원칙으로 내세웠다. 니켈 알레르기가 많은 유럽인의 체질을 고려하여 구리와 아연, 주석과 알루미늄으로 구성된 4원 합금 노르딕 골드가 유로화의 소재로 채택되었다. 그러나 노르딕 골드를 최초로 개발한 핀란드 업체조차 대량 생산에는 성공하지 못했다. 노르딕 골드는 내구성이 좋고 빛깔이 아름답지만, 대량 생산을 위해 거쳐야 하는 열간압연 과정에서 깨지기 쉬운 단점이 있었다. 이 단점을 보완하기 위해 틀을 좁게 만들었지만 그렇게 하니 생산성이 뚝 떨어졌다. 마침내 1997년 10월, EU는 유럽 업체가 유로화 소재인 노르딕 골드를 기한 내에 납품하는 데에 문제가 있다는 결론을 내렸다. 그리고 이를 풍산에서 개발할 수 있는지 문의해 왔다. 풍산은 그로부터 몇 달 뒤인 1998년 4월, 시제품 테스트를 거쳐 스페인 조폐국으로부터 '노르딕 골드 인증서'를 받았다. 유럽연합 출범에 맞춰 단일 통화로 통용될 유로화 수출의 길이 활짝 열린 것이다. 풍산은 1998년 7월 스페인과 네덜란드에 5,000톤 규모(9억 개, 8톤 트럭 600여 대분)의 유로화 소전 공급을 시작했다. IMF 외환 위기로 한국 경제가 침체의 늪에서 허덕이던 1998년부터 2000년까지 풍산 온산공장은 '돈(소전)'을 만들어 '돈(외화)'을 벌어들이느라 하루 3교대로 24시간 공장을 풀가동하였다.

이후에도 풍산은 2001년 상반기까지 EMU(Economic and Monetary Union, 유럽경제통화동맹) 회원국 12개 국가 가운데 10개국에

2만 2,000톤, 약 1억 달러어치의 유로 소전을 공급한 데 이어 벨기에, 핀란드, 슬로베니아, 사이프러스 등 EMU 회원 14개국에 총 3만 7,000톤을 공급하였다.

풍산이 지금까지 생산한 소전은 880억 장에, 무게 44만 톤에 달한다. 이 소전을 한데 이으면 지구에서 달까지 6번 왕복하고, 지구를 55바퀴 돌 수 있는 양이다.

1993년 풍산이 필리핀 중앙은행에 제안해 대대적인 화폐개혁을 이끌어내며 시장을 개척한 일 역시 지금까지 소전 사업의 모범사례로 회자되고 있다. 브루나이 정부에 주화 체계 전반에 대한 컨설팅을 진행, 선진화된 소재와 규격 변경을 제시함으로써 브루나이에도 실질적인 도움이 되도록 하였다.

5대양을 누비는 바다 위의 황제

현대중공업의 초대형 유조선
'애틀랜틱배런호 건조'

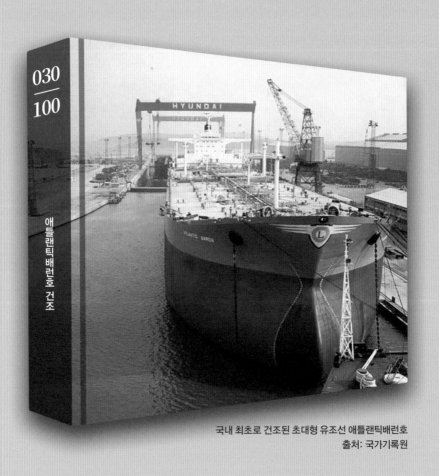

030
—
100

애틀랜틱배런호 건조

국내 최초로 건조된 초대형 유조선 애틀랜틱배런호
출처: 국가기록원

현대중공업은 1970년대 정부의 과감한 중공업 육성 정책에 힘입어 울산 미포 만에 세계 최대의 조선소 건설을 계획했다. 해외 차관을 얻기 위해 유럽을 돌던 정주영 회장은 차관을 받기 위해서는 배를 수주하여야 한다는 조건을 제시받았다. 그리고 1971년 10월 세계적인 그리스 선주 리바노스(현재 Sun Enterprise)로부터 초대형 유조선급(VLCC, Very Large Crude-oil Carrier) 26만 톤 초대형 유조선 2척을 수주하였다. 이를 근거로 영국 바클레이 은행의 차관 도입에 성공하였다. 당시 국제선가와 비교할 때 16%나 저렴한 가격이었으나 수주가 절박했던 정 회장은 일단 수주에 성공하면 조기에 완공하여 비용을 줄일 수 있다고 판단하였다.

1972년 3월 23일, 현대 울산조선소 기공식을 기점으로 조선소 건설과 초대형 유조선 건조를 동시 진행하는 유래 없는 과업을 수행했다. 26만 톤급 선박 건조에 들어가는 기자재 물량은 엄청났다. 1호선의 크기는 길이 345미터에 폭 52미터, 갑판까지의 높이가 27미터였다. 선체를 이루고 있는 강재의 중량만 3만 4,000톤이었다. 기관실에는 시속 15.8노트로 달릴 수 있는 3만 6,000마력짜리 증기터빈을 장착했다.

우리나라 최초의 초대형 유조선의 본격적인 건조가 시작되었으나, 경험 없이 시작한 일이라 시행착오를 거듭하였다. 자재의 발주·적치·가공 등 모든 작업이 비효율적이었다. 작업 순서를 무시하고 한꺼번에 발주하는 바람에 조선소는 온갖 자재로 뒤덮여서 트럭이 다니기도 힘들 정도였다. 조립 작업 역시 마찬가지였다. 당시 기능공들은 용접기술은 뛰어났으나, 규정을 몰라 눈에 잘 띄지 않는 부분은 적당히 땜질하거나 잘못 제작하는 경우가 비일비재했다. 이것은 검사과정에서 예외 없이 지적됐다. 심할 경우 재작업 물량이 원 물량보다 많을 정도였다. 수많은 시행착오를 거쳐 1973년 3월 20일 진수식을 갖고 4개월간 안벽에서 기계별 시험을 끝낸 1호선은 1974년 6월28일 명명식을 갖고 '애틀랜틱배런호'라는 이름을 갖게 되었다.

명명식은 끝났지만 시련까지 끝난 것은 아니었다. 이후 석 달간 기계별로 정밀점검을 한 뒤 10월 5일 배의 속도 및 조종 성능, 전체적인 컨트롤 시스템을 점검하기 위한 마지막 해상 시운전에 들어갔다. 막상 시운전에 들어가자 기관실과 갑판 위의 거의 모든 기기들에서 이상이 나타났다. 사전 준비와 자체 시운전, 선주 입회 시운전에 실패하면 종일 준비하고 다음날 입회 시운전을 실시하고, 이것이 끝나면 다음 책임자 입회하에 시운전하는 등 동일한 시험을 2~3회 실시하는 바람에 선주와 갈등을 빚었다. 시운전에서 발생한 문제들을 해결하기 위해 임직원 모두가 달라붙어 하나씩 문제를 해결해갔다. 배에 한 번이라도 오르지 않은 사원이 없었고, 한 번 배에 오르면 몇 주일씩 배 안에서 생활했다. 이러한 어려움을 이겨내고 애틀랜틱배런호는 예정일을 약 4개월 정도 넘긴 1974년 11월 28일에 인도되었다.

현대중공업은 이 선박을 수주함으로써 영국 바클레이 은행으로부터 차관을 도입할 수 있었고, 이 자금으로 조선소를 건립할 수 있었다. 이 선박은 소수의 해외 조선전문기술자의 자문을 받아 진행되었으며, 건조 경험이 전혀 없는 국내 기술진에 의해 건조되고 완공되었다. 또한 조선소 건설과 선박 건조가 동시에 진행된 진귀한 선박으로 기록되고 있다.

이 시기 특기할 점은 현대중공업이 당시 세계 조선 산업을 선도하고 있었던 일본으로부터 대규모 선박 수주를 받았다는 점이다. 1973년 일본 저팬라인의 23만 톤급 4척, 기와자키기선의 26만 톤급 4척 등 8척의 선박을 수주하였다. 현대중공업은 일본 유수 조선업체와 대형선 건조를 위한 기술도입 계약을 체결하고, 성공적으로 선박을 건조함으로써 국제 공신력을 높일 수 있었다.

1972년 3월, 조선소 건설을 시작한 현대중공업은 불과 4년여 만에 100만 톤급 조선소를 완성하여 10척의 대형 유조선 건조에 성공하였다. 또한 현대중공업의 독자적인 대형유조선 모델을 만들어 세계 조선 시장에 어필하며, 당시 세계 조선 산업의 핵심선박으로 여겨지던 초대형 유조선 건조 기술을 한국에 정착시켰다.

대중교통 혁명,
시민의 발이 된 지하철

우리 기술로 만들어낸
세계 최고 수준의 '서울 지하철 1호선'

031
—
100

서울 지하철 1 호선

서울 지하철 1호선 개통
출처: 국가기록원

1974년 8월 15일 오전 11시. 청량리 지하철역은 이른 아침부터 몰려든 인파로 북적였다. 대한민국에서 최초로 달리는 지하철의 개통식을 보기 위한 인파였다. 사람들의 이목이 집중된 가운데 태극기와 축하 화환을 단 첫 열차 108호가 천천히 플랫폼으로 들어왔다. 1971년 첫 삽을 뜬 지 3년 4개월 만에 이루어진 쾌거였다. 개통식을 끝낸 열차는 호기심에 가득 찬 시승 인파를 싣고 서울역으로 향했다. 지하 15미터 땅속을 시원스레 달려 청량리에서 서울역까지 7.8킬로미터를 18분 만에 주파했다. 심각한 교통 체증에 시달리던 시민들에게는 새로운 세상이 열리는 순간이었다. 지하철 1호선의 개통으로 한국은 일본, 중국에 이어 아시아에서 3번째로 지하철을 보유한 나라가 되었다.

서울에 지하철이 본격적으로 논의되기 시작한 것은 1960년대 후반부터다. 245만이었던 서울 인구가 1970년에는 두 배가 넘는 500만 명을 넘어섰고, 인천, 광주(성남), 수원, 안양 등 서울 외곽 지역과 연결되는 반경 45킬로미터의 광역 수도권 인구는 1,300만 명에 이를 것으로 전망되고 있었다. 특히 버스와 택시 중심의 대중교통 수단이 시내 도심부에 집중되면서 심각한 교통 혼잡이 빚어졌다. 이 때문에 대중 교통난 해소는 서울시의 중요한 시정 목표였다. 보다 많이, 보다 빠르게 사람들을 수송할 교통수단이라는 두 가지 조건을 충족시키는 것이 바로 지하철이었다.

1970년 10월 22일 정부와 서울시는 지하철 1호선 및 수도권 전철화 계획을 발표한다. 이 계획에 따라 1971년 4월 12일에 착공하여 1974년

8월 15일 청량리에서 서울역까지 서울 지하철 1호선 및 청량리에서 성북 그리고 서울역에서 인천, 수원까지 기존 철도의 전철화가 완성되었다. 도시철도는 시내버스와 함께 가장 중요한 도시 교통수단으로 부상했고, 1985년 10월 3, 4호선이 완전 개통되면서 본격적인 지하철 시대가 열렸다.

서울 지하철 1호선은 지하철 설계와 시공 경험이 전무했던 당시로서는 매우 어려운 과제였다. 지하철은 토목, 건축뿐 아니라 전기, 신호, 통신, 궤도 등의 시스템 기술과 차량의 운전과 운영 같은 다양한 고도의 복합 기술력이 집대성되어야 하기 때문이다. 혼잡한 도심 구간에서 지하 15~20미터까지 수직 굴착 건설을 실시하면서 많은 난관에 부딪혔지만 새로운 공법을 적용하며 극복해 나갔다. 종로~청량리 구간 공사에는 지상에서 땅 속으로 파들어 가는 개착식 공법을 썼는데 터널식으로 파는 것보다 공사비가 적게 들고 공기를 단축시키는 이점은 있었지만, 교통 혼잡으로 인한 시민의 불편을 피할 수는 없었다. 남대문과 동대문 공사 구간에는 진동으로 인한 문화재 훼손을 막기 위해 수입 콜크로 방진벽을 만들었고, 거의 90도로 꺾이는 광화문~시청 쪽 방향 공구에는 특수공법이 도입되었다. 또 굴착 기술뿐 아니라 지하수 처리나 인접 건물 기초의 침하 방지, 상하수도와 통신선, 고압 지중선 등 지중 매설물의 보호 등 매우 어려운 특수 기술이 필요했다.

이에 우리 기술진들은 기초 기술 조사는 물론 경제성 조사, 기본 계획, 설계, 시공 등을 모두 독자적인 기술로 달성했다. 빠른 시간 안에 지하철 건설에 관한 기술을 우리 것으로 토착화함으로써 자신감을 갖는 계기가 되었다. 또 최초 계획과 설계 과정에서부터 국내 건설용 자재와 장비를 최대한 활용하도록 해 막대한 외자를 절약할 수 있었다. 아울러 서울 지하철 1호선 건설과 동시에 통신구를 건설함으로써 굴착 허가, 노면 교통 처리 등 중복 낭비 요인을 없앴고, 이후 유지보수비가 크게 절감되어 정보통신의 근대화에 크게 기여했다는 평가를 받았다. 서울 지하철 1호선 건설과 함께 진행된 수도권 철도의 복선 전철화 사업은 수도권 지역의 균형 발전에 기여했을 뿐만 아니라 전기철도 분야의 급격한 발전을 가져왔다.

우리의 지하철은 45년이라는 짧은 역사에도 불구하고 승객 수송능력과 노선 길이, 운영 능력, 서비스 등에서 세계적인 수준으로 성장했다. 뿐만 아니라 현재 우리나라의 지하철 기술 수준은 전 분야에 걸쳐 국산화 비율이 95% 이상이 될 정도로 높아졌다. 하나의 교통카드로 환승, 요금 정산까지 다 되는 통합 교통시스템, 와이파이(무선인터넷) 서비스, 서너 역 전부터 전동차의 위치를 실시간으로 알려주는 교통정보 시스템, 세계 유일의 약냉방칸, 세계 최고 수준인 엘리베이터 보급률, 안전 문(스크린도어) 설치까지 변화와 발전을 거듭하고 있는 우리 지하철은 세계에서도 주목하는 가장 친근한 서민의 발이다.

경쾌하게 세계를 달리다

국산 차 1호, 현대자동차의 '포니'

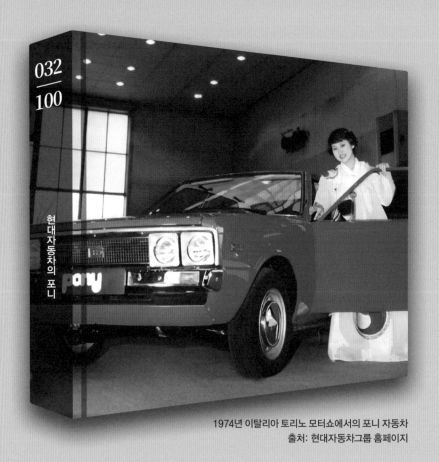

1974년 이탈리아 토리노 모터쇼에서의 포니 자동차
출처: 현대자동차그룹 홈페이지

한국은 1975년 고유 모델 자동차 개발을 시작하여 1995년 세계 5대 생산국가로 발전하였다. 그 시발점은 현대자동차의 '포니(Pony)'이다. 한국 정부는 1973년 중화학공업 발전을 통한 경제발전이라는 기치를 내걸고 중화학 투자 선언을 하였다. 1974년 '자동차산업장기진흥계획'에서 1975년까지 엔진 크기 1,500cc 미만의 고유 모델 승용차를 개발하여 이를 세계에 수출한다는 계획을 천명하였다. 이런 정부 정책에 발맞춰 현대자동차가 개발한 포니는 1975년 10월 이탈리아 토리노 모터쇼에서 최초로 공개되었다. 고유 모델로는 세계 16번째, 아시아에서는 일본 다음인 2번째였다. 현대자동차 경영진은 고유 모델 자동차가 없으면 세계 자동차 시장에서 경쟁할 수 없다는 신념을 갖고 있었다. 그래서 무에서 유를 창출한다는 기업가 정신으로 수많은 난관을 딛고 한국형 고유 모델 승용차 포니 개발을 주도하였다.

　　　1970년대 중반까지도 한국 자동차 산업의 설계기술은 일부 단순요소 부품을 제외하면 대부분 낮은 수준이었다. 현대자동차는 고유 모델 개발을 추진하면서 주요 기능 부분의 설계기술을 축적할 수 있었다. 포니는 일본 미쓰비시자동차의 소형차 랜서의 플랫폼을 기본으로 설계되었으며, 차체 디자인은 이탈디자인의 조르제토 주지아로(Giorgetto Giugiaro)가 맡았다. 1976년 초기 모델의 국산화율은 90%에 달했다.

　　　포니는 1975년 12월 최초로 생산을 시작하였으며, 시판용은 1976년 2월 울산 공장에서 처음 생산되었다. 1977년에는 1,439cc의 92마력 엔진을 장착한 포니 왜건, 포니 픽업도 등장하였다. 3도어, 왜건, 픽업 등의 변형 모델 개발은 차체 설계기술에 상당한 발전을 가져다주었고, 포니 오토의 개발은 엔진과 변속기, 제어장치 등에서 새로운 경험을 축적할 수 있는 계기가 되었다.

특히 1978년부터 추진된 포니2 개발에서는 차체 설계는 마스터 설계까지만 이탈디자인에서 맡고 상세 설계는 현대자동차가 맡았다. 그 결과 현대자동차 기술진은 차체 설계에 자신감이 높아졌고, 섀시 부문에서도 기술 발전을 가속화할 수 있었다. 포니 개발 과정에서 많은 기술자들이 무에서 유를 창출하기 위한 많은 노력을 하였다. 개발 초기 단계부터 공헌한 대표적인 기술자는 당시 현대자동차의 정주화 연구소장과 후에 부회장을 역임한 이충구 씨다.

포니는 개발 직후인 1976년부터 중남미에 수출되었으며, 1970년대 후반에는 유럽에도 수출되었다. 유럽에 자동차를 수출하면서 유럽자동차 수출규격인 EEC 테스트 통과를 위해 여러 가지 기술적 도전을 극복하고 기술 능력을 축적하여 한국 자동차의 수출 기반을 마련하였다. 포니는 세계 자동차 최대 시장인 북미에 진출하지는 못했다. 그러나 포니2가 1984년 캐나다에 수출되면서 미국 시장 진출 가능성을 탐색하기 시작하였다.

고유 모델 포니와 포니2의 수출 경험은 현대자동차가 만든 전륜구동 소형차 엑셀의 미국 진출로 이어졌다. 1986년 엑셀은 세계 자동차의 본산인 미국에 진출해 대성공을 거두었다. 이는 한국 자동차 산업이 '소량 생산→고원가 고가격→소량 생산'의 악순환에서 벗어나 '대량 수출 수요 →대량 생산→저원가'라는 규모의 경제 효과를 처음으로 맛보게 하는 기폭제가 되었다. 성공적인 미국 시장 진출은 1990년대 한국 자동차 산업의 세계화를 촉진하는 원동력이었다는 점에서 매우 큰 의미를 갖는다.

1962년에 본격적으로 시작된 한국 자동차 산업은 1990년 132만 대 생산으로 자동차 생산 10대 국가가 되었고, 1995년 195만 대를 생산하며 세계 5대 자동차 생산국에 진입하였다. 2000년대 이후 내수시장을 기반으로 급성장한 중국 자동차 업계의 견제에도 불구하고, 여전히 생산대수 기준 세계 5위를 유지하고 있다. 현대기아차도 세계 5위 자동차 생산 기업의 자리를 든든히 지키고 있다.

1975년 탄생한 한국 최초의 고유 모델 승용차 포니는 한국 자동차 산업 발전의 시발점이자, 1980년 이후 출시한 다양한 고유 모델 승용차 개발의 밑바탕이 되었다. 한국 자동차 산업은 포니 수출을 시작으로 대량 수요를 창출하면서 세계 시장에서 경쟁하며 살아남기 위한 기술력을 축적시켰다. 이는 2015년 세계 자동차 5대 생산국의 위상을 높인 가장 중요한 원동력이었다. 포니 개발 성공 과정에서 보여준 한국인의 기술적 역량은 자동차 산업 발전은 물론 기계, 섬유, 화학, 금속 등 관련 산업 발전을 견인하였으며, 더 나아가 '우리도 할 수 있다'는 자존심을 고양시키며 국가경제 발전의 초석이 되었다.

한국인이 만든 위대한 발명품

세계 최초 동서식품의 '1회용 커피믹스'

033
—
100

1회용 커피믹스

1976년 출시된 커피믹스 제품
출처: 동서식품

아침햇살이 쏟아지는 창가에 서서 한 여성이 김이 모락모락 피어오르는 커피를 마신다. 중후한 남성이 서재에서 책을 보며 커피를 마신다. 잘 생긴 남자가 직장 선배를 위해 믹스 커피를 타서 건넨다. 어디서 많이 본 듯한 이 장면들은 모두 커피 광고를 통해 익숙한 모습이다. 현실에서도 TV광고에서 본 멋스러움은 없을지라도 직장인들은 출근과 동시에 커피믹스 한 잔, 점심을 먹고 나서 입가심으로 한 잔, 회의하면서 한 잔, 야근하면서 한 잔, 주부들은 집에서 티타임하며 한 잔, 작업 현장의 근로자들도 짬짬이 휴식을 하면서 한 잔, 반상회 같은 모임에서도 한 잔… 하루에 몇 잔씩이나 마시곤 한다.

커피콩 한 톨 나지 않는 나라에서 세계 최초로 만들어낸 커피믹스는 한때 전 국민의 생활 속 거의 모든 순간의 동반자이자, 친구 같은 존재였다. 끓는 물에 타기만 하면 되는 편리함, 부드러우면서도 커피향이 살아있는 달달한 맛은 누구에게 권해도 환영받는 호의였다.

1968년 이전만 해도 커피는 수입금지 품목이었다. 이후 정부가 커피를 제한 승인 품목으로 완화하는 조치를 취하면서 해외 선진 기술을 도입하여 국내 생산시설을 갖추기 시작했다. 그 결과 1968년 우리나라 최초로 본격적인 커피 전문기업인 동서식품이 출범하게 되었다. 1970년 동서식품은 커피 생산을 위해 세계적인 식품 회사인 미국의 제네럴푸즈사와 기술 도입 및 합작 사업 계약을 하였다. 당시 기술 공여 계약과 주요 원자재 공급 계약이 동시에 이루어져 개발도상국 기업으로서는 상당한 수준까지 기술을 습득할 수 있는 기회를 가질 수 있었다. 1970년

9월 제너럴푸즈로부터 볶음의 정도, 분쇄하는 입자의 특성 등 커피 생산의 노하우와 비법을 전수받아 커피콩을 볶아 분쇄한 상태로 캔에 포장한 제품인 레귤러커피와 인스턴트커피가 생산·판매되기 시작했다.

1970년 초 국내 최초로 가동된 동서식품의 레귤러 커피 제조 설비는 로스팅 공정, 분쇄 공정, 진공포장 공정 등으로 구성되어 있었다. 합작회사였던 제너럴푸즈로부터 노하우와 비법을 전수받으면서 동시에 인스턴트커피 제조설비로는 당시 세계 인스턴트커피 시장을 선도하고 있던 열풍분무건조(SD, Spray Dry) 공법이 채택되었다. 그러나 생산설비에 비해 커피의 매출이 기대치에 미치지 못했다. 또 1973년 석유파동으로 인한 물가불안과 경기불황으로 원두가격이 상승하는 등 커피 산업은 어려움에 직면했다.

이 때 경영적 어려움을 타개하고자 시도한 것이 식물성 커피 크리머의 개발이었다. 1975년 동서식품은 야자유를 주원료로 한 파우더 타입의 순식물성 커피크리머를 생산, 판매하기 시작했다. 그리고 커피크리머가 커피와 혼합한 상태로도 보존성이 높은 것에 착안해 인스턴트커피 파우더와 크리머, 설탕을 한국인의 표준 입맛에 맞게 적정비율로 배합해 하나의 봉지에 담은 고급방습포장의 1회용 커피믹스를 만들어냈다.

커피믹스의 생산은 비교적 간단한 공정이었지만, 믹스 공정이 정확도가 높아야 했고, 고생산성 포장방법이 따라야 했기 때문에 전반적인 공정 안정화에 많은 노력이 필요했다. 생산과정에서 배합비, 기계조작상의 정교한 컨디션의 유지, 품질 분석시스템 등과 관련한 노하우를 축적하였고, 이를 통해 깨끗한 맛을 강화하고 용해도를 현격하게 높이는데 성공하였다. 이는 세계에 유례가 없던 제품으로 향후 국내 커피시장의 대표제품군으로 성장하게 된다.

1978년 동서식품은 제너럴푸즈로부터 동결건조공법의 커피 제품 개발과 고품질커피의 생산을 위한 새로운 공정을 이용하는 세 가지 기술을 도입하기 위해 일괄적으로 계약을 체결하였다. 계약한 기술 세 가지는 동결건조공법, 분무건조방식의 아그롬(과립화)공법, 카페인 제거공법이었다. 제너럴푸즈의 기술진 및 서구의 커피가공 기계 메이커와 직접 접할 수 있는 기회를 제공하였으며, 커피에 관한 보다 많은 지식을 터득케 함으로써 향후 국내 커피 산업 기술 발전의 근간이 되었다.

1987년을 기점으로 다양한 기술 개발을 바탕으로 품질 개선을 꾀하면서 네모난 파우치 포장에서 날렵한 스틱형으로 변신한다. 봉투의 끝에 설탕을 배치해 원하는 대로 당도를 조절하기 위해서였다. 커피를 보호하기 위한 비닐포장도 발전을 거듭했다. 그냥 보기에는 1겹 같지만 3~4겹의 얇은 포장지가 산소, 빛, 수분을 막고 그 중 1겹에만 머리카락 굵기의 구멍을 뚫어 포장을 쉽게 뜯도록 만든 '이지컷' 기술을 도입했다.

1990년대 후반까지만 해도 커피믹스는 아웃도어용이라는 인식이 강했다. 하지만 IMF 외환위기를 거치면서 직원 스스로 커피를 타서 마시는 문화가 확산되고, 사무환경에 냉온수기의 설치가 일반화되면서 인도어 제품으로 자리잡았고, 이 때부터 수요가 폭발적으로 팽창하기 시작했다. 국내 커피 산업은 2000년대 커피믹스 제품을 중심으로 동서식품, 네슬레, 대상 등의 주도로 시장이 재편되었다. 커피믹스는 2002년 커피 시장에서 1위 카테고리가 되었고, 큰 폭의 성장을 거듭하였다. 하지만 1조 원을 돌파했던 커피믹스시장은 원두커피를 취급하는 커피 전문점의 등장과 커피머신, 테이크아웃 문화가 확산되면서 새로운 국면을 맞고 있다.

20세기 최대의 건설 프로젝트

현대건설의 '사우디 주베일 산업항 공사'

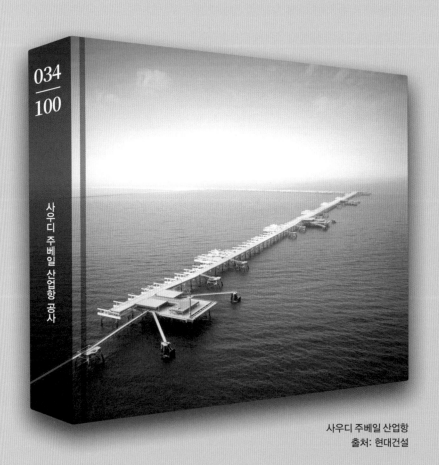

034
100

사우디 주베일 산업항 공사

사우디 주베일 산업항
출처: 현대건설

믿을 수 없는 일이 연거푸 일어나면 그것은 기적이다. 울산 조선소 앞바다에 10층 빌딩을 몇 개 합친 듯한 어마어마한 철 구조물을 실은 바지선이 예인선에 끌려 걸프만으로 출발했다. 목적지는 사우디아라비아의 주베일(Jubail). 울산에서 주베일까지는 1만2,000킬로미터, 경부고속도로를 열다섯 번 왕복하는 거리다. 세계 최대의 태풍권인 필리핀 해양을 지나 동남아 해상과 계절풍이 부는 인도양을 거쳐 걸프만에 이르는 아슬아슬하고도 위험천만한 항해였다. 20세기 최대의 공사로 불리는 주베일 산업항 건설을 위해 현대건설은 철구조물 전부를 울산에서 제작해서 해상으로 운반했다. 거친 풍랑과 태풍이 곳곳에 잠복해 있는 바닷길로 12만 톤짜리 기자재를 끌고 가는 이 기상천외한 뗏목 수송 작전은 무려 19회에 걸쳐 계속되었다. 모두가 불가능하다 했던 주베일 산업항 공사는 그렇게 불가능의 불가능을 넘어 실현되었고, 한 기업의 신화를 넘어 우리나라가 오일 쇼크와 외환위기에서 탈출하는 계기를 마련한 국가적인 파급력을 가져온 대역사였다.

1975년 사우디아라비아는 석유 수출을 통해 벌어들인 막대한 달러를 국가 개발에 투입하려는 야심찬 프로젝트를 세운다. 페르시아만 주베일의 횅한 모랫벌에 세계 최대 규모의 최첨단 산업항구를 만들어 세계를 놀라게 하려는 계획이었다. 국제 건설업계에서 몇 세기에 한 번 있을까 말까한 큰 일감이었다. 공사 금액이 무려 9억 3,000만 달러가 투입되는 단일 회사가 맡은 공사로는 세계에서 가장 규모가 컸던 공사였다. 당시 환율로 환산하면 4,600억 원, 우리나라 국가예산의 30%에 달했다.

수심 10미터의 바다를 길이 8킬로미터, 폭 2킬로미터로 매립해 항구와 기반 시설을 만드는 공사로, 300미터 높이의 산 하나를 바다에 메우는 셈이었다. 또 해저 30미터 암반에 기초 공사를 하고 초대형 선박 적하 시설을 만들어야 했다. 거기엔 50만 톤급 유조선 4척을 한 번에 정박할 수 있는 거대 해상터미널 공사도 포함되어 있었다. 육상과 해상에 걸쳐 건설의 거의 모든 공정과 건축, 전기와 설비가 필요한 20세기 최대이자 최고 난이도의 공사였다. 세계적인 선진 건설업체들이 몰려들어 이미 몇 년 전부터 공사 수주를 위해 치열한 작전을 펼치고 있었고, 사우디 정부에서는 완전 비밀리에 공사 입찰에 참가할 10개의 회사를 선정한 상태였다. 이 정보를 현대건설이 입수한 시점은 불과 입찰 7개월 전이었다.

당초 입찰자격 기회도 없었던 현대건설은 사우디 정부를 설득하여 10번째 응찰자가 되었으며 끝내 9억 3,000만 달러라는 엄청난 낙찰가로 공사를 수주했다. 당시 우리나라의 한 해 해외건설 수출 규모인 8억 3,000만 달러를 훨씬 웃도는 엄청난 금액이었다. 모든 반대를 특유의 결단으로 돌파해낸 정주영 회장의 도전은 결국 막대한 외화를 벌어들이면서 현대의 급성장과 국가의 발전을 가져오게 했다.

주베일 공사의 해양구조물 시공 기술은 국내 건설사는 꿈도 꿀 수 없을 만큼 규모도 컸지만 난이도도 대단히 높았다. 하지만, 결국 현대건설은 이것을 해냄으로써 무한대의 자산을 얻는 계기가 되었다. 육상과 해상에서 펼쳐지는 토목 부문 공사는 물론 건축, 전기, 설비 부문과 함께 해상 유조선터미널의 구조물 제작에서부터 수송, 하역, 설치까지 그야말로 총체적인 '건설 백과사전'을 통달하게 된 셈이었다. 한편 주베일 산업항 공사에 소요된 모든 자재는 국내에서 조달해 해상으로 운송했다. 1만 마력 예인선 3척과 2만 톤 바지선 3척, 5만 톤 바지선 3척으로 기자재 수송 작전을 펼쳤다. 큰 사고 없이 해양 수송을 마친 것도 이슈였지만, 수심 30미터 해상에서 중량 500톤짜리 자켓을 한계 오차 5센터미터 이내로 설치하면서 발주처와 감독청 모두를 놀라게 했다.

현대건설은 주베일 산업항 공사를 성공적으로 수행함으로써 육상과 해상에 걸친 토목 부문의 모든 시설공사와 전기·건축·설비 부문까지 망라한 종합공사수행 능력을 인정받았다. 기술 수준의 향상과 함께 국제적인 공신력을 높여 이후 중동지역의 대형 공사를 연거푸 따내는 계기가 되었다. 또 해상유조선 정박시설 같은 선진국이 독점하던 분야의 문을 두드리며 지속적인 해외 건설 진출의 기틀을 마련하는 큰 성과를 얻을 수 있었다.

우리 산업의 기초체력, 공작기계 산업

국내 최초로 개발된 화천기계의 'NC(수치제어) 선반'

035 / 100

NC(수치제어) 선반

화천기계공업주식회사의 작업 광경
출처: 국가기록원

세상에서 가장 중요한 가치가 무엇이냐고 물으면, 사람들은 권력, 성공, 재산, 사랑 등을 말하곤 한다. 모두 소중한 가치들이지만, 곰곰이 생각해 보면 우리에게 가장 중요한 가치는 건강이 아닌가 싶다. 건강이 중요하다는 말을 자주 듣고 있지만 정작 그 중요성은 간과하기 쉽다. 국가 경제에서도 기초체력의 중요성은 아무리 강조해도 지나치지 않다. 고부가가치 산업 하나가 성장하려면 수많은 기초 산업은 물론 사회간접자본의 뒷받침이 있어야 한다. 우리나라가 자동차, 조선, 중화학, 전기, 전자 등에서 세계 선두권을 유지할 수 있었던 이유는 바로 산업화 시대에 기초체력을 충분히 길러왔기 때문이다.

산업 전 분야에서 국가경쟁력의 판단 기준이 되는 것이 바로 사회간접 기간망의 건전성과 산업구조에서의 국산화율이다. 아무리 한 분야에서 정점에 오른 산업이라 하더라도 기술과 소재, 부품 등의 국산화율이 낮으면 다양한 대외 변수에 따라 쉽게 위기를 맞을 수 있다. 그중에서도 소재와 부품의 국산화는 대기업의 몫이 아니라 국내 중소기업의 기술력 향상과 맞닿아 있다. 특히 소재와 부품 생산에 직접적으로 관련이 있는 공작기계 산업은 우리나라 산업의 기초체력에 해당한다.

1970년대 초만 해도 우리나라 공작기계 산업은 대부분 수입에 의존하고 있어 수입 대체를 위한 육성이 절실한 상황이었다. 제대로 된 공장조차 없을 정도로 다른 산업에 비해 낙후되어 있어 기계공업 발전을 위해서는 근대적 기업 형태로 운영될 수 있도록 경영을 현대화해야만 하였다.

이는 단지 공작기계 산업의 성장만을 목적으로 하는 것이 아니었다.

산업의 기초체력으로서 공작기계의 중요성에 대한 인식에서 비롯한 것이었다. 산업이 고도화할수록 사용되는 소재와 부품의 정밀성에 대한 요구는 계속 높아지는데, 이를 제작하는 공작기계가 그 요구에 부응하지 못한다면, 상위 산업의 성장도 이룰 수 없다. 이는 단지 산업 분야에만 국한된 상황이 아니다. 군사력도 결국 기계적인 기술력 개발이 절대적인 상황이라 국군의 현대화 계획을 수행하기 위해서라도 공작기계 기술을 향상시켜야 할 절박한 필요가 있었다.

1973년 11월 추진된 창원기계공업단지는 이에 대한 해결책으로 제시된 프로젝트였다. 설계에서부터 세계적 규모의 단일 공업단지로 계획되었으며, 정부는 입주업체에게 과감한 세제와 금융 지원을 아끼지 않았다. 더불어 중점 육성업체 17개 사, 소재업체 15개 사 등을 지정하여 힘을 보탰다. 이 단지는 1974년 1,311만 평으로 확장하면서 본격적인 건설이 이루어졌다. 1976년 9월 창원기계공업공단으로 명칭을 변경한 후 1976년 12월 1,416만 평, 1977년 12월 1,679만 평으로 확장되어 종합기계공업단지로 조성을 완료하였다.

이곳에서 우리나라 공작기계의 맹아가 탄생했다. 1977년 정부의 지원을 받고 중점 육성업체로 선정된 회사 중 하나였던 화천기계에서 이전의 공작기계의 한계를 극복한 NC선반(WNCL-300) 개발에 성공하였던 것이다.

1976년 4월, 한국과학기술원이 설계를 맡고 화천기계에서 기계를 제작하는 방식으로 최첨단 자동화 공작기계인 NC선반 제작에 착수했다. 1976년 10월, 본격 NC선반의 전 단계인 WNCL-420타입을 개발하는 데 성공했으나 가능성을 확인했을 뿐 실용화하기에는 아직 한계가 있었다. 화천기계는 WNCL-420 개발과정에서 얻은 경험과 일본을 오가며 입수한 관련기술 정보를 바탕으로 곧 WNCL-300타입의 개발에 착수했다. 1977년 5월, 내부적으로 전용기 1호로 이름 붙여진 NC선반 개발이 성공적으로 완료되었다.

NC선반(Numerically Controlled Lathe, 수치제어선반)은 형상이 복잡한 여러 기계의 부품들을 마치 지능을 갖춘 인공두뇌처럼 스스로 알아서 깎아내는 공작기계이다. 쉽게 말하자면 선반에 수치제어장치를 조합한 것이다. 주축기능, 이송기능, 공구기능 외에 테이퍼 절삭, 원호 절삭, 나사 절삭 등을 수치제어를 통해 원하는 형상으로 절삭해 준다. 당시 국산 제품의 가공정밀도 및 주축회전수는 각각 5~10마이크로미터, 4,500~6,000RPM으로 선진국의 3~5마이크로미터, 12,000~20,000RPM 수준에는 미치지 못하였다. 하지만 국내 최초로 개발된 NC선반은 국내 공작기계의 기술 수준을 한 단계 끌어 올리는 계기가 되었다.

이듬해인 1978년 9월과 10월에는 이를 더욱 개선하여 미국 시카고에서 열린 세계 최대 규모의 국제공작기계전시회와 일본 오사카에서 열린 국제공작기계전시회에 각각 출품해 발전하는 한국 공작기계 산업의 위상을 전 세계에 알렸다. 화천기계는 NC선반 개발을 시작으로 NC밀링기, 머시닝센터 등을 연속하여 개발하는 데 성공하였다.

NC선반은 자동차 부품, 전기전자 부품 등을 양산하는 데 크게 기여함으로써 자동차, 전기전자 산업의 세계화 기틀을 마련했다고 할 수 있다.

원자력 강국을 향한 신호탄

한국 최초의 원자력발전소, '고리원전 1호기'

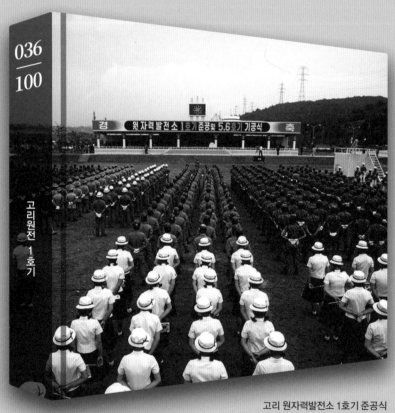

036
—
100

고리원전 1호기

고리 원자력발전소 1호기 준공식
출처: 국가기록원

1978년 7월 20일. 경남 양산군 장안읍 고리에 마련된 넓은 터에서 우리나라 최초의 원자력발전소인 고리원전 1호기의 준공식과 5,6호기 기공식이 열렸다. 박정희 대통령이 참석한 가운데 한국전력 임직원과 군인, 학생들이 열을 맞춰 선 모습이 흡사 새로운 각오를 다지는 출정식처럼 결연했다. 기공식을 보려고 모여든 지역 주민들의 얼굴에는 기름 한 방울 나지 않는 가난한 나라가 이룩한 과업에 대한 감격과 자긍심이 묻어났다. 한국이 아시아에서 두 번째, 세계에서 스물한 번째로 원자력의 평화적인 이용을 통한 전기 생산에 나서는 순간이었다. 짙푸른 동해 바다를 바라보며 웅장하게 위용을 드러낸 원자력발전소가 만들어낼 새로운 에너지에 대한 기대가 축포 소리와 함께 울려 퍼졌다.

한국전쟁 이후 변변한 발전소 하나 없던 우리나라의 전력난은 심각했다. 1956년 이승만 대통령은 당시 한국을 방문한 세계적인 전기기술 분야의 권위자이자 미국 대통령의 과학고문인 시슬러(W. L. Cisler) 박사를 만나 원자력발전의 유용성을 듣게 된다. 원자력으로 미래의 전력을 해결할 수 있다고 믿게 된 정부는 1956년 정부 조직으로 원자력과를 신설하고 미국과 한미원자력협정을 체결한다. 이후 1958년 「원자력기본법」을 제정하고, 그해 10월 원자력원과 원자력연구소를 설립한다. 원자력 전문 인력 양성을 위해 1958년 한양대에 최초로 원자력공학과가 신설되고, 1959년에는 서울대에도 원자핵공학과가 만들어졌다.

1960년대 들어 원자력발전소 건설이 본격적으로 논의되면서 정부는 '과학기술개발 5개년 계획'에 따라 상업용 원전 도입을 추진하였다. 1964년부터 원전 부지 선정 작업에 들어가 고리를 첫 원전 건설지로 최종 선정하였다.

1968년 원자력발전소 건설을 위한 차관 및 기기 공급자 예비 입찰을 실시하여 미국의 웨스팅하우스(Westinghouse)가 제시한 580MW 가압경수로 노형을 채택하였다. 건설 재원 1억 5,000만 달러는 미국과 영국 두 나라의 차관으로 조달했는데, 미국 차관으로는 웨스팅하우스에 1차 계통설비, 영국 차관으로는 영국 건설업체 EEW(English Electric & Wimpey Group)에 2차 계통설비 공급과 발전소 건설 시공을 맡겼다. 원전의 건설 및 운영 실수요자로 선정된 공기업인 한국전력공사는 발주처로서 공정관리, 품질관리, 공사비 집행 등을 수행하였다. 당시 우리나라 건설 부문은 매우 취약하고 원자력발전소 건설 경험이 전혀 없었으므로 현대건설이 EEW의 하청으로, 동아건설이 웨스팅하우스의 하청으로 시공에 참여하였다. 고리 1호기는 1970년 말에 계약되어 60개월 만인 1975년 말에 준공 예정이었으나 석유 파동으로 인한 원자재 가격 폭등으로 1978년 4월에야 준공하게 된다.

1971년 11월 15일 원자로 건물을 착공하고 1977년 4월 26일 핵연료 48톤을 원자로에 채워 넣었다. 그리고 같은 해 6월 30일 시험발전을 하여 국내 처음으로 원자력에 의한 전기를 공급하였다. 시험운전을 거쳐 1978년 4월 29일 설비용량 58만7,000㎾의 원자력발전소로 준공하였다. 당시 국내 최대 단위발전소로서 연간 약 30억㎾h의 전력량을 생산하며, 새로운 산업 에너지로 등장한 원자력을 국내에 실용화했다.

유일한 국내 부존자원인 무연탄은 난방용으로 사용되었고, 석유는

1973년과 1978년에 발생한 국제 유가 폭등으로 너무 비싼 에너지원이 되었다. 원자력발전은 이러한 문제가 없었고, 경제 발전으로 증가하는 전기 수요를 맞추기에 적합한 에너지원이었다. 이를 통해 우리나라는 전기 생산방식을 다원화하는 계기를 마련했으며, 낮은 전력 생산단가로 산업이 원하는 전기를 공급하는 전력 계획이 가능해졌다.

정부는 고리 1호기의 준공 이후 후속 발전소 건설을 촉진하였다. 2호기는 1977년 5월 1호기보다 용량이 증가한 650MW로 웨스팅하우스와 계약하여, 1983년 7월 준공되었다. 한전은 격납용기의 분리 발주, 국산 시멘트 사용 등 전적으로 외국에 맡기던 것에서 한 걸음 더 나아가게 되었고, 시운전 또한 직원들을 장기간 미국에 연수시켜 자체적인 운영능력을 확보하였다. 이 과정을 통해 현대건설, 동아건설의 사업관리와 공사 수행 능력이 크게 발전하면서 원자력 강국의 발판을 마련했다. 2009년 아랍에미리트(UAE)와 역대 최대 해외 공사 수주이자, 최초의 원전 수출 계약을 체결함으로써 상용원전 수출국으로 부상했다.

우리나라의 원자력 시대를 열었던 고리원전 1호기는 2017년 6월 19일, 상업운전이 시작된 지 39년 만에 영구 정지되면서 역사 속으로 은퇴했다. 그리고 원전 해체기술 개발과 산업이라는 새로운 숙제를 남겼다.

2019년 현재 우리나라는 4곳의 원자력발전소에 24기의 원자로를 가동 중이며, 한국 내 전체 전기소비의 30%를 담당하고 있다. 원자력발전을 담당하는 한국수력원자력은 발전량 기준으로 세계 6위, 회사 단위로는 세계 2위의 대형 회사가 되었다.

타이어의 기술력을 좌우하는 타이어코드

효성의 '폴리에스터 타이어코드 개발'

037
—
100

폴리에스터 타이어코드 개발

타이어코드지 공장을 순시하는 조홍제 회장
출처: 효성첨단소재

타이어의 내압은 승용차용에서 2kgf /㎡ 전후로 고무만으로는 타이어가 견디지 못해 고무 속에 보강재를 넣어 내압이나 형태를 유지해야 한다. 이 보강재가 바로 타이어코드이다.

타이어코드에 요구되는 주된 특성은 고강력, 고탄성, 치수 안정성, 내피로성 및 접착성 등이 있는데, 이들 특성은 타이어의 안정성, 운동성, 치수 안정성 및 경제성을 유지하는 데 필수적인 요소로 여겨지고 있다.

자동차용 타이어는 래디얼타이어와 바이어스타이어 2종으로 나뉘는데, 타이어코드를 넣는 방법이 다르다. 바이어스타이어는 전체적으로는 균일한 강성을 갖도록 힘을 잘 분산해서 아주 부드러운 승차감을 준다. 이에 비하여 래디얼타이어는 벨트층이 테의 역할을 하여, 변형되기 어렵고, 조정 안정성 특히 고속 주행성능이 대단히 우수하다.

타이어의 형태를 유지하기 위해서는 공기압을 일정하게 유지할 수 있도록 타이어 고무의 변형과 팽창을 제한시켜야 하며, 이런 효율을 유지하려면 고무에 잘 접착이 되어야 한다.

자동차가 어떤 환경에서 노출되느냐에 따라 타이어코드의 종류가 달라진다. 비포장도로인 경우는 나일론 타이어코드를, 일반도로를 운행하는 차량의 래디얼 타이어에는 폴리에스터 타이어코드를, 고속 주행용 차량의 타이어에는 레이온 타이어코드를 주로 사용한다. 폴리에스터 타이어코드의 경우, 강성이 크고 고속주행 시 조정 안정성이 뛰어나며 균일성이 우수한 HMLS(High Modulus Low Shrinkage)를 주로 사용한다. 타이어코드용 원사는 고탄성율일수록 조정성이 양호하고 수축

율이 낮을수록 치수 안정성이 좋아진다.

타이어코드는 우리나라 화학섬유 산업 역사에서 독자기술이 이룬 성취라는 의미에서 중요한 한 페이지를 장식하고 있다. 우리나라에서는 1978년 동양나이론(현 효성), 1980년 코오롱에서 HT 타입의 폴리에스터 원사 생산을 시작하였으며, 1987년에 효성과 코오롱에서 HMLS 원사를 개발하여 상업화하였다. 효성의 HMLS 원사는 2004년 세계일류 상품으로 지정되었고, 15년째 이를 유지하고 있다.

효성에서 개발 생산하는 폴리에스터 타이어코드(승용차용 래디얼 타이어용)는 기존 제품의 강도와 수축률을 획기적으로 개선한 HMLS 원사를 사용하고 있는데, 1987년 효성이 독자 기술로 개발한 이래 미국, 유럽, 일본 등 세계 10대 타이어 회사에 공급을 승인받았다. 이 제품은 세계 시장 점유율 45%를 차지하고 있는데 점유율과 품질 면에서 세계 1위를 유지하고 있다.

타이어코드와 고무와의 접착력을 위한 약품 처리와 열처리 기술 등 후처리 기술이 필요했는데 선진업체들은 기술 이전을 꺼리거나 수백만 달러의 기술료를 요구했다. 이에 효성은 독자적으로 상품을 개발할 것을 결정하였다. 아무것도 없는 상태에서 시작해 직접 정보를 얻고 기술을 쌓아 타이어코드 생산에 독자적인 공법을 개발하여 결국엔 세계 1위 타이어코드 생산 기업으로 거듭났다.

타이어의 미래는 어떤 모습으로 다가올까? 어쩌면 타이어코드가 더 이상 필요하지 않을지도 모른다. 그렇다면 효성은 어떤 대응책을 내놓을 수 있을까?

타이어의 미래에서 가장 눈여겨 볼 부분은, 비공기입타이어(Non

Pneumatic Tire)가 대세라는 점과 하이브리드 성격을 지니며, 고성능 친환경을 지향하고 있다는 점이다. 가장 인상적인 타이어는 한국타이어의 콘셉트 제품인 공 모양 타이어인 '볼핀 타이어'다.

효성의 타이어코드에 대한 미래 전략은 글로벌 제품인 타이어코드의 현지화에서 해법을 찾고 있다. 즉 타이어코드를 해당 국가의 특성에 맞게 맞춤형으로 생산하고 있다. 고객과 함께하는 또 다른 성장에 방점을 두고 있는 것이다. 운전 환경이 열악한 인도에는 고내구성, 고온 다습한 태국과 베트남에는 고내열, 저수축 등의 타이어코드 제품을 공급하는 방식이다.

조현상 산업자재PG장(부사장)은 "세계 1위 제품이라는 타이틀에 안주해서는 발전이 없다"며 "시장을 선도하기 위해서는 고객 니즈에 맞춰 차별화된 가치를 고객에게 제공해야 한다"고 강조했다.

효성의 타이어코드는 세계 1위라는 위치에 만족하지 않고 고객의 경영 목표와 요구 특성을 끊임없이 연구하는 자세로 임하고 있다. 현재 타이어용 섬유는 같은 소재임에도 의료용 섬유의 2배 이상의 강도를 갖고 있어, 앞으로도 기술 혁신에 따라 기존 섬유를 대체할 수 있는 새로운 슈퍼섬유가 많이 등장할 것이다.

해외 기술 이전 없이 오로지 자신만의 능력으로 무에서 시작하여 일군 효성의 타이어코드의 성공 사례는 우리나라 화학섬유 산업에 새로운 가능성을 제시하고 있다.

현대판 '양요'를 극복한 꿈의 신소재

코오롱에서 개발한 '아라미드 섬유'

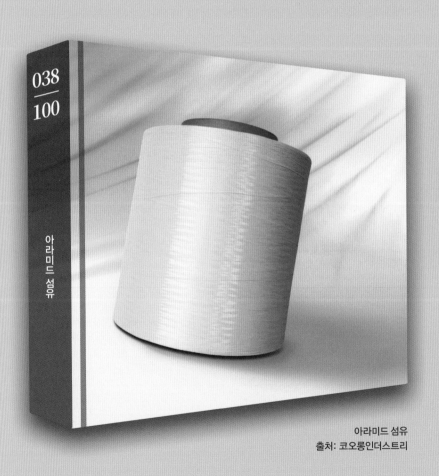

038
100

아라미드 섬유

아라미드 섬유
출처: 코오롱인더스트리

1866년 병인양요 직후 서양총포의 위력에 놀란 흥선대원군의 지시로 개발한 '면제배갑'이라는 보호구가 있다. 말하자면 방탄조끼다. 면제배갑은 1871년 신미양요 때 실전에서 그 효과를 확인할 수 있었다. 방탄복에서 가장 중요한 요소는 바로 섬유 소재다. 가벼우면서도 강하고 내열성을 갖춘 소재로 만든 방탄복을 향한 연구는 지속돼 왔다. 최근 이 방탄복에 들어가는 섬유 소재와 관련하여 '현대식 양요'가 발발했다.

　2009년 미국의 화학기업인 듀폰(DuPont)은 한국의 코오롱인더스트리에 선전포고했다. 방탄복에 사용하는 아라미드 섬유(Aramide Fiber)인 케블라(Kevlar) 관련 기밀을 코오롱이 빼냈다며 버지니아주 리치몬드 연방법원에 소장을 제출했다.

　같은 무게의 강철보다 5배 이상 강하고, 400℃가 넘는 고온에서도 불에 타지 않는 고분자 화합물인 아라미드 섬유. 나일론(Nylon)과 더불어 폴리아미드 섬유(Polyamide Fiber)의 양대 대표주자인 아라미드는 현대 과학기술이 집약돼 만들어진 꿈의 신소재다. 나일론은 의류 소재인데 비해 아라미드는 산업 소재로 각광받고 있다. 플라스틱 보강재로 항공기 부품과 전자기기 부품에도 쓰이고, 시멘트 보강재로 철근 대체재 용도로 쓰이기도 한다. 또한 석면을 대체한 마찰재, 브레이크패드, 클러치페이싱에도 쓰이며, 고무 보강재로 타이어, 벨트, 고압내열 호스에도 쓰인다. 보온과 단열, 전기절연도 우수해 로프, 케이블, 집진필터 등에도 사용되는 등 산업 전반에 걸쳐 요긴하게 쓰인다. 최근에는 아라미드 섬유와 열가소성 플라스틱을 결합한 새로운 합성소재도 개발되고 있어 미래 가치가 큰 소재로 인정받고 있다.

1960년대 미국의 듀폰이 내열성 및 난연성 섬유로 메타형 방향족 폴리아미드인 아라미드 섬유를 처음 개발했으며, 노멕스(Nomex)라는 이름으로 최초 상용화했다. 아라미드는 듀폰의 제품과 일본 데이진(Teijin)의 트와론이 세계 시장의 90%를 차지하고 있다. 우리나라는 1984년 미국과 네덜란드에 이어 세계에서 세 번째로 아라미드 섬유를 개발했으며, 2005년 미국, 일본에 이어 세 번째로 상용화에 성공했다. 여기에는 한국과학기술연구원(KAIST)의 고(故) 윤한식 박사의 노력이 숨어 있었다.

윤한식 박사 연구팀은 1979년부터 아라미드 섬유의 국산화를 위한 연구를 시작했다. 1980년 그동안의 난제였던 중합도를 높이는 데는 성공했지만 연구비가 부족해 연구를 접어야 하는 처지에 놓였다. 이때 구원의 손길을 내민 곳이 바로 코오롱이었다. 코오롱의 지원에 힘입어 아라미드 섬유 공업화를 위한 기술 개발에 박차를 가했고, 1982년에 국책 사업으로도 선정됐다. 1985년 4월에는 미국 특허청으로부터 〈전방향족 또는 지방족-방향족 공중합폴리아미드와 공정(1981.10)〉, 〈고배향 아라미드 단섬유(1983.10)〉에 대한 특허를 획득했다. 이후에도 윤한식 박사팀과 코오롱은 아라미드 필라멘트사 상용화 개발을 위한 공동연구를 지속했고, 1986년 아라미드 제조공정의 파일럿(Pilot) 설비를 가동하여 국내 최초로 아라미드 섬유의 필라멘트사 시생산에 성공했다.

1987년에는 아라미드 섬유 개발 과정에서 천연섬유가 형성되는 분자 성장배향이라는 원리를 발견한 윤한식 박사의 논문이 세계적인 과학전

문지 〈네이처〉 326호(1987년 4월)에 게재되는 쾌거가 있었다. 그 공로로 윤한식 박사는 한국과학기술연구소(KIST)의 국내 1호 석좌연구원에 임명됐다. 윤한식 박사가 고인이 된 후 1년이 조금 지난 2009년 2월 듀폰의 소송이 제기됐다. 2012년 미국 버지니아 동부법원은 코오롱에게 9억 2,000만 달러를 배상하고 아라미드 제품 생산과 판매를 금지하라는 판결을 내렸다. 코오롱은 항소를 했고, 2014년 4월 1심 판결을 뒤집는 미국 항소법원의 판결이 내려졌다. 항소법원은 이 판결을 파기환송하고, 당시 재판부도 변경할 것을 명령했다.

2015년 마침내 6년간 끌었던 듀폰과 코오롱의 아라미드 소송이 합의로 종결되었다. 코오롱이 듀폰에 배상금 2억 7,500만 달러를 지급하고, 미국 검찰이 제기한 영업비밀 침해 모의 혐의에 대해서는 벌금 8,500만 달러를 내는 것으로 마무리되었다.

1986년 미국 듀폰이 윤한식 박사에게 제기했던 특허 소송에서 승리한 데 이은 두 번째 '현대식 양요'에 승리한 결과였다. 이로써 코오롱의 아라미드는 세계 시장에 뛰어들 수 있었다. 듀폰이 코오롱을 소송으로 견제했던 이유는 아라미드 섬유가 고부가가치 산업의 맹아였기 때문이었다. 마케팅리서치 회사인 마켓츠앤드마켓츠(MarketsandMarkets)는 2018년 32억 달러였던 아라미드의 시장 규모가 2024년 57억 달러로 성장할 것이라 예측하고 있다. 코오롱은 오랫동안 끌어왔던 듀폰과의 영업권 침해소송이 마무리된 이후 현재의 시장 점유율 7%를 20%까지 끌어 올리겠다는 계획을 발표했다.

3부

1980년대 ~ 1990년대

1980

순수 국내 기술로 개발한 산업용 로봇
'카이젬'

차별화된 기술력을 자랑한 금성사와
삼성전자의 '전자식 VCR(VTR)'

1981

기업 부설연구소 확대를 이룬
'기술 개발 촉진법 개정'

음식 보관을 간편하게 해결한 오뚜기의
'레토르트 파우치'

1982

공업 발전의 토대, 한국중공업의
'창원공장 준공'

해외 자원 개발의 시초, 삼탄의
'파시르 탄광'

1983

이병철 회장의 동경 선언에서 비롯된
삼성전자의 '64Kb D램 개발'

1985

공업 기반 기술 개발 사업을 지원한
'공업발전법'

1987

섬유 산업의 중심, 고품질 니트 '환편직물'

1988

삼성반도체통신/금성반도체/현대전자의
'4M D램 공동개발'

1989

분당, 일산 등 '신도시 건설'

1990

1가구 1전화 보급을 이룩한 '전전자교환기'

1991

현대자동차의 '알파엔진 개발'

1992

효성이 이룬 세계화, 스판덱스 '크레오라'

고려아연의 '아연 제련'

가전제품
'에너지 소비효율 등급표시제도 시행'

1993

국내 컴퓨터 산업 발전을 이끈 행정전산망용
주전산기 '타이컴 개발'과 '아래아한글 보급'

1994

정보통신 강국을 앞당긴
'초고속 국가정보통신망 구축'

지속가능한 성장을 위한
'산업기술 관련 인프라 조성 정책'

1995

국내 최초 독자 개발 항공기 ADD의
'KT-1 웅비'

석유화학 기업들의
'촉매 및 공정 개발 성과와 기술/사업 수출'

1996

세계 최초 체성분 분석기,
바이오스페이스의 '인바디'

세계 최초 상용화에 성공한
'CDMA 이동통신시스템'

세계 최초로 넥슨에서 개발한
'그래픽 온라인 게임'

1998

효성이 개발한 2점절 차단식
'800kV 50kA 8,000A GIS'

1999

우리 기술로 세계 시장을 석권한 LG화학의
'편광판'

다목적 실용위성 '아리랑'

태권브이를 만드는 그날까지

순수 국내 기술로 개발한 산업용 로봇 '카이젬'

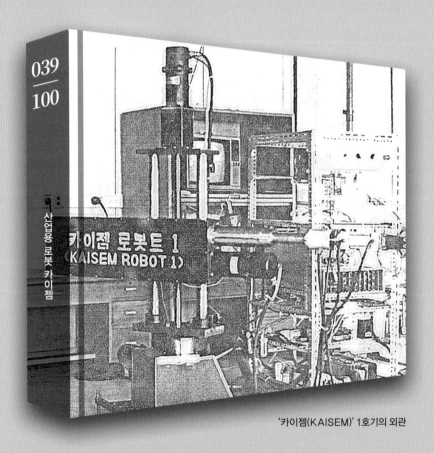

'카이젬(KAISEM)' 1호기의 외관

로봇(Robot)은 체코어로 '강제적 노동, 고되고 지루한 일'을 뜻하는 'Robota'에서 비롯되었다. 체코의 극작가 카렐 차페크(Karel Capek)의 희곡 〈R.U.R.(Rossum's Universal Robots)〉에서 처음 소개된 말이다. 웹스터 사전에서는 로봇을 "인간을 모방하여 인간 혹은 기계에 속한 기능을 일반적으로 수행하는 자동화 장치"라고 정의하고 있다.

국내에서 로봇이 처음 선보인 건 1978년이다. 당시 현대자동차 울산 공장에 일본 도요타 기계공업에서 수입한 다점 용접 로봇을 생산라인에 투입한 것이 그 시초이다. 그 이후 산업계에는 로봇에 대한 관심이 서서히 증가하였다. 70년대 후반 들어 순수 국내 기술로 로봇을 개발하려는 분위기가 형성되었다. 한국과학기술원(KAIST) 전자공학과의 변증남 교수를 주축으로 기계공학과 곽병만 교수, 조형석 교수를 비롯한 대학원생 박영제 외 3명이 로봇 개발에 돌입하였다. 마침내 1980년 연구 용도의 원통좌표형식 산업용 핸들링 로봇 카이젬(KAISEM) 1호기를 독자 기술로 개발하였다. 기구부의 감속기와 볼 스크류, 제어기 등의 주요 부품은 물론 기구 구조와 제어 시스템 및 소프트웨어도 직접 설계하였다. 이는 우리나라 최초의 독자 개발 로봇이자 국내 로봇 연구의 효시였다.

변증남 교수는 1979년 국내 최초 산업용 로봇 개발 프로젝트를 주도하였으며, 지능형 로봇과 보행 로봇 연구도 시작해 1989년 네 다리로 걷는 사각보행 로봇 '카이저'를 국내 최초로 개발하였다. 1998년 이후에는 척수장애인을 위한 휠체어 부착형 로봇 팔 '카레스', 시각장애인을 위한 길안내 로봇, 간호 로봇, 수술 로봇, 집사 로봇 등 주로 장애인과 노약자를 위한 로봇 개발에 전념하였다. 한편 기계공학과 조형석 교수팀은 1980년대부터 2000년대까지 용접용 로봇, 자율주행 로봇, 시각인식 로봇 시스템 등을 개발하여 산업용 로봇과 서비스용 로봇 개발에 크게 공헌하였다. 또한 박영제 박사는 1990년대 대우중공업 로봇 개발팀장 재직 시, 국내 최초의 시각인식형 칩마운터 개발 및 사업화, 고기능 대형 스폿 용접용 수직관절형 로봇 개발 및 로봇 신뢰성 시험 기술 개발 등을 주도하며 국내 산업용 로봇 개발 기반 구축에 기여하였다.

1980년대 국내 산업용 로봇은 자동차 산업과 전기전자 산업 중심으로 도입되었다. 개발 초기인 1980년대 중반에는 주로 스폿 및 아크용접이나 단순 조립용 로봇이 많았다. 이는 로봇을 필요로 하는 분야가 대기업의 자동차 바디 용접이나 중공업의 건설기계 및 운반기계 프레임 용접, 또는 전자부품 및 제품 조립 현장이었기 때문이다. 대량생산을 위한 생산속도 향상 요구와 고위험 작업장의 안전사고 대처 방안으로 로봇의 효용성은 꾸준히 증대하였다. 1984년 대우중공업은 아크 용접용 소형 5축 수직관절형 로봇인 고유 모델 NOVA-10과 용접 시스템을 개발하였다. 이는 실제 현장에 로봇을 적용하고 사업화한 첫 사례였다. 1992년에는 시각 인식 시스템을 적용한 지능형 로봇 시스템을 개발하였고, 1997년에는 국내 최초로 서보 제어식 스폿 용접 건을 장착한 스폿 용접용 로봇을 개발하였으며, 시험 장비를 통해 성능과 신뢰성을 검증할 수 있었다.

1990년대는 국내 로봇 개발의 르네상스라고 할 수 있을 정도로 다채로운 고효율 로봇들이 개발되었다. 그러나 IMF 외환위기를 맞은 1990년대 후반에는 LG산전, 대우중공업, 기아정공 등이 산업용 로봇 사업에서 철수하고, 현대중공업과 삼성전자 같은 대기업 위주로 재편되었다. 2000년대 로봇 산업 분야에서는 지능형 로봇 부문이 크게 성장하였다. 2001년부터는 당시 산업자원부와 정보통신부 주관 아래 지능형 로봇을 집중 개발하였으며, 서비스용 로봇과 제조용 로봇에 대한 많은 연구 개발이 진행되었다. 산업기술 로드맵이 작성되어 로봇 산업을 차세대 성장동력 산업에 포함하는 방안과 로봇 종합 지원센터 설립 등의 다양한 지원 체계도 마련되었다. 국내 자동차, 조선, 휴대폰, LCD 및 반도체 산업의 활황에 힘입어 이와 관련한 제조용 지능형 로봇 개발에도 많은 진전이 있었다. 2010년에는 「지능형 로봇 개발 및 보급 촉진법」에 의거하여 한국로봇산업진흥원(KIRA)이 설립되면서 정부가 로봇 산업을 본격적으로 지원하기 시작했다.

산업용 로봇 산업은 성장기 산업의 특성을 지니고 있는 동시에 향후 상당 기간 국가 경쟁력의 근간이 될 제조 산업 전반에 걸쳐 활용되고 있다. 로봇 자체가 보유한 시장 창출 효과뿐만 아니라 연관 산업의 품질 및 생산기술 향상의 파급 효과도 크다. 차세대 첨단 제조업용 로봇과 초정밀 로봇 분야는 고밀도화, 네트워크화, 초고속, 초대형 및 초소형화, 고정밀, 모듈화, 표준화 등이 주된 이슈이다. 인간과 협력할 수 있는 사용하기 편하고 안전한 인간 협업용 경량형 로봇에 대한 수요도 꾸준히 증가하고 있다.

전자 강국의 서막을 열다

차별화된 기술력을 자랑한 금성사와 삼성전자의 '전자식 VCR(VTR)'

040
100

전자식 VCR(VTR)

국내 최초 전자식 VTR 지면 광고

"오늘은 비디오 뭐 볼까?" 80년대에서 2000년대 초반까지 동네 어귀나 아파트 단지 상가마다 비디오 대여점이 성업을 이뤘다. 주말 저녁이면 가족들이 비디오 대여점에 들러 어떤 영화를 볼까 함께 고민하던 일이나 원하는 비디오테이프를 빌려 간식거리를 사들고 집에 돌아와 함께 보던 일은 모두에게 잊지 못할 추억으로 남아 있다.

VTR(Video Tape Recorder)로 녹화하면, 방영시간에 TV 앞에 앉아야만 볼 수 있었던 영화나 프로그램을 나중에 몇 번이고 다시 볼 수 있었다. 집안 대소사를 비디오로 촬영해 앨범을 펼쳐보듯 함께 보기도 했다. 케이블TV와 DVD, 인터넷에 자리를 넘겨주기 전까지 VTR은 우리의 일상을 풍요롭게 만들어주는 친구 같은 존재였다.

TV 화면을 녹화하고 재생하는 VCR(Video Cassette Recorder)은 네덜란드 필립스에서 1960년대 말에 처음 개발한 가전제품이다. 1970년대 초 일본의 소니와 마쓰시다가 이 비디오 녹화기를 일반 가정용으로 개발하면서 릴(Reel) 테이프를 사용해 VTR이라고 부르기 시작했다. 1980년대에 일본 기술을 도입해 이 기기를 생산하기 시작한 우리나라도 일본식 명칭을 그대로 따오며 VTR로 소개되었지만 VCR이 맞는 표현이다.

금성사와 삼성전자는 1978년 각각 VCR 개발에 들어갔다. 당시 일본의 전자업계는 VCR 생산 기술 관련 노하우를 비밀에 붙이며 우리의 기술 제휴를 거부했다. 그러자 국내 개발팀은 일본의 기술 잡지와 제품을 펼쳐 놓고, 분해와 결합을 반복하며 자력 개발에 나섰다.

금성사는 소니의 베타맥스형 대신 마쓰시다에서 만들고 있던 VHS 방식을 채택하였고, 1979년 7월 기계식 VCR의 원형 시작품인 GHV-7900을 개발하는 데 성공했다. 이후 금성사는 국내 최초의 전자식 VCR 모델인 GHV-8100의 시험 생산에 들어갔고, 1981년 9월 15일 전자식 VCR 1호를 생산하였다. 이 모델은 정상 속도보다 3배 빠른 속도의 서치, 스틸 기능과 정지된 화면을 한 장면씩 전진시키며 볼 수 있는 프레임 기능 등을 갖추고 있었다. 원격 조정과 소프트 터치 기능을 갖췄고, 회전 속도가 정확한 직접 구동 방식으로 선명하고 안정적인 화면을 자랑했다. 정전 보상 회로가 채택된 타이머도 부착되어 있어 정전 시에도 프로그램이 보존되는 특징을 갖고 있었다. 금성사는 1982년 VHS 방식의 대표였던 JVC와 특허 사용 계약을 체결한 후 VCR 국산화의 발판을 마련했다. 1983년에는 일본 소니와 특허 협력을 맺고 1984년 국내 최초로 비디오테이프를 앞에서 넣을 수 있는 프론트 로딩 방식 모델인 'GHS-34F'를 개발하였다.

삼성전자는 이와 다른 VCR 개발에 착수해 1979년 일본, 네덜란드, 독일에 이어 세계 네 번째로 VCR 개발에 성공했다. 삼성전자는 이후에도 다섯 가지 재생 기능과 리모컨 기능을 갖춘 VCR 개발에 성공하였으며, 그 성과를 인정받아 1980년 한국전자전람회에서 대통령상을 수상하였다. 1991년 삼성전자는 국내 최초로 '슈퍼 VHS VTR(S-VHS VTR, 모델명 'SV-9900S')'을 개발하였고, 이를 위해 1989년부터 1년 8개월에 걸쳐 12명의 연구원, 15억 원의 연구개발비를 투입해 한국 기업 자체 기술력을 확보하였다.

2000년대 들어 LG전자는 광스토리지 분야의 성과를 토대로 2002년 DVD플레이어와 VCR이 하나로 합쳐진 DVD 콤비를 개발하였다. 2004년에는 국내 최초의 콤비 레코더(모델명: LCR-4900)를 출시하였다. 콤비 레코더는 DVD 레코더와 VCR의 복합 제품으로, VHS 테이프나 캠코더 녹화 영상, TV 화면을 DVD 디스크에 녹화하여 화질의 열화현상 없이 고화질 그대로 영구 보존할 수 있게 하였다.

금성사와 삼성전자가 국내 최초로 개발한 전자식 VCR 기술은 컬러 TV보다 한 단계 앞선 기술로, 그 당시에는 최첨단 전자 기술이었다. 우리나라는 원천 기술 축적이 부족한 상황에서도 외국 기술의 도입 없이 VCR를 자체 개발함으로써 일본을 비롯한 세계 전자업계를 경악하게 만들었다. 한 발 더 나아가 DVD+VTR 복합 제품이라는 차별화된 기술력으로 세계 VCR 시장을 선도하였다. 우리나라가 전자 산업의 고도화와 함께 전자제품 강국으로 향하는 발걸음이 시작되었음을 알리는 순간이었다.

민간 기업 연구소는
미래 가치를 담보할 때 세워진다

기업 부설연구소 확대를 이룬 '기술 개발 촉진법 개정'

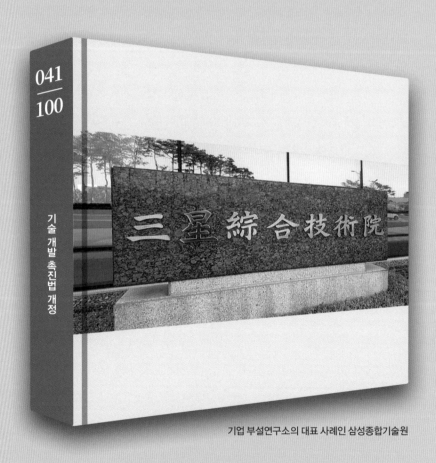

041
—
100

기술 개발 촉진법 개정

기업 부설연구소의 대표 사례인 삼성종합기술원

정부가 펼치는 공공 정책의 방향성은 분명하다. 국가의 장기적인 미래를 위해 당장 손해를 보더라도 국민 모두가 골고루 혜택을 입을 수 있는 투자를 하는 것이다.

국가 주도 성장에서 민간 주도 성장으로 넘어가는 시기가 있다. 그 시기는 바로 미래 성장에 대한 가능성이 믿음으로 변하는 시기이다. 민간 기업이 성공 가능성만으로 지갑을 여는 경우는 거의 없다. 민간 기업이 생산 분야에 직접 투자하는 것과 연구 개발 분야에 투자하는 것에는 확연한 차이가 있기 때문이다. 연구 개발 투자는 직접 제품 생산으로 이어지기까지 수많은 시간과 노력, 막대한 자본을 필요로 하기 때문에 기업의 운명이 걸린 분야가 아니라면 그 위험 부담을 떠안기가 어렵다. 따라서 기업이 연구 개발에 투자하는 결정을 내렸다는 것은 기업의 운명을 그 사업에 걸었다는 뜻이다. 민간 기업이 개별 연구소를 운영하는 것 역시 마찬가지로 그 산업에서 미래의 희망을 발견하였기 때문이다.

산업의 고도화로 각 기업의 기술 자립 필요성이 증가하면서 정부에서도 기업 부설연구소 설립을 지원하기 시작했다. 이로써 민간의 기술 개발 능력이 획기적으로 높아지는 계기가 마련되었다.

1980년대 초까지 우리나라의 기술 개발은 정부 출연 연구기관들이 주도했다. 1970년대에 등장한 신흥 중화학공업 기업들은 주로 해외 합작 사업이나 기술 파트너 방식으로 기술을 도입했었다. 해외 업체에서 도입하기 어려운 사안만 국가 연구기관에 의뢰하는 방식을 써왔다. 그러나 80년대 들어 점점 산업의 규모가 커지면서 경쟁력을 더욱 강화하기 위해서는 실질적인 기술 개발을 이끌 수 있는 기업 자체 연구소가 필요하다는 사실을 인식하기 시작한다. 그래서 몇몇 기업들은 기술 개발을 위한 자체 연구소 설립을 추진하게 된다.

당시 정부는 이러한 기업들을 지원하기 위해 기술 개발 촉진법을 개정하였다. 정부는 이 법을 개정하면서 당시 역점을 두고 추진하였던 '특정 연구 개발 사업'의 참여기관에 기업 부설연구소를 추가하였다. 뿐만 아니라 기업 부설연구소를 기업 R&D 전담 조직으로 육성하기 위해 연구개발비 조세 감면 제도와 자연계 분야 고급인력 채용 지원 제도 등을 추가 보완하였다. 이러한 정부의 지원이 이어지자 중화학공업에 참여한 주요 기업들은 앞다투어 기업 부설 기술연구소를 설립하기 시작한다.

1980년까지 우리나라의 전체 연구개발비에서 민간이 차지하는 비중은 36.1%에 머물러 있었다. 그러다가 1982년에는 50%를 넘어섰고, 1985년에는 75.2%, 1990년에는 80.6%로 급속도로 올라가면서 민간이 주도하는 기술 개발 양상이 급속히 자리잡았다.

기업의 매출액 대비 연구개발비 투자 비율도 1980년 0.47%에서 1990년 1.72%로 크게 증가했으며, 이에 따라 우리 기업들의 기술 개발 능력도 크게 높아졌다.

1981년 53개에 불과하던 기업 부설연구소의 수는 1983년 122개, 1985년 183개, 1987년 455개, 1989년 824개로 급속도로 늘어났다. 1980년대 중반부터는 대기업 산하 그룹 종합연구소나 대규모 중앙연구소가 설립되었다.

대부분의 개발도상국은 기술 개발 노력을 산업 발전과 그에 따른 경제 발전으로 연계하는 데 어려움을 겪고 있다. 이는 기술 개발의 주체를 정부나 공공 부문 중심으로 추진하는 정책적 기조를 유지하고 있기 때문이다. 또한 이들 개발도상국의 주요 기업들은 선진국에서 진출한 다국적 기업의 지사이거나 이들과 제휴한 기업인 경우가 많아서 대부분의 기술을 선진 기업에 의존하는 경향을 보인다. 이로 인해 독자적인 기술 개발 능력을 키우는 데 소홀한 경우가 많다.

　우리나라는 개발도상국이 겪는 민간 기술 개발의 어려움을 기술 개발 촉진법 같은 정부의 적극적인 지원 정책으로 돌파할 수 있었다. 이후 수많은 기업 부설연구소들이 이룩한 눈부신 산업기술의 성과가 국내 각 산업 분야의 성장과 국가 경제 발전으로 이어진 점을 감안한다면 이 정책이 기여한 바는 매우 크다고 평가할 수 있다.

끓는 물에 퐁당~
즉석 식품 시대 개막

음식 보관을 간편하게 해결한 오뚜기의 '레토르트 파우치'

042
/
100

레토르트 파우치

레토르트 파우치를 이용한 즉석요리 제품
출처: 오뚜기

'일요일은 오뚜기 카레~.' 저절로 멜로디가 흥얼거려지는 귀에 익은 CM송이다. 갓 지은 밥에 풍부한 야채가 든 황금빛 카레를 부어 먹는 장면은 보는 이들을 입맛 다시게 한다. 인도의 대표 음식인 카레는 20세기 초 우리나라에 들어왔지만 그때만 해도 지금처럼 친근한 음식은 아니었다. 카레가 국내에서 본격적으로 대중화된 데에는 오뚜기의 역할이 컸다. 1981년 끓는 물에 3분만 넣으면 바로 밥에 부어먹을 수 있는 3분 카레의 등장은 센세이션 그 자체였다. 오뚜기는 대한민국 카레의 역사라고 할 만큼 줄기차게 한 길만 걸었다. 그리고 시대를 앞서간 레토르트 파우치(Retort Pouch) 기술은 새로운 식품 산업을 여는 이정표가 되었다.

레토르트 파우치는 식품을 오래 보관할 수 있도록 살균하여 알루미늄 봉지에 담는 포장재로, 1977년 FDA와 USDA에서 일부의 식품에 사용을 허가함으로써 제작되기 시작하였다. 단층 플라스틱필름이나 금속박 또는 이를 여러 층으로 접착하여 파우치 모양으로 성형한 용기에 조리와 가공 과정을 거친 음식을 넣고 밀봉한 다음 솥에 넣어 고압 살균한다. 이 살균 솥의 이름이 '레토르트(Retort)'여서 레토르트 파우치란 이름이 붙었다. 레토르트 파우치는 식품을 장기 보관할 수 있고 최초 조리한 음식의 맛을 유지하는 기능도 탁월하다. 기존 통조림 포장 대비 4분의 1 수준의 비용이 들면서 부피도 크게 줄일 수 있어 식품 보관의 획기적인 전환점으로 평가된다. 1980년대 들어 식품 산업 분야에서 가장 주목받은 것이 뜨거운 물에 데워 즉석에서 먹는 레토르트 식품의 출시였다.

우리나라 레토르트 파우치의 시작은 1977년 농어촌개발공사 식품연구소가 국방과학연구소와 국내 포장업체의 협력으로 연구와 시험을 실시해 군의 전투식량으로 밥류와 부식류 레토르트 식품을 개발하면서부터이다. 일반 소비자를 위한 제품 개발은 1981년 4월, 오뚜기가 생산한 '3분 카레'가 최초였다. 1969년 분말 형태의 카레를 처음 국내에 도입하였던 오뚜기는 '끓는 물에 3분'이라는 캐치프레이즈를 내걸고 제품의 간편성을 강점으로 내세웠다. 당시 출시한 첫해 400만 개의 판매고를 기록했던 3분 카레는 오늘날 소비자들이 선호하는 가정간편식(HMR, Home Meal Replacement)의 원조라 할 수 있다. 이후 우리나라는 레토르트 파우치에 대한 연구 개발을 계속하여 1983년 삼아알미늄과 한국특수포장이 동시에 농어촌개발공사와 국방과학연구소의 기술 지원으로 각각 레토르트 파우치 개발에 성공함으로써 본격적인 레토르트 식품 시대를 열었다.

간편성을 내세운 국내 레토르트 식품 시장은 오뚜기의 3분 카레가 첫 선을 보인 이후 10여 개 업체가 시장에 뛰어 들었지만, 새로운 식품에 대한 소비자의 인식 부족과 기대에 미치지 못한 맛과 가격, 소비자의 기호를 외면한 상품 개발과 과대한 설비 투자, 성숙하지 않은 사회적 여건 등으로 1986년까지 판매량이 급격히 감소했다. 그러면서 오뚜기를 제외한 대부분의 업체가 발매 초기에 생산을 중단했다. 5~6년간의 침체기를 겪은 레토르트 식품 시장은 86아시안게임과 88올림픽을 계기로 신규 업체가 진출하며 중흥기를 맞았다. 중소업체의 생산 중단으로 소비자의 요구에 부응하지 못한 품목들이 사라지고 식품 대기업들이 참여하면서 새로운 전기를 맞이한다. 레토르트 식품을 국내에 처음 도입한 오뚜기는 '3분 하이스'를 출시했고, '3분 스파게티 소스', '3분 짜장', '3분 쇠고기짜장', '3분 미트볼' 등을 판매하며 1980년대 즉석 식품의 대명사로 확고한 위치를 점했다. 2003년 12월에는 건강에 좋은 강황 함량을 50% 이상 늘리고 베타클루탄·식이섬유·귀리 등을 넣어 영양성분을 강화한 '3분 백세카레'를 선보였고, 2004년에는 데우지 않고도 바로 섭취 가능한 '그대로 카레', '그대로 짜장'을 출시하였다. 2014년에는 세계 5대 건강식품으로 꼽히는 렌틸콩을 주원료로 한 '3분 렌틸콩 카레'를 출시하는 등 다양한 제품을 선보이고 있다. 3분이라는 간편성을 내세운 전략으로 80% 이상의 시장을 점유하고 있는 오뚜기는 고급화된 간편 편의식에 대한 인식 변화 등에 발맞춰 품목을 다양화하고 고급화된 제품들을 출시하며 소비자에게 호평받고 있다. 창립 50주년인 2019년에는 오뚜기 카레 50주년 기념으로 '스페셜티 카레 3분'을 한정판으로 개발해 출시하고, '오즈키친'이라는 프리미엄 브랜드를 탄생시키며 레토르트 식품의 선두주자로 자리를 굳히고 있다.

최근 1인 가구와 맞벌이 가구가 증가하면서 간단한 조리로 여느 외식 못지않은 다양한 음식을 즐길 수 있는 가정간편식 시장이 강세다. 레토르트 식품 산업은 이러한 고품질 인스턴트 식품 산업의 선두에 있다. 식품 원료를 레토르트 처리하여 상품화하는 다양한 기술과 상품들이 개발되면서 맛과 간편함을 모두 잡은 레토르트 파우치 기술도 주목받고 있다.

중공업 개발의 꿈이 거름 되어
무성한 숲을 이루다

공업 발전의 토대, 한국중공업의 '창원공장 준공'

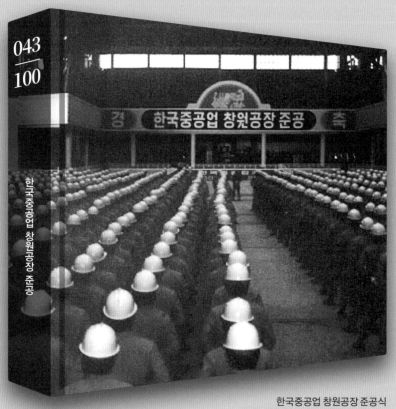

한국중공업 창원공장 준공식
출처: 국가기록원

우리나라 기계 산업계에는 후배들이 나무처럼 생각하는 선배가 한 명 있다. 비록 커다란 나무로 세상에 우뚝 선 것은 아니지만, 성장하는 또 다른 나무들을 위해 기꺼이 토대가 되었다. 그는 바로 현대양행의 정인영(1920~2006) 회장이다.

1964년 현대건설 부사장직을 내려놓은 정 회장은 중공업 개발 없이는 경제 발전을 이룩할 수 없다는 소신으로 경기도 군포에 현대양행을 설립하였다. 그는 발전설비 국산화라는 꿈을 품고 국내 산업 성장의 기반이 될 설비 투자와 해외 기술협력 기반 구축 등에 힘썼다. 1970년대 일천한 국내 산업기술 수준을 딛고 발전용 보일러와 증기터빈의 국산화를 이끈 그는 가스터빈 국산화를 준비하고 있었다. 그러나 그의 앞길에 예기치 않은 상황이 펼쳐졌다. 설립 초기의 무리한 설비 투자와 1970년대 불어 닥친 오일 쇼크, 정부의 창원공단 조성과 관련한 우여곡절 등 내우외환에 우발적인 환경 변화까지 겹치면서 결국 그는 현대양행의 경영권을 내려놓아야 했다. 현대양행은 이후 한국중공업의 모태가 되었다.

정 회장은 못 다한 꿈을 이루기 위해 휠체어에 의지해 한라그룹을 이끌면서 항공기용 가스터빈 등 미래지향적인 신규 사업의 꿈을 펼치기 위해 동분서주했다. 그러나 그의 앞에 또 한 번의 위기가 닥친다. 1987년 IMF 외환위기로 그는 꿈을 접을 수밖에 없었다. 비록 자신의 힘으로 이루지는 못했지만 그가 펼친 꿈은 우리나라 산업 전반의 기초를 튼튼하게 하는 데 큰 역할을 했다.

설립 초기 현대양행은 외국 회사가 시공하는 발전소에 보일러 설비 같은 부피가 큰 설비를 국내에서 제작하기 위해 군포공장의 증설을 추진하였다. 1970년에는 일반 기계공업 분야로 사업을 확장하기 위해 경기도 군포에 주조공장과 기계가공공장, 단조공장 등을 지었다. 정부는 현대양행의 사업 확장 과정을 지켜보면서 종합기계 공장 유치가 필요하던 창원기계공업단지로 이전할 것을 종용하였다. 당시 군포공장 증설에 집중하던 현대양행은 정부의 요청이 부담스러웠다. 정부의 강력한 의지 표명으로 1975년 효성과 대우그룹이 창원기계공업단지로 입주를 결정하였다. 1976년 삼성중공업이 입주기업으로 선정되자 현대양행도 정부의 요청을 받아들였다. 이에 따라 현대양행은 군포종합기계공장의 완공을 한 달 앞둔 1976년 11월 초, 1979년 완공을 목표로 창원에 보일러, 중장비, 기계, 중기계 등 종합기계공장 건설을 시작하였다.

그러나 초대형 기계 제조 공장에 대한 무리한 투자와 1979년 제2차 오일 쇼크에 이은 국내외 경제의 어려움으로 1979년 들어 심각한 경영 위기를 맞았다. 이를 지켜보던 정부는 현대양행의 창원종합기계공장 운영권을 현대중공업에 넘기도록 결정하였다.

현대중공업의 인수 이후에도 창원공장 건설은 제자리였고, 어려움이 가중되면서 공사는 중단되고 공장은 폐쇄되었다. 1980년 10월 정부는 1981년 말까지 총 3,600억 원을 투자하여 공장을 준공하겠다고 발표하였다. 또한 한국전력을 한국중공업 출자에 참여시켜, 한국전력 사장이 한국중공업 사장을 겸임하며 정상화 작업을 주도하게 하였다. 1982년 4월 한국중공업은 서울 본사를 창원으로 이전하며 현지 경영을 강화하였다. 2개월 후인 1982년 6월 29일, 마침내 창원공장 준공식이 거행되었다.

총 공사비 3,810억 원이 소요된 한국중공업 창원종합기계공장은

160만 평 부지에 16만 3,000평 규모의 공장 건물을 가진 세계 최대 규모의 단일 기계공장으로 5년 8개월 만에 준공되었다.

우리나라 최초의 발전용 증기보일러 제작은 1977년 현대양행이 군산과 영월 복합화력발전소의 증기보일러와 1978년 남제주화력발전 1, 2호기용 보일러를 제작함으로써 본격적으로 시작되었다. 당시 원천기술이 없었던 현대양행은 미국 GE와 일본 미쓰비시중공업으로부터 제작도면 등을 제공받고 창원공장의 보일러공장 설비를 가동하여 제작을 수행하였다. 남제주화력발전용 보일러는 국내 기술진을 중심으로 제작된 최초의 발전용 보일러로 평가된다. 발전용 증기터빈도 현대양행이 1976년 미국 GE와의 기술제휴로 제작하면서 국산화를 시작하였다. 그 후 1979년 삼천호 석탄화력 1, 2호기 공급계약 체결로 증기터빈을 제작하면서 국산화 비율을 점차적으로 높였다.

한편 현대양행의 후신인 한국중공업은 1980년대 초반 대형 발전소 건설 경험을 축적하지 못한 상황에서도 선진 기업으로부터 습득한 기술들을 중소형 산업용 보일러, 열병합용 보일러에 적용하여 공급 실적을 창출하였다. 1984년 럭키 나주공장의 보일러, 목동·신정동 열병합발전소 보일러 5기 등을 수주하였고, 1985년 4월 신풍제지 열병합발전소에 보일러를 공급하며 기술을 안착시켰다. 같은 해 8월에는 동양나이론 열병합발전소 석탄보일러를 수주해 석탄보일러 자체 설계에 처음 도전했다.

한국중공업은 이들 프로젝트를 수행하는 과정에서 보일러 제작 및 설계 부문의 기술력을 키웠으며, 미분기, 석탄버너, 유류버너, 슬러지용 버너와 여러 부대설비를 직접 설계하고 제작하는 능력을 배양해 국산화에 성공하였다.

무연탄 산업의 사양화를 딛고
해외 유연탄 개발에 성공하다

해외 자원 개발의 시초, 삼탄의 '파시르 탄광'

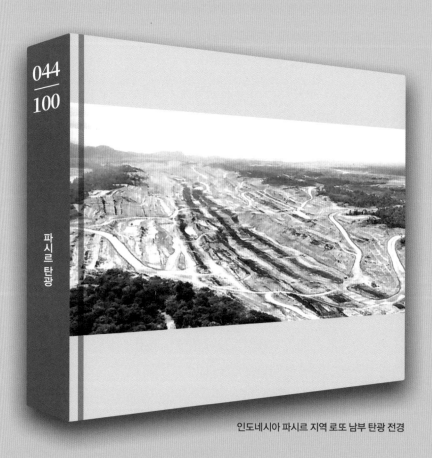

044
/
100

파시르 탄광

인도네시아 파시르 지역 로또 남부 탄광 전경

대한민국 산업 100년 역사에서 해외 석탄 자원 개발과 관련하여 주목할 만한 성과를 이룬 사업이 있다. 바로 삼탄의 파시르(PASIR) 탄광 개발이다. 인도네시아 보르네오섬 동남쪽 파시르 지역 로또(Roto) 남부에 위치한 이 탄광은 생산 규모로만 세계 5대 탄광 중 하나로 손꼽히는 곳이다.

에너지 기업 삼탄은 1963년 강원도 정선 삼척탄좌에서 무연탄을 생산하면서 에너지 기술을 축적했으며 국내 무연탄 사용량이 늘어나면서 사업 규모를 성실하게 키웠다. 삼탄은 미래 경쟁력 확보를 위해 해외 자원 개발에 적극적으로 나섰다. 1982년 한일시멘트, 범양상선 3개사가 공동출자해 키데코(KIDECO, 한·인니자원개발주식회사)를 설립하고, 그해 6월 인도네시아 파시르 탄전에 대한 탐사를 개시했다. 삼탄이 당시 인도네시아와 맺은 탐사 계약은 계약 1년 후 전체 광구의 40%, 3년 후 전체 광구의 20%를 반납하는 조건과 채광기간을 생산 개시 후 30년(연장 가능)으로 하고 생산량의 13.5%를 로열티로 인도네시아 석탄공사에 현물로 지급하는 것이었다.

1982년 탐사 결과, 유연탄 예상 매장량이 5,400만 톤에 불과한 것으로 드러나 유연탄이 존재하지 않는 광구를 반납했다. 1983년 사마랑가우(Samarangau) 강 지역에서 유연탄 부존 가능성을 발견하고, 1984년 이 지역을 대상으로 정밀탐사를 진행했다. 그 결과 유연탄 매장량이 상당한 것으로 평가되었다. 개발 가능한 광구의 면적은 5만여 헥타아르였고, 매장량은 9억 4,000만 톤으로, 채광 가능한 양은 4억 5,000만 톤

가량으로 추정했다. 그러나 안타깝게도 탄질이 문제였다. 화력발전소용 유연탄의 기준인 호주탄 열량인 킬로그램당 6,000킬로칼로리에 크게 못 미치는 4,000킬로칼로리에 불과한 것으로 판명되어 결국 1차 파시르 탄전 개발은 무산되고 말았다. 그렇다고 이대로 포기할 수는 없었다. 삼탄에게는 사마랑가우 강 로또 지역이 바로 운명의 땅이었다. 1985년 키데코는 이 지역에서 풍부한 양과 좋은 품질을 지닌 유연탄의 부존을 확인했다. 로또 지역의 유연탄은 유황의 함유량(0.2% 미만)이 적어 친환경 유연탄으로서의 가치가 있었다. 회분 함량(2% 미만)도 호주탄의 10분의 1에 불과해 타고 남은 재를 처리하는 비용도 적게 드는 장점이 있었다. 그래서 파시르 유연탄을 그린탄(Green Coal)이라 부르기도 한다.

삼탄은 1989년 한일시멘트와 범양상선의 키데코 지분 전량을 인수하고 단독으로 파시르 탄전 개발 프로젝트를 추진하였다. 캐나다 광산 개발 전문회사인 모넨코(Monenco)에서 제안한 대로 먼저 로또 인근에 생산시설과 도로, 항만을 건설했다. 유연탄의 선적과 하역을 수행할 항만은 현대건설에서 수행했다. 탄전에서 항구까지의 거리는 40킬로미터로 이를 잇는 전용도로는 경남기업에서 시공했다.

문제는 효율적인 채탄을 위한 탄광의 설계에 있었다. 탄맥이 형성된 모양에 따라 가장 효과적인 방법을 마련해야 했다. 채탄 시 발생하는 폐석 문제와 안전 문제도 고려 대상이었다. 파시르 탄광은 탄맥이 60~80도 경사로 이루어진 거의 수직에 가까운 급경사 탄맥이었다. 이러한 탄광은 폐석 발생량이 많고 사면 유지가 어렵기 때문에 채탄이 쉽지 않았다.

1992년 11월 계단식 채탄법을 활용해 시험 생산을 시작했으며, 1993년부터는 본격적인 상업 생산을 개시했다. 상업 생산 첫 해에 115만여 톤의 유연탄을 생산했고, 이중 90만여 톤은 한국전력에, 6,000톤은 포항제철에 공급했다. 일본전력회사에는 3만 3,000톤, 일본 내 산업용으로 9,000여 톤을 수출했다. 인도네시아 PTBA(PT.Bukit Asam Coal Mining)에는 조광료로 1만 5,000톤을 공급했다.

원활한 채탄과 탄탄한 수출망을 갖춰가던 삼탄은 1996년 파시르 탄광 채탄시설에 대한 1차 증설 공사에 착수했다. 시간당 900톤 규모의 파쇄 설비와 시간당 900톤 규모의 저탄 설비, 시간당 1200톤 규모의 선적 설비를 증설하는 것이었다. 1997년 12월 1차 증설 공사를 마치면서 파시르 탄광은 연간 750만 톤의 유연탄을 생산하게 되었다. 1차 증설 이후에는 1999년 2차 증설에 착수했고, 2000년 12월에 완공되었다. 그 결과 2001년 연간 생산량 1,000만 톤을 돌파하는 성과를 일궜으며, 2010년 현재 누적 생산량 2,900만 톤에 이르는 세계 5대 탄광 중 한 곳으로 꼽히고 있다.

파시르 탄광 개발은 해외자원 개발 사업의 대표적인 성공 사례로 꼽힌다. 화력발전 등에 쓰이는 유연탄은 국내에서는 생산되지 않아 과거에는 전량 수입에 의존했으나 파시르 탄광 개발 이후 수요의 대부분을 해외 개발로 충족하고 있다. 해외 국가로부터 수입한 유연탄은 생산자 마진 15%, 유통마진 1~5%가량을 추가 부담해야 하지만 국내 기업인 키데코에서 공급하는 유연탄은 상대적으로 저렴하다. 이 때문에 우리나라의 외화 수지 개선에도 기여하고 있다.

해외광산 투자는 막대한 초기 투자비가 소요되고, 투자 회수 기간도 길다. 환율 리스크 역시 감안해야 한다. 하지만 파시르 탄광은 노천 광산이라는 점에서 생산성과 수익성이 높아 개발 성공에 따른 경제 효과도 막대했다.

반도체 입국의 시작

이병철 회장의 동경 선언에서 비롯된
삼성전자의 '64Kb D램 개발'

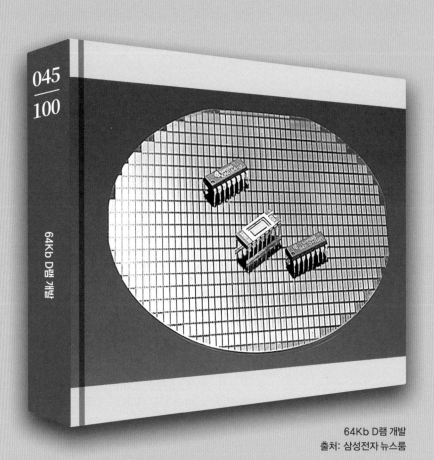

045
—
100

64Kb D램 개발

64Kb D램 개발
출처: 삼성전자 뉴스룸

1983년 2월 7일 밤, 일본 도쿄의 오쿠라 호텔. '할 것이냐 말 것이냐' 삼성그룹의 운명을 가를 선택을 두고 이병철 회장은 고심에 잠겼다. 밤을 하얗게 새운 그는 날이 밝자마자 중앙일보 사장에게 전화를 걸었다. "반도체를 하기로 결심했소. 이제는 누가 뭐래도 밀고 나갈 것이니 이 사실을 내외에 공표해 주시오." 이것이 삼성 반도체 신화의 출발점이 된 이병철 회장의 '2.8 동경 선언'이다.

　　당시 자원이 부족한 우리나라가 국제 경쟁에서 살아남기 위해서는 고부가 하이테크 산업에 진출할 수밖에 없었다. 이 회장은 '마법의 돌' 반도체에 승부수를 걸기로 마음먹었다. 첨단 반도체 가운데 유일하게 일본이 미국을 앞선 분야가 메모리라는 보고서를 보고 "일본이 미국을 앞설 수 있는 기술이라면 우리도 할 수 있을 것"이라는 자신감이 들어서였다.

　　당시 삼성의 반도체 사업 진출 선언을 놓고 국내외에서 '무모한 도전'이라느니 '불가능한 사업'이라느니 하는 혹평이 끊이질 않았다. '2.8 동경 선언' 발표 직후 그는 삼성 직원들에게 이렇게 설명했다. "철강 1톤을 생산하면 부가가치가 20만 원밖에 안되지만 1톤짜리 자동차를 생산하면 500만 원의 부가가치가 발생합니다. 또 컴퓨터를 1톤 생산하면 부가가치가 3억 원이지만 반도체를 1톤 생산하면 13억 원의 부가가치가 발생합니다. 그렇다면 우리는 무엇을 만들어야 합니까?"

　　60년대 중반 미국 반도체 제조업체인 페어차일드가 한국에 공장을 건설하면서 우리나라에서도 반도체 제조업이 시작됐다. 그 뒤를 이어 미국 모토롤라, 시그네틱스, 일본의 도시바 등 세계적인 업체들이 잇따라 한국에 진출했다. 반두 체 주립에 필요한 원류와 기기를 들여와 값싸고 풍부하며 우수한 노동력을 이용해 노동집약적인 조립 공정만을 한국에서 처리했으며, 완제품은 전량 모 회사로 가져갔다. 70년대에는 우리나라의 금성사와 아남산업에서도 반도체 사업을 시작하였으나 이 역시 제조기술을 갖춘 실질적인 반도체 생산은 아니었다. 국내에서 반도체 생산을 위한 독자적인 기술 개발에 나선 것은 삼성이 처음이었다.

반도체 사업 진출 초기 삼성은 경영진과 친분이 돈독한 일본 기업들에게 막대한 보상을 지불하면서 기술을 배우려고 했다. 하지만 일본에서 제대로 기술 공개를 하지 않아 은퇴한 일본 기술자를 한국으로 데려와 기술을 배운 적도 많았다.

삼성전자 이병철 선대회장은 1982년 3월 미국 방문 시 실리콘밸리에 있는 휴렛팩커드의 반도체 공장을 둘러보고 컴퓨터와 반도체의 미래를 확신한다. 이 회장은 귀국하자마자 기존의 반도체 사업과는 별도로 메모리 사업에 대한 신규 사업계획을 작성하도록 지시했다. 당시 미국은 메모리 기술이 가장 발달한 국가였고 한국인 기술자들도 실리콘밸리를 중심으로 다수 근무하고 있었기 때문에, 이들의 애국심에 호소하며 함께 일할 것을 설득했다. 결국 실리콘밸리에 연구소를 만들어 고급 두뇌를 한곳에 모아 메모리 반도체를 연구하여, 거기에서 개발한 제품을 한국에서 양산하면 된다는 실현성 있는 전략이 나왔다.

삼성은 1983년 반도체의 본고장인 실리콘밸리에 현지 법인을 설립하고, 한국에서는 기흥에 메모리 양산 공장을 건설했다. 한국 메모리 반도체의 새로운 역사가 시작되는 순간이었다. 당시 반도체 중에서도 메모리 분야는 복잡한 시스템 반도체의 회로설계 기술에 비해 제조기술이

장비에 체화되어 있어, 후발국도 공정기술만 어느 정도 확보하면 단기간에 선진국과 경쟁이 가능했다. 따라서 이병철 회장 등 임원진은 메모리 반도체야말로 경제성 확보가 가장 용이하고, 단기간에 선진국을 추격할 수 있는 제품이라고 판단하였다. 비록 가격 경쟁이 치열하고 공급 과잉이 예상되더라도 시장 규모가 큰 D램이 가장 유리하다는 결론에 도달했다.

삼성이 사운을 걸고 뛰어들었던 메모리 반도체 사업은 동경 선언 10개월 후인 1983년 12월 미국, 일본에 이어 3번째로 '64Kb D램'을 독자 개발하는 데 성공하며 세계를 놀라게 했다. 삼성은 독보적인 기술력을 입증이라도 하듯 1984년 256Kb D램, 1986년 1M D램, 1988년 4M D램, 1989년 16M D램을 차례로 개발하면서 선진국과의 기술 격차를 좁혀 나갔다. 과감한 투자와 우수 인재 확보를 기반으로 마침내 삼성은 반도체 진입 10년 만에 64M D램을 세계 최초로 개발함으로써, 기술력으로 세계 D램 시장을 완전히 제패하는 수준에 올라섰다.

이후 D램 시장에서 삼성의 독주는 파죽지세였다. 1994년 8월 삼성은 256M D램을 개발했고, 1996년에는 1G D램을 개발하며 반도체의 세대교체를 이끌었다. 2001년에는 마침내 4G D램으로 영역을 확장했고, 2004년에는 60나노 플래시 메모리를 최초로 개발해 반도체 시장을 이끄는 선두주자로서의 면모를 선보였다. 삼성이 주도한 우리나라 반도체 산업의 신화는 불가능하다는 주변의 무시와 조소를 이겨내고, 보란 듯이 일본을 꺾고 세계 1위 자리에 올라선 한국 기술력의 대표적인 '승리'이다.

'관에서 민으로' 시장경제 체제의 장점을 적극 수용하다

공업 기반 기술 개발 사업을 지원한 '공업발전법'

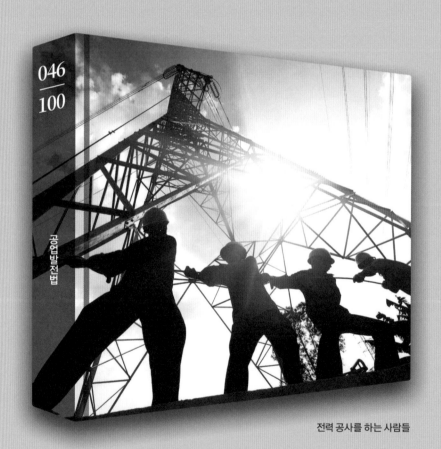

046
—
100

공업발전법

전력 공사를 하는 사람들

　　　　　　　　　　1960~70년대를 지나면서 경공업,
중공업의 기초를 탄탄히 다진 우리 산업은 새로운 세기를 맞이할 준비
를 시작한다. 그 시초는 바로「공업발전법」이다.

　1986년 제정된 법률 제3806호「공업발전법」은 우리나라가 본격적으
로 고도 산업화의 길을 걷겠다고 선포한 선언문의 성격을 가진다. 총 7
장 32조와 부칙으로 이루어진 이 법률은 종전에 개별 산업을 촉진했던
법률인「기계공업진흥법」,「조선공업진흥법」,「전자공업진흥법」,「철강
공업육성법」,「비철금속제련사업법」,「석유화학공업육성법」,「섬유공업
근대화촉진법」등 7개의 공업지원·육성 관계 법률을 폐지하고 새롭게 제
정된 것이다.

　지금까지 이루어졌던 개별 산업의 금융·세제·입지·인력 중심의 지원을
탈피하여 산업 전반에 걸친 기술 개발 수요에 부응하여 기술 중심의 산
업정책을 본격적으로 추진하는 계기를 마련하고자 마련한 법이다. 개별
적으로 관리되던 산업들을 체계적이며 통합적으로 관리하고, 실용적이
며 합리적인 지원을 통하여 산업 간의 소통력을 높여 시너지 효과를 증
대하려는 데 그 목적이 있었다. 또한 사회 문화와 산업계 수준이 향상되
면서 공업 발전 정책이 국가 주도의 경제정책에서 시장경제의 자율·경쟁
원리에 맡기는 방향으로 전환되는 시점에 마련된 것이기도 했다. 이는
개별 산업의 기초가 튼튼히 닦여 있다는 판단에서 가능했다. 이때 폐지
된 7개 법률의 해당 산업은 바로 1960~70년대를 지나는 동안 신흥공업
국으로 성장하고자 중점적으로 육성했던 산업 분야였다.

정부는 우리나라의 산업 기반을 기초부터 단계적으로 다져왔다. 1960년대에는 수출 진흥정책 추진을 통해 경공업 육성에 성공하였고, 1970년대에는 중화학공업을 육성함으로써 폭넓고 탄탄한 산업구조를 갖추는 데 성공하였다. 남아 있는 과제는 기술의 고도화였다.

「공업발전법」은 '공업의 균형 있는 발전을 도모하고, 공업의 합리화를 촉진함으로써 국민 경제 발전에 이바지하게 함을 목적으로 제정(제1조)' 되었는데, 여기에서 언급된 산업 간의 균형과 공업의 합리성은 한 단계 성숙한 공업국으로서의 면모를 갖춰야 한다는 의지를 표명한 것이다.

이 법에서 눈여겨 볼 대목은, '공업발전심의회' 구성이다. 관 주도의 성격을 버리고 각계의 민간 전문가의 폭넓은 참여를 유도하고 있어 시장 경제에 대한 정부의 인식을 새롭게 담아낸 것으로 평가된다. 또한 자생 적으로 발전을 도모할 경쟁력을 갖추기 시작한 우리 산업이 '각자의 영역에만 머무르지 않고 서로 경쟁도 하고 서로 도움도 주는 일종의 생태계를 이루어 가게 하는' 길을 열어주는 의미가 있었다.

또한 그동안의 경험을 바탕으로 사양의 길로 접어드는 불황 사업은 과감히 정리하고, 유망 사업을 유치하기 위해 지원의 폭을 늘렸다. '공업발전기금' 설치를 명시하였고, '공업 기반 기술 향상계획'과 '공업 기술 개발촉진사업' 정책을 마련하여 산업 지원 방식을 특정 산업이나 개별 산업이 아닌 전 산업에 걸친 핵심 기술 개발과 생산성 향상의 개별 기능으로 전환하였다. 이를 통해 기술 자립 기반을 구축하는 중대형 기술 개발 사업을 추진하고자 하였다. 이를 위해 항공우주기술 개발사업 등 산업 분야별 거점 기술을 선정해 5년간 중기에 걸쳐 개발하는 '중기거점기술 개발사업'과 첨단 산업 기술 확보를 위해 10년간 장기로 진행하는 '차세대신기술 개발사업'의 투 트랙(Two Track) 정책을 추진하였다.

「공업발전법」은 제정 이후 8차례에 걸쳐 개정이 이루어졌고, 1999년 2월 8일 법률 제5825호에 의거 「산업발전법」이 제정됨에 따라 폐지되었다. 법이 존속했던 13년간 1980년 중반 이후 산업구조 조정 등의 어려움을 겪던 중화학공업의 구조 고도화에 크게 기여했다고 평가받고 있다.

또한 1990년대 이후 정부 다른 부처들이 마련한 기술 개발 지원사업의 모델 사업 역할을 했으며, 당시 주력 산업으로 육성하려 했던 중화학 산업별 고부가가치화 및 세계 일류화에 필요한 기술 개발 과제를 도출한 후, 이를 더욱 심화시켜 추진된 중기거점기술 개발사업(1990년), 항공우주기술 개발사업(1994년), 첨단기술 분야의 신기술 개발을 지원하는 차세대신기술 개발사업 등으로 이어갔다. 또한 IT 제조업의 빠른 성장을 뒷받침하는 기술 개발과 주력 산업의 핵심부품 산업 발전에도 기여한 바가 컸다.

결과적으로 「공업발전법」은 1970년대 이후 추진된 중화학공업화 과정에서 중화학공업들의 경쟁력 배양에 절대적으로 필요했던 기술 개발에 큰 역할을 함으로써 우리나라 산업 및 산업기술 발전에 큰 역할을 담당했다.

트렌드를 읽는 니트 산업의 존재감

섬유 산업의 중심, 고품질 니트 '환편직물'

047
100

환편직물

니트 의류 제품

양말이나 속옷은 몸에 얼마나 잘 밀착되는지 여부가 중요하다. 편안한 밀착감을 느끼게 하려면 신축성이 좋은 옷감을 사용해야 한다. 그래서 양말과 속옷에는 니트 방식의 옷감을 사용한다.

니트 방식이란 구체적으로 어떤 직조 방식일까? 직물이 씨실과 날실을 교차하는 방식으로 짠 옷감이라면, 니트는 실의 고리(편환, Stitch, Loop)를 만들고 그 고리에 다른 실을 걸어 새로운 고리를 만들어 다시 그 고리에 다른 실을 거는 방식을 되풀이하면서 짠 옷감을 뜻한다. 니트는 직물에 비해, 신축성, 유연성, 방추성이 좋고, 보온성이 우수하며 투습성, 통기성이 뛰어나다. 니트는 가로 방향으로 고리를 만들어가는 '위편성물(평뜨기, 펄뜨기, 고무뜨기, 무늬뜨기, 이중뜨기)'과 세로 방향으로 짠 '경편성물(트리코, 라셀, 밀라니즈 등)' 두 가지로 나뉜다. 일반적으로 위편성물은 수작업이 가능하고, 경편성물은 대부분 기계로 진행한다. 니트는 편성 과정에서 형태 변형이 가능하고, 다품종 소량 생산인 경우가 많다. 또한 기술과 편기의 성능에 따라 저급품과 고가품의 편차가 크며, 디자인 및 패션성이 강한 옷감이다.

우리나라의 니트 산업은 1900년대 초반 평양, 대구, 부산 및 군산 등에서 소규모 수제품을 제조하면서 시작되었다. 1907년에는 평양에 공신양말소라는 양말 공장이 설립되었고, 1920년 무렵에는 선교사를 통해 메리야스 제품을 수출했다. 해방 후 1947년에는 환편기, 횡편기, 장갑편기를 만들기 시작했다. 국내 니트 시장은 1950년대까지 주로 가내

공업 형태로 내수 시장을 형성하고 있었다. 1955년 국내 최초로 싱커 있는 싱글 환편기가 가동되었고, 1957년 국내 최초로 트리코트, 랏셀경편기가 도입되어 경편니트편직물을 생산하기 시작했다. 이후 편성물 제조 기계 제작 기술은 발전을 거듭했고, 1970년대 들어서면서 니트 제품뿐만 아니라 기계도 해외로 수출하기 시작했다.

니트 산업은 1980년대에 우리나라 산업의 중요한 한 축으로 자리잡았다. 1986년 약 20억 달러 수출을 기록하여 우리나라 산업 전체 수출액의 5%를 차지할 정도로 비중이 커졌다. 1987년에는 세계적인 고품질 니트의 수출이 확대되면서 우리나라 섬유 산업의 중심으로 떠올랐다. 특히 환편직물(Circular Weft Knit Fabrics)과 파일편직물(Pile Weft Knit Fabrics)을 기술적으로 통합하여 고부가가치 다품종 소량 생산의 확대를 일궈냈다. 기존의 노하우에 새로운 기술이 접목되면서 기능과 성능 면에서 획기적인 성과를 이뤄냈던 것이다.

니트 산업은 특성상 다품종 소량 생산이 가능하고, 패션성이 뛰어나 지속적으로 성장하는 추세이다. 니트 산업은 원자재의 3분의 1을 해외에서 수입하고, 가공한 완제품의 3분의 2를 해외에 수출하는 해외 의존형, 수출 주도형 산업이다. 우리나라 섬유 산업 총 수출액의 30~40%를 차지하며, 고용창출 효과와 고부가가치 실현 가능성이 큰 산업으로 기술력을 바탕으로 성장하고 있다.

우리나라의 니트 산업은 1980년대의 급속한 성장 단계를 지나 이미 성숙 단계에 접어들었다. 선진국의 니트 산업은 임금의 상승, 설비 투자 감소 등으로 경쟁력을 상실하는 추세이며, 산업의 주도권은 개발도상국인 베트남, 중국, 중남미 쪽으로 이전되고 있는 것이 현실이다. 우리나라 기업들도 이들 나라로 생산시설을 이전하고 있지만, 기술력을 보유한 채 우리 기술을 기반으로 해외에 진출하고 있는 것이기 때문에 현재의 산업구조를 벗어나 새로운 변신을 꾀하는 것으로 볼 수 있다. 해외 기술 기반 마련과 더불어 산업구조 변신의 또 하나의 축은 고품질 기술력을 토대로 트렌드를 선도하는 방향이다.

고품질 기술력을 자랑하는 몇 가지 니트 제품부터 살펴보자. 1987년 개발을 시작하여 1997년 특허를 취득한 웅천텍스텍의 봉제완구용 '벨보아(Velboa)'는 세계적인 완구용 원단의 대명사로 불린다. 또 1997년 특허를 취득한 덕산엔터프라이즈의 '다이얼커팅식 보아환편기 환편 다이얼 파일루프 절단 보아기'도 있다. 2005년 쌍용기계공업에서 개발한 '환편기용 전자식 스트라이핑 구동장치'나 2008년 덕산엔터프라이즈에서 개발한 '3차원 경편 파일조직을 응용한 이형 양면파일 생산 시스템 기술'도 고품질의 기술력을 자랑하고 있다.

트렌드를 중시하는 양상은 캐주얼웨어에 대한 선호 경향, 스포츠 의류에 대한 내수 증가, 또한 해외 시장에서의 경쟁력 유지에 힘입어 견실한 증가 추세로 드러나고 있다.

추격자에서 선도자로!

삼성반도체통신/금성반도체/현대전자의
'4M D램 공동개발'

048
—
100

4M D램 공동개발

국내 최초 4M D램 시제품
출처: ETRI

흡사 다윗과 골리앗의 싸움 같은 형국이었다. 우리나라가 반도체 개발에 뛰어들어 1M D램 시제품을 개발하고 있던 1980년대 중반, 반도체 선진국인 미국과 일본은 이미 4M D램 시제품을 개발하고 있었다. 당시 세계 반도체 시장의 최선두에는 언제나 이들 두 나라가 있었다. 기술력과 자본, 시설 등 모든 것이 열악했던 우리에게 일본과 미국의 반도체 기술은 이길 수 없는 골리앗과 같았다. 거인을 쓰러뜨릴 다윗의 물맷돌 같은 우리만의 해법을 찾아야 했다. 모두의 힘과 기술을 집약해 뭉치는 것밖에 다른 길이 없었다. 기업들은 반도체 사업에 사활을 걸었고, 정부도 가능한 모든 지원을 약속했다.

1980년대 중반 삼성반도체통신이 64K D램과 256K D램을 성공적으로 개발하고 양산에 들어가자, 선진국 기업들은 삼성을 잠재적인 경쟁자로 인식하고 견제하기 시작했다. 미국은 반도체 회로 설계와 칩 제품을 법적으로 보호하기 위해 반도체 칩 보호법(Semiconductor Chip Protection Act of 1984)을 기존의 특허법이나 저작권법과는 다른 새로운 독립 형태로 1984년 11월에 최초로 제정하였다. 일본도 미국의 압력에 의해 1985년 5월에 반도체 칩 보호법을 제정하여 자국 기술 보호 강화에 나섰다. 더욱이 미국과 일본은 상호협력 관계를 유지하기 위해 1985년에 반도체에 한하여 상호 관세를 없앴으며, 미국은 일본 시장의 점유율을 높이기 위해 미·일 반도체 무역협정을 체결하였다.

첨단 제품에 대한 기술 이전을 기피한 것은 물론이었다. 특히 당시 선진국에서 개발 중이었던 4M D램은 부가가치가 높은 첨단 제품이라서 선진국으로부터 기술 이전이 더욱 어려웠다. 그동안 해외 기술을 도입해 성장하던 방식이 이제 한계에 봉착한 것이다. 더욱이 반도체의 집적도가 향상됨에 따라 막대한 개발비가 들어가는데 기업이 단독으로 이를 감당하기에는 위험 부담이 높았다. 이러한 배경에서 산업계는 자립 기술 확립의 필요성을 절실히 인식하고 정부에 공동개발 사업 프로젝트를 제의한다. 1986년 정부는 과학기술처, 체신부, 상공부 3개 부처가 뭉쳐 '4M D램 공동개발 전략'을 수립했다. 산업계도 반도체 주요 3사인 삼성반도체통신, 금성반도체, 현대전자를 구성원으로 하는 '한국반도체연구조합'을 결성했다. 한국전자기술연구소(현 ETRI)가 주관하고, 서울대 부설 반도체공동연구소가 함께 참여하는 초대형 산·학·연·관 프로젝트였다. 이처럼 반도체 공동개발 사업은 삼성의 64K와 256K D램의 개발, TI와의 소송을 계기로 기업의 요구를 정부가 적극적으로 수용함으로써 추진되었다.

당시 선진국에서는 4M D램의 자체설계 기술과 0.8μm 4M D램급의 생산기술이 개발된 상태였으나, 우리 기술 수준은 64K D램의 자체설계 기술과 1.2μm 256K D램급 양산 기술을 확보한 정도였고, 1M D램의 실험 시제품 개발이 이뤄진 수준이었다. 이와 같은 기술 수준을 고려하여 우리 반도체업계는 1980년대 말경에 상업화가 전망되는 4M D램을 공동개발하고, 이를 교두보로 16/64M D램 개발로 이어간다는 목표를 세웠다. 4M D램 사업은 1986년 10월부터 1989년 3월까지 약 3년간 진행되었으며, 각 연도별로 과제가 설정되었다. 1단계에서는 1.0μm 선폭의 1M D램급 반도체, 2단계에서는 1.0μm 선폭의 4M D램 반도체를 개발하고, 1단계와 2단계에서 습득한 설계기술, 공정기술, 조립기술 등 생산

기술과 관련 기반 기술을 바탕으로 마지막 3단계에서 0.8㎛ 선폭의 4M D램 반도체를 개발하는 단계별 과제였다. 결국 4M 사업의 목표는 계획대로 달성되어 시제품이 1988년 2월에 개발되었다. 1989년 2월에는 0.8㎛ 선폭의 4M D램의 양산 시제품이 개발됨으로써 당초의 목표가 달성되었다. 우리나라 연구 개발사에 있어 가장 큰 규모의 공동연구가 본격적으로 실행되어 결실을 맺는 순간이었다. 이를 통해 우리나라가 메모리 강국으로 부상하는 기틀을 마련할 수 있었다.

　삼성과 현대는 웨이퍼기판을 커패시터의 스토리지 플레이트(Storage Plate)로 사용하는 트렌치 셀을 개발했고, 금성은 스택 셀을 개발하였다. 1988년 2월 삼성전자의 4M D램 개발은 미국, 일본에 비해 6개월 정도밖에 뒤지지 않은 훌륭한 성과였다. 이로써 한국은 D램 반도체 분야에서 명실상부한 선진국 수준의 기술력을 확보함과 동시에 16/64M D램을 자력으로 개발할 수 있는 토대를 마련할 수 있었다. 삼성은 1988년 10월 4M D램 양산공장 건설에 착수하여 1989년 말에 공장을 준공하고 4M D램 양산을 시작했다. 이런 공동연구 기회를 통해 공동개발 수행체계, 기술관리 및 연구수행관리 방법론을 정립하였으며, 이어지는 대형 장기 프로젝트 수행에 크게 활용되었다.

내 집 마련의 꿈,
'신도시'라는 히트 상품

분당·일산 등 '신도시 건설'

049
—
100

신도시 건설

분당신도시 건설 현장
출처: 국가기록원

김 씨는 난생 처음 분양받은 아파트에 입주했던 때를 떠올리면 지금도 미소가 나온다. 숟가락과 이부자리만 들고 결혼해 10여 년을 온 가족이 한 방에서 지내며 월셋집과 전셋집을 전전하던 시절이었다. 서울 88올림픽이 끝나고 친구의 권유로 착실히 청약통장을 부었는데, 때마침 분당, 일산 등 수도권 1기 신도시의 아파트 청약 바람이 불었다. 경쟁이 얼마나 치열했는지 떨어지고 또 떨어졌지만 포기하지 않았다.

1989년 봄, 경기 성남시 공설운동장에 청약 신청자 2만여 명이 모였다. 공개 추첨을 통해 500명의 당첨자를 뽑는 자리, 40 대 1의 행운을 잡으려는 사람들의 열기로 현장은 터져 나갈 것 같았다. 투기를 단속하기 위해 국세청 조사요원들까지 투입됐지만 웃돈이 붙은 분양권이 즉석에서 거래될 정도였다.

마침내 김 씨는 분당의 방 3개짜리 아파트에 당첨되었다. 마치 국가고시에 합격이라도 한 것처럼 친척들의 축하 전화가 쇄도했다. 입주하던 날 김 씨는 지방에 계신 부모님과 형제들을 불러 집들이를 했다. 한마디로 집안의 경사였다. 서울 제1기 신도시는 그렇게 서민들의 내 집 마련의 꿈과 신분 상승, 부와 행운의 또 다른 이름으로 각인되었다.

1980년대 후반 서울은 주택 공급 부족과 경제 호황으로 인한 수요 증가가 맞물리면서 주택 가격이 폭등했다. 목동과 상계동, 올림픽선수촌 등 서울의 사업성 있는 개발 가능지는 소진되는 단계였고, 서울 주변은 그린벨트로 묶여 시가지 확장에 한계가 있었다. 게다가 올림픽 준비로 건설 자재와 인력이 집중되고, 분양가 상한제 도입으로 주택 사업자들이 사업을 보이콧하면서 공급 물량이 크게 감소했다.

1986년부터는 소위 '3저 현상(저달러·저유가·저금리)'으로 단군 이래 최대 호황기를 맞으면서 많은 자금이 부동산 시장으로 밀려들게 된다. 1987년에는 주택 가격 상승세가 정권을 위협할 정도였다. 선거 운동 때부터 3년 안에 주택 200만 호 공급을 주요 공약으로 내세웠던 노태우 정부는 신속한 택지 공급을 위해서 「택지개발촉진법」에 의한 전면 수용 개발을 하되, 수도권의 경우 서울에서 20킬로미터 내외 떨어진 지역에 신도시를 개발하기로 하였다. 토지 가격이 저렴하고 토지 소유권 분포가 단순하며 주민이 적은 곳을 선정하기 위한 것이었다. 정부는 우선 평촌, 산본, 중동 3개의 수도권 신도시를 발표했다. 그러나 정부의 발표에도 불구하고 쉽게 잡히지 않는 주택 가격과 경기 남부권역에만 신도시를 만들어 경기 북부권역 주민들이 차별을 받는다는 성난 민심이 들끓었다. 결국 정부는 1989년 4월, 서울의 남쪽과 북쪽에 각각 하나씩 대규모 신도시를 추가로 조성한다는 획기적인 주택공급 확대 정책을 발표하기에 이르는데, 그것이 우리나라 제1기 신도시인 일산과 분당이었다.

일산은 1990년 3월 '예술과 문화시설이 완비된 전원도시', '자급자족의 기능을 갖춘 수도권 서부의 중심도시', '남북통일의 전진기지'라는 슬로건을 내걸고 건설을 시작하여 1992년 12월에 준공되었다. 분당은 1989년 '수도권의 중심업무지구로 기능하는 자족적인 신도시', '쾌적한 교외 주거지'를 목표로 건설을 시작하여 1991년 9월에 준공되었다.

수도권 5개 신도시(분당, 일산, 평촌, 산본, 중동)와 지방 대도시의 대규모 아파트 공급으로 구성된 200만 호 건설 사업은 이때까지 쌓아온 주택건설제도의 생리를 활용한 '선분양 후건설' 방식으로 성공할 수 있었다. 공공 사업자는 택지를 독점적으로 개발하고, 이를 주택 건설사에 선공급하여 사업비를 신속하게 회수하였다. 주택 건설사는 주택을 선분양하여 택지대금을 마련하였으며, 주택 수요자는 입주 시점의 주택 가격 상승을 기대하여 은행에 대출을 받아 건설사에 분양대금을 제공했다. 이는 모두가 엄청난 이익을 얻는 구조가 되어 사업은 폭발적인 호응을 얻었다.

제1기 신도시의 건설로 주택 가격은 상당한 안정세를 보였다. 특히 텅 빈 대지 위에 새롭게 도시 건설을 시작하여 만든 일산과 분당 신도시 조성으로 1990년대 중반 이후 주택 가격은 안정기에 돌입할 수 있었다. 또 초기에 기반 시설 공급이 늦어져 비판이 많았던 분당은 1990년대 후반부터는 '천당 밑에 분당'이라는 말이 나올 정도로 좋은 평가를 받으며 신도시를 히트 상품 반열에 올려놓았다. 분당 신도시는 고속도로와 도시철도를 건설해 미개발지를 서울에 연결하는 한국 신도시 개발의 기본 모델이 되어 이후 한국토지공사의 신도시 사업들의 기준지표로 활용되고 있다.

모든 가정에 전화기를 허하라

1가구 1전화 보급을 이룩한 '전전자교환기'

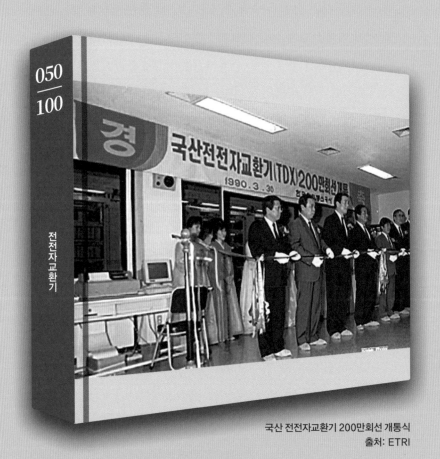

050
—
100

전전자교환기

국산 전전자교환기 200만회선 개통식
출처: ETRI

전화교환원이 수동으로 통화를 연결하는 전화 시스템을 '수동식 전화교환기(Semielectronic Telephone Exchange)'라고 한다. 60~70년대에는 두 종류의 수동식 전화교환기가 있었다. 자석식 전화교환기와 공전식 전화교환기이다. 전화기 핸들을 돌려 전기 신호를 교환기에 보내고 전화교환원을 통하여 연결하는 방식이 바로 자석식이다. 공전식은 자석식보다 편리해서 그냥 수화기를 들면 전화교환원이 나왔다. 전화교환원이 "어디로 연결해 드릴까요?" 물으면, "군산 이칠구 번이요"라고 말해야 군산 279번으로 전화를 연결해 주었다.

당시만 해도 전화기는 참 귀한 물건이었다. 편지나 전보로 소식을 주고받던 시대라 멀리 떨어진 친구나 가족과 실시간으로 이야기를 나눈다는 건 정말 신기한 일이었다. 그도 그럴 것이 60년대 전화 가입자는 전국적으로 8만여 명에 지나지 않을 정도로 보급률이 낮았기 때문이다. 어떤 동네에는 전화기가 한 대밖에 없어서 동네 사람들이 전화를 하려면 이장님 집에 찾아가야 했다.

1970년대 말이 되자 전화 수요가 급증했다. EMD, 스트로저 등 기계식 자동교환기를 도입하면서 국내 전화 수요에 대비했으나 턱없이 부족했다. 국내 통신망 확충을 위해 벨기에, 미국, 스웨덴 등으로부터 여러 종류의 외국 교환기를 도입하여 급격히 증가하는 전화 수요에 대처했다. 이렇게 폭발적으로 증가하는 통신 시장을 외국 기업에 내줄 수는 없었다. 다음 세대 교환기는 우리가 독자적 기술을 개발하여 통신망 기술을 자립하여야 한다는 공감대가 형성되었다.

1976년 2월 경제장관 간담회에서 시분할 전전자교환기를 국내에서 개발하기로 결정했다. 이로써 전전자교환기 국내 개발의 첫발을 내디디게 되었다. 1977년 한국통신기술연구소에서 기술 자립화 개발계획 수립을 위한 기초자료 조사를 실시한 이후 1978년에는 선진국 교환기 방식 기초 연구와 개발자료 조사 분석을 완료했다. 이를 토대로 1979년 96회선 규모의 1차 시험기를, 1980년 200회선 규모의 2차 시험기를, 1981년 500회선 규모의 3차 시험기를 개발했다. 3차 시험기 TDX-1X는 1982년 경기도 용인 송전우체국에 시스템을 설치하여 실제 가입자를 수용했고 현장 시험 운용에도 성공했다. 한국전자통신연구원(ETRI)은 TDX-1X의 성공적인 개발과 현장 시험을 바탕으로 1만 240회선의 양산기 TDX-1A를 개발했다. 이어 2만 2,528회선 규모의 중용량기 TDX-1B를 국내 4개 통신 제조업체와 공동으로 개발하여 국내에 대량으로 공급하는 쾌거를 이룩했다.

1990년에는 TDX-1A, TDX-1B 시스템이 각각 100만 회선, 200만 회선 규모로 공급되어 1가구 1전화 시대를 앞당기는 역할을 했다. 1992년 9월에는 TDX 시리즈 개발 7년 만에 500만 회선을 돌파했다. 이후 수입 기계식이나 반전자교환기는 모두 국산 TDX로 대체되어 연간 수천억 원대의 수입 대체 효과를 볼 수 있었다. 우리나라는 이로써 세계 10번째 전전자교환 기술 보유국이 되었고, 6번째 전전자교환기 수출국으로 부상했다.

이후 ETRI는 10만 회선 규모의 대용량 교환기 TDX-10을 개발하여 국내 통신시설을 효율적으로 확충했다. 또한 광대역 종합통신망(B-ISDN) 실현을 위한 TDX-ATM 교환기를 개발하여 초고속 정보통신망 구축에 결정적인 역할을 했다.

TDX가 국내 통신망에 대량으로 보급된 이후에는 수출로도 이어졌다. 1990년 필리핀과 베트남에 TDX-1B를 수출한 이래 동남아, 아프리카 및 동구권으로 수출이 확대되어 2000년까지 국산 전전자교환기 수출국이 60개국을 넘었다.

전전자교환기 TDX의 국내 개발은 통신기술 자립은 물론 국내 통신시설을 효율적으로 확충하는 데 기여하며 관련 산업 발전에 지대한 공로를 세웠다. 산업 현장에서 신속한 의사소통이 가능해져 물품 조달 공급과 생산 판매 원가를 절감시켜 수출입국의 원동력이 되었다. 또한 도농 간의 신속한 연결로 사회적 격차 해소의 계기가 되기도 했다. 국가적 자존심과 정보 주권을 지킬 수 있게 되었고, 외화 절감 및 고용 창출은 물론 수출로 인한 국력 신장 및 외화 획득에도 크게 기여했다.

전기통신사업자 측에서는 고급 기술인력 및 운용요원 확보와 양질의 정보통신 서비스 상품 판매, 운용 유지보수의 용이성, 가격 적정성 확보 및 비용 절감을 위한 대안 확보 등의 이익을 얻게 되었다. 또한 국제전기통신연합(ITU)이 우리나라를 통신 선진국으로 분류하는 데도 TDX가 크게 이바지했다.

세계를 향해 박동치는 자동차의 심장

현대자동차의 '알파엔진 개발'

051
100

알파엔진 개발

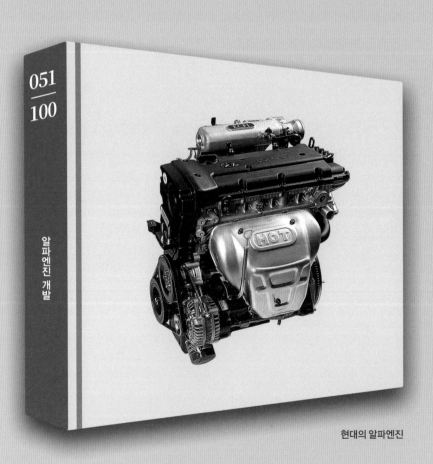

현대의 알파엔진

자동차는 그 어떤 기계보다 정교하고 신비롭다. 한 치의 어긋남 없이 맞물려 돌아가는 톱니바퀴처럼 각 요소가 자신이 맡은 역할을 빈틈없이 수행한다. 사람에게 심장이 있다면, 자동차에는 엔진이 있다. 심장 박동이 사람을 움직이고 살아가게 만든다면, 자동차 엔진은 자동차를 움직이게 하는 동력발생장치이다. 엔진 기술은 오랫동안 선진국만의 독점 기술이었다.

　자동차 산업을 국산화하면서 가장 어려운 기술적 관문이 바로 엔진과 변속기 설계 기술이었다. 모든 자동차 기업이 엔진 설계 기술을 확보하려 하지만 엄청난 기술적 도전을 감당해야 한다. 1960년대 시작된 한국 자동차 산업 역시 독자적인 엔진 설계 기술이 없어서 1990년까지 오랫동안 외국 업체에서 엔진 설계도면을 도입해 기술 로열티를 지불하며 생산하는 방식을 지속할 수밖에 없었다.

　1960년대 현대자동차는 미국 포드에서 설계한 엔진을 통째로 수입하거나 반조립 부품을 도입한 뒤 국내에서 조립 생산하였다. 1970년대 들어 고유 모델 포니를 개발할 때에도 일본 미쓰비시가 설계한 엔진 도면을 사와 국내에서 생산하였다. 현대자동차는 차를 생산할 때마다 한 대당 엔진 설계료로 7만 원, 변속기 설계료로 10만 원이라는 비싼 기술 사용료를 지급해야 했다. 1년에 수십만 대의 자동차를 생산하는 데 따르는 엔진 및 변속기 설계 기술료는 엄청난 액수였다. 뿐만 아니라 외국 자동차가 설계한 도면에 따라 만든 엔진을 장착한 차로 해외시장에서 경쟁해야 하는 것도 맥이 풀리는 일이었다. 현대자동차는 1980년대 초 전륜구동 자동차 엑셀을 생산하기 위해 미쓰비시 엔진을 도입하기로 계획했었지만, 이 같은 이유로 엔진 기술 독자 개발의 필요성을 절감하고 1983년에 자체 기술 개발로 계획을 수정하였다. 1984년 6월 영국 리카르도(Ricardo)와 기술 협력 계약을 체결하고, 엔진 및 변속기를 독자적으로 개발하기 위한 알파엔진 개발 프로젝트에 착수하였다. 약 7년의 노력 끝에 1991년 1월에 알파엔진과 자동변속기 개발에 성공하였다. 한국 자동차 산업 역사상 최초로 독자설계 엔진이 탄생한 순간이었다.

알파엔진은 현대자동차의 스쿠프에 처음 장착되었고 엑센트에 본격적으로 장착되었다. 1991년 개발된 알파엔진은 경쟁 상대인 일본 자동차 회사의 엔진보다 우수한 성능을 보였다. 알파엔진은 1,500cc급이며, 흡기밸브 2개, 배기밸브 1개로 구성된 4실린더 12밸브 시스템을 갖춘 SOHC 형식의 가솔린 엔진이다. 자연흡입식 엔진은 출력이 102마력, '터보차저(Turbo Charger)'가 부착된 엔진은 129마력으로 기존 1,500cc급 엔진 출력이 90마력 전후인 것에 비해 출력이 매우 높았다. 가스 배출도 저공해 기준을 만족시켜, 그 당시 가장 까다로운 미국 캘리포니아 주 환경기준에도 부합하였다. 자동변속기는 액셀을 과하게 밟아 속도가 높아지거나 엔진에 과부하가 걸리면 자동으로 변속해 최적화된 엔진의 분당회전수(RPM, Revolution Per Minute)를 유지하게 만들어 주었다. 현대자동차가 만든 자동변속기는 일체형으로 설계되어 알파엔진에 최적화했으며 전자제어 시스템을 적용해 최적의 변속 조작감을 실현하였다.

알파엔진과 변속기 독자설계 기술은 우리나라 자동차 산업, 더 나아가 전체 산업기술 발전 역사에서 획기적인 성과로 평가받았다. 현대자동차의 알파엔진 및 변속기는 IR52 장영실상의 제1회 수상 제품이 되었다. 알파엔진 개발에는 수많은 엔지니어들이 피나는 노력을 하였다. 그 대표적인 인물이 현대자동차 부회장을 역임한 이현순 부회장이다. 최초로 알파엔진을 개발해 실질적인 상용화에 이를 때까지 총 324개의 테스트 엔진을 만들고 또 부수었다. 이와 같은 무수한 시행착오를 거치며 도전한 결과 마침내 성공에 이를 수 있었다.

알파엔진 개발은 아직 산업 기반이 충분히 형성되어 있지 않은 상황임에도 불구하고, 독자 엔진 개발을 선언하고(도전적 목표 설정), 영국의 리카르도를 비롯한 국내외 전문가들과 연결하고(혁신 네트워크 형성), 1983년 개발 계획 수립부터 실용화까지 10년 동안 수없이 시행착오를 겪은 것(시행착오의 축적)이 성공 요인으로 평가된다.

현대자동차는 1991년 알파엔진 개발 이후에도 베타, 델타, 시그마, 오메가, 세타, 람다, 뮤, 감마엔진 등을 2006년까지 꾸준히 개발하였다. 특히 현대자동차는 1974년 포니용 엔진 설계도면을 팔았던 일본 미쓰비시와 크라이슬러에 현대가 개발한 중형차용 엔진인 세타엔진 기술을 2004년에 5,600만 달러에 수출하였다. 1974년에 엔진 설계 기술을 수입했던 현대자동차가 딱 30년 만에 엔진 기술을 수출한 것이었다. 기술경영학에서 통상 기술 수입자에서 기술 수출자로 발전하는 데 대략 30년이 걸린다는 통설을 정확히 실현한 사례였다.

크레오라 Q프로젝트의 비밀

효성이 이룬 세계화, 스판덱스 '크레오라'

052
100

스판덱스 크레오라

크레오라 제품
출처: 효성티앤씨

스판덱스(Spandex)는 일반 섬유와
는 비교가 되지 않을 정도로 부가가치가 높아 '섬유의 반도체'로 일컬어
지는 폴리우레탄 탄성섬유이다. 탄성 회복률이 우수하고 신축성이 탁월
해 속옷, 스타킹, 수영복 등 고신축성 스포츠 편직물 의류에 많이 쓰인
다. 그러나 단독으로 사용하면 피부와 접촉 시 촉감이 나빠 대부분 나일
론, 폴리에스터, 면 양모 등과 교직(편직)해 완성사가 표면에 나오지 않
도록 한다. 스판덱스는 독일의 오토 바이어(Otto Bayer)가 폴리우레탄
합성 기술에 근거해 개발하였다. 미국 듀폰은 1958년 화이버케이(Fiber
K)를 개발해 1962년 라이크라(Lycra)라는 제품으로 생산하고 있다.

우리나라에서 스판덱스가 생산된 것은 1970년대 초 남영나이론이 일
본과 미국에서 원사를 수입해 제품을 만든 것이 그 시초이다. 1979년 태
광산업이 일본으로부터 기술을 들여와 연 400톤 규모의 생산을 시작하
였고, 1990년 동국무역(현 티케이 케미칼)도 일본으로부터 기술을 도입
해 스판덱스 사업에 참여하였다. 같은 해 제일합섬은 미국으로부터 기술
을 들여왔고, 1999년 미국 듀폰사와 합작법인인 DSI를 설립하였다.

스판덱스가 우리나라 섬유 산업에서 중요한 이유는 독자 기술을 확
보한 세계 1위 제품이라는 점 때문이다. 1992년 동양나이론(현 효성)에
서 개발한 크레오라®(Creora)가 바로 그 제품이다. 크레오라는 외국 기
업에 로열티를 지불하지 않고 우리의 독자 기술로 만들어 낸 스판덱스로
국내 화학섬유 역사에 한 획을 그은 제품으로 인정받고 있다. 현재 크레
오라는 고탄성 스판덱스 시장에서 세계 1위의 자리를 차지하고 있다. 한

편 코오롱도 1997년 자체 기술로 개발에 성공해 생산을 시작했다.

스판덱스는 생산 공정이 까다로워 자체 기술로 만드는 것이 쉽지 않았다. 스판덱스 개발 당시 선진국에서 관련 기술을 팔지 않아 기술 자체가 베일에 싸여 있었고, 대내외 여건과 상황도 여의치 않아 자체 기술을 개발한다는 사실은 무모한 도전으로 여겨졌다. 하지만 동양나이론의 조석래 회장은 "자체 기술로 개발을 해야만 우리만의 노하우를 갖고 지속적인 성장과 발전이 가능하다"라는 신념으로 'Q 프로젝트'라 이름 붙인 스판덱스 개발 사업에 뛰어들었다. 안양 섬유연구소의 연구원들은 미국과 독일, 일본만이 보유하고 있던 스판덱스 제조 기술을 오직 세 명의 힘만으로 개발해내야 했다. 1991년 12월 안양 공장 내에 Q-1 프로젝트의 첫 스판덱스 공장 건설에 착수하였다. 하지만 시운전에 돌입하자마자 1차 중합기에 들어갈 용제(Solvent) 저장탱크 접합 부위에 설치한 고무 패킹이 녹으면서 용제 유출사고가 일어났다. 약 3년간 이와 같은 시행착오와 실패를 거듭한 끝에 1992년 세계에서 네 번째로 스판덱스 자체 개발에 성공하는 쾌거를 이룩하였다. 이후 개발팀은 양산체제를 구축하기 위한 연구를 이어갔다. 야간에 가동하는 중합기의 반응기가 막히면, 기계를 세우고 설비를 해체한 후 재조립하고 이를 다시 재가동하는 일을 거의 1년간 반복하였다. 이 과정에서 설비의 문제점을 하나하나 찾아내어 개선해 나갔다. 한번은 실타래에 잘 감기던 원사가 갑자기 끊어지는 결함이 생겼는데 문제의 원인을 찾지 못해 공장의 모든 설비를 해체해야만 했다. 이런 악순환을 거듭한 끝에 1994년 연산(年産) 1,800톤의 Q-3 프로젝트를 추진하여 중합 라인과 방사 설비 설치를 완료하고 1995년 2월부터 가동에 들어갔다. 여전히 성공을 논하기에는 시

기상조였다. 원사는 옷감을 짜는 재료일 뿐이므로 직조 공정을 무사히 통과해야만 성공 여부를 판가름할 수 있었다. 개발팀은 가까스로 1995년 7월 새로운 유량계를 갖춘 공장 건설에 돌입하여 2년 뒤인 1997년 3월에 연산 6,000톤의 Q-4 프로젝트를 완공할 수 있었다. 어려움이 닥칠 때마다 조석래 회장은 연구원들을 격려하고 독려하며 불안해하는 사내의 여론을 잠재웠다. "실패를 두려워했다면 시작하지도 않았을 사업이며, 난관을 극복하고 책임을 완수하는 것이 효성인의 자세"라는 격려에 연구원들은 힘을 얻었다.

효성이 스판덱스 사업에 성공할 수 있었던 가장 큰 열쇠는 독자 기술에 대한 경영진의 집념과 열정이었다. 실제로 프로젝트에 착수해 제품 안정화를 실현하기까지 일부에서 효성의 대표적인 기술 개발 실패사례로 꼽을 만큼 상상할 수 없는 갖가지 어려움을 겪어야만 했다. 스판덱스는 이 같은 역경을 이겨내고 효성의 미래를 이끌어 갈 성공 사업으로 자리매김할 수 있었다.

효성은 2001년 중국 저장성 쟈싱(Jiaxing)에 진출한 이래 2004년에는 광동성 주하이, 2008년에는 터키와 베트남, 2011년에는 브라질까지 진출하였다. 2012년에는 중국과 터키, 2013년과 2015년에는 베트남 공장을 증설하였고, 2017년에는 다시 중국 취저우에 공장을 신설하였다. 현재 연산 24만 톤의 생산능력을 보유한 세계 최대의 생산 메이커로 우뚝 섰으며, 세계 시장 점유율도 30%를 넘어서고 있다.

연·아연·동 제련을 일관 처리하는
친환경 제련소

고려아연의 '아연 제련'

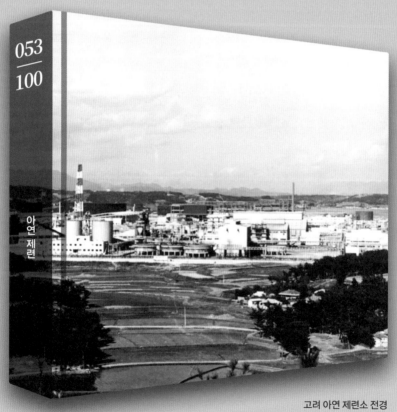

053
—
100

아연
제련

고려 아연 제련소 전경
출처: 국가기록원

축구를 좀 볼 줄 아는 사람들은 박지성 스타일을 선호한다. 크지 않은 체구에 화려한 기술을 지닌 것도 아닌데도 소리 없이 축구장을 지배하는 그의 장점은 최선을 다해 팀의 승리를 위한 움직임을 보인다는 것이다. 성실함으로 경기장 전체를 누비며 꼭 있어야 할 자리에는 어김없이 그가 나타난다. 감독의 작전에 대한 이해도가 높고, 공간 활용에 대한 감각이 있으며, 쉬지 않고 움직이며 다른 동료들의 부족한 부분을 채운다. 조연이지만 최선을 다해 작품을 살리는 신스틸러(Scene Stealer)처럼, 겉으로 드러나지는 않지만 팀을 하나로 끈끈하게 이어주는 이런 선수를 누가 싫어할까?

비철금속에도 박지성 같은 금속이 존재한다. 바로 아연이다. 아연은 은회색을 띠는 금속으로 주로 합금의 형태로 금속의 보호피막으로 사용되거나 철구조물 도금용 또는 다이캐스팅(Die-Casting)으로 사용된다. 중심금속의 성질을 강화하거나 보호하는 역할을 하면서 합금으로서 새로운 특성을 드러나게 한다. 말하자면 아연은 자기희생적인 금속이라고 부를 수 있다.

국내 아연 산업을 선도하는 고려아연에는 세계 최고라고 자부하는 몇 가지 기술이 있다. 고려아연은 QSL(Queuneau-Schumann-Lurgi) 기술과 TSL 기술을 개발해 자원의 효율적인 활용을 이뤘고, 환경 오염에 민감한 제련 산업의 한계를 극복하였다. QSL 기술은 다년간 심혈을 기울여 세계 최초로 상용화에 성공한 연 제련 공법이다. 종전의 2단계(산화-환원) 공정을 통합해 에너지를 절약하는 선진 기술이며,

기존 연 공정 대비 생산원가 절감과 환경 보전 및 유가금속 회수율을 극대화할 수 있는 핵심 기술이다.

고려아연에 의해 최초로 상용화된 TSL 기술은 연·아연 제련소에서 배출되는 잔사 및 슬래그를 처리할 뿐만 아니라, 타 산업에서 배출되는 폐기물까지 처리해 유가금속의 회수를 완벽하게 이뤄내고 있다. 여기에 최종 잔여물도 친환경적인 청정 슬래그로 만들어 시멘트 공장에 판매함으로써 환경 문제를 말끔히 해소해 세계 모든 제련소들의 공통적인 고민거리를 해결한 혁신적인 기술이다.

고려아연은 이밖에도 모든 아연 제련소들이 반드시 거쳐야 하는 배소 공정을 생략하고 원료를 직접 황산에 녹이는 아연정광 직접침출 공법을 상용화하였으며, 유가금속 회수율을 극대화할 수 있는 아연·연·동 제련 통합 공정을 건설했다.

또한 세계 광산들을 직접 돌면서 광산 프로젝트를 점검하고, 광산회사 경영진들을 직접 만나 설득하여 광석을 확보하는 등 직접 발로 뛰는 현장 경영을 통해 힘든 광석 시장을 개척했다. 부산물이 많이 함유된 광석은 탁월한 협상 수완을 발휘해 값싸게 들여왔다. 광산에는 판매가 힘든 광석을 판매할 수 있는 길을 열어 주었고, 값싸게 들여온 광석으로는 부산물까지 판매할 수 있어 양쪽 모두 '윈-윈(Win-Win)' 할 수 있었다. 이로써 수익성 개선과 원료 확보라는 두 마리 토끼를 한 번에 잡아냈다.

세계적인 자원 빈국인 우리나라의 경우 자원의 중요성이 더욱 커지고 있다. 고려아연은 안정적인 원료 확보를 위해 광산 회사와 신규광산 개발 프로젝트에 직·간접적인 투자를 하는 데도 전력을 다하고 있다. 고려아연은 끊임없는 기술 개발 노력으로 자체 기술을 활용해 산업용 및 자동차용 폐배터리, 폐PCB, 기타 슬래그 등을 적극적으로 수거해 원료로 사용하는가 하면 유가금속을 다시 회수함으로써 폐기물의 무분별한 처리를 막고 있다. 유가금속 손실을 해결함은 물론 자원 리사이클(Recycle)을 통해 자원 빈국의 한계를 극복하기 위해 최선의 노력을 다하고 있다.

세계 각지의 제련소들은 광석(정광)에서 금속을 회수하는 비율이 약 90%에 그치지만, 고려아연은 광석에서 모든 유가금속을 뽑아내어 100%에 가까운 회수율을 자랑하고 있다. 이 같은 원료를 효율적으로 사용하는 기술 덕에 원가 경쟁력도 확보하고 있다. 고려아연 등이 광석에서 회수하는 금속 수는 20종에 육박한다.

온산제련소가 1974년 아연 5만 톤 생산으로 시작해 현재 18종류의 비철금속제품을 생산하는 세계적인 제련소로 성장하게 된 배경에는 아연·연·동제련 통합공정을 통한 유기금속의 100% 회수, 세계 최초로 상용화에 성공한 연제련 공법, 비철제련 잔재처리 공법 같은 독보적인 기술이 존재하기 때문이다. 온산제련소는 아연을 생산하면서 원광에 포함된 연과 금, 동은 물론 카드뮴이나 인듐 같은 희귀 금속까지 함께 생산하고 있다. 또한 아연 제조 과정에서 생길 수 있는 환경 오염 문제를 줄이고 수익을 올리고 있다. 특히 최종 부산물까지 청정 슬래그로 만들어 친환경 산업용 골재로 활용, 세계 제련소들이 공통적으로 겪고 있는 문제를 풀었다. 온산제련소가 세계 최초로 단일 공장 내에 아연, 연, 동제련 설비를 동시에 갖춘 최고, 최대의 생산성 및 효율성을 가진 세계적 종합비철금속제련소로 평가받고 있는 이유다.

에너지 절약의 마중물

가전제품 '에너지 소비효율 등급표시제도 시행'

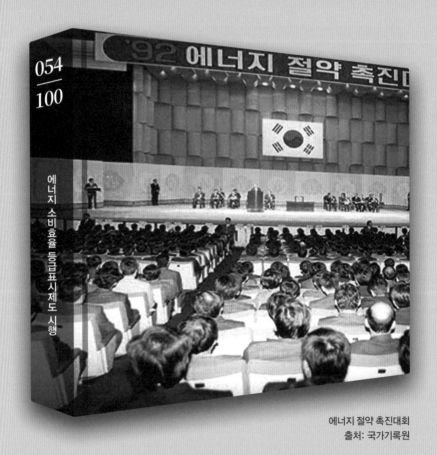

에너지 절약 촉진대회
출처: 국가기록원

1970~1980년대 수도가 깔리지 않
은 가정집에는 마당 한쪽 수돗가에 지하수를 연결한 무쇠펌프가 있었
다. 조금 여유 있게 사는 집은 수도가 들어오기 전까지 전동모터를 사용
해서 물을 퍼 올리기도 했다. 아이들은 힘들게 펌프질을 하지 않아도 물
이 콸콸 쏟아지는 모터펌프를 부러워했다. 환경 보호 측면에서는 사람
의 에너지를 쓰는 무쇠펌프가 좋았겠지만 편리와 효율 측면에서는 모터
펌프가 탁월했다. 에너지를 사용하는 데 효율이라는 말은 여러모로 유
용하다. 에너지 절약이라는 과제와 연결되어 기술 진보, 환경 보호, 국
제 협력 등과 닿아 있다. 열역학법칙에서 설명하는 것처럼 어떤 기기에
서 산출되는 에너지는 투입된 에너지보다 작을 수밖에 없다. 에너지 효
율이란 산출되는 에너지양을 투입된 에너지양에 가깝게 만든다는 뜻이
다. 실제로 전동모터에 전기를 주입하면 주입된 전기의 일부분만 모터를
돌리는 데 사용되고 나머지는 마찰과 발열 등으로 손실된다.

　일반적으로 모터라고 하면 삼상유도전동기를 뜻하는데, 교류를 사용
하는 전동기 중 현재 국내에서 송전되고 있는 교류전류를 그대로 사용해
도 되는 모터를 말한다. 이전에는 일반전동기 IE1을 사용했지만, 점차 에
너지 효율이 높은 고효율전동기 IE2로 대체되었다. 기술력이 발달함에 따
라 더 높은 효율의 전동기도 등장했는데, 프리미엄전동기 IE3과 슈퍼프리
미엄전동기 IE4도 사용되고 있다. 이는 철심과 권선의 최적 설계와 고급
자재를 사용해서 에너지 손실을 줄이는 기술이 적용되었기 때문인데, 표
준 대비 손실율을 20~30% 저감시켜 전력 소비량을 절약하고 있다.

삼상유도전동기는 국제규격인 IEC 60034-30-1:2014를 준용하고 있으며 2007년 5월부터 효율관리기자재로 관리되고 있다. 2019년부터는 모든 정격출력에 대해 최저소비효율기준을 IE3 기준으로 적용하고 있다.

우리나라의 에너지 효율화 정책은 에너지이용합리화법에 근거해 산업통상자원부에서 고시하고 제도 운영은 에너지관리공단이 수행하고 있다.

1992년 에너지 소비효율 등급표시제도 시행 이후, 1996년부터 고효율 에너지 기자재인증제도, 1999년부터 대기전력 저감 프로그램이 시행하였다. 이 세 가지 정책이 우리나라 에너지 효율을 관리하는 3대 프로그램이다.

이후 기기의 효율 향상에서 많은 성과가 있었다. 단일기기로 국가전력량의 40%를 차지하는 삼상유도전동기의 고효율전동기(IE2) 최저효율제를 시행했으며, 효율 등급기준 일원화를 통한 콘덴싱 가스보일러 보급을 늘렸다. 저효율 조명기기인 백열전구 퇴출 정책을 시행하면서 안정기 내장형램프, LED 램프 같은 고효율 조명기기 전환을 촉진했다. 대한민국에서 유통되는 모든 전자제품들에 대한 대기전력 1W 정책을 의무 시행으로 강화하였다. 현행 1등급 기준보다 30~50% 효율이 높은 에너지 프론티어 기준을 도입했으며, 냉장고나 에어컨 등 에너지 다소비 기기들의 신규품목 도입 등을 지속적으로 확대 추진하였다.

또한 소비자가 에너지 소비효율 등급 라벨의 내용을 쉽게 이해할 수 있도록 핵심지표와 디자인을 개선하였다. 변경된 라벨을 통해 소비자는 에너지 효율이 높은 제품을 구매할 경우 해당 제품의 사용기간 동안 얼마만큼의 비용 절감이 발생하는지 쉽게 확인할 수 있고, 온실가스 배출량을 확인하여 저탄소 친환경 제품을 선택할 수 있게 되었다.

국가 차원에서의 에너지 절약과 효율적 사용에 있어 기기와 설비 효율화는 어떤 정책보다 큰 효과를 지닌다. 안 쓰는 전등과 가전제품을 끄는 사후적 조치보다 아예 에너지 효율이 큰 제품을 보급하는 선제적 조치의 효용은 근원적 해결책에 속한다.

우리나라 기업이 생산한 냉장고와 냉방기기 등 에너지 다소비 가전이 세계 시장을 석권하고 있는 중요한 이유 중 하나로 에너지 소비효율 등급제도를 꼽기도 한다.

이런 에너지 효율화 방안은 국제적인 차원에서도 적극적으로 진행하고 있다. 국제에너지기구(IEA)에서는 2030년까지 IEA 신정책시나리오 수행을 통해 에너지 효율이 52% 향상할 것으로 전망하며, 온실가스 감축 측면에서 에너지 효율 향상이 가장 실질적이고 경제적인 수단이 될 것이라고 예측했다.

국민이 편해야 한다

국내 컴퓨터 산업 발전을 이끈
행정전산망용 주전산기 '타이컴 개발'과 '아래아한글 보급'

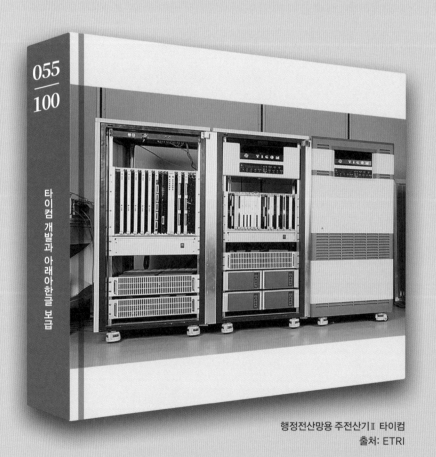

055
100

타이컴 개발과 아래아한글 보급

행정전산망용 주전산기Ⅱ 타이컴
출처: ETRI

무선 통신망의 확장과 모바일기기의
일상화로 컴퓨터와 데이터를 이해하는 패러다임이 바뀌었다. 일반적으로
패러다임의 변화는 시장에서 시작해서 학계를 거쳐 정부에서 마무리된
다. 정부의 대응은 항상 이미 패러다임이 변한 세상을 뒤따라가며 사후약
방문식으로 대처하는 게 고작일 뿐이다. 그래도 IT 분야만큼은 우리나라
정부의 대처 속도가 패러다임 변화와 보조를 잘 맞추고 있다.

민간에서 큰 수익이 발생하는 방향으로 기술이 진보하는 것은 시장
원리상 당연한 일이다. 그러나 정부 차원에서 보면 특별한 정책적 의지
를 가지지 않고서는 이런 변화를 따라잡기가 쉬운 일은 아니다. 그런 면
에서 정부가 진행했던 행정전산망 개혁 작업은 큰 박수를 받을 만한 성
과였다. 행정의 효율화라는 목표를 구체적으로 실천하는 것이, 게다가
대국민 서비스 개선이라는 비전을 설정한다는 것이 쉬운 일은 아니다.

1985년 체신부는 국가 기간전산망 사업을 추진하였다. 공공기관의
전산화를 구축하고 행정 효율을 높여 국민 편익을 증진시키는 것을 골
자로 한 '전산망 보급 확장과 이용 촉진에 관한 법률' 제정으로 본격적인
행정전산망 확립을 위한 길에 들어섰다.

정부는 세 가지 원칙을 세웠다. 첫째, 국가 기간전산망을 행정 전산
망, 금융 전산망, 교육연구 전산망, 국방 전산망으로 구분하여 추진한
다. 둘째, 공공 서비스의 개선에 중점을 두어 국민의 편익을 증진시킬 수
있는 업무를 우선적으로 추진한다. 셋째, 이 사업에 소요되는 비용을 국
내의 정보 산업 육성에 연계 활용하여 컴퓨터시스템을 국산화함으로써

국가 기간전산망을 자력으로 구축하고 운영할 수 있는 기술을 확보한다.

이런 기조 아래 일단 주전산기I의 국산화 개발을 진행했고, 1989년 부터는 고용 업무, 주민 업무, 자동차 업무, 통관 업무, 부동산 업무의 행정 전산화에 보급하였다.

주전산기I 개발에서 얻은 기술력을 토대로 주전산기II에 대한 연구에 돌입하여, 1991년 말 상품화에 이르렀다. 1993년 행정전산망 주전산기 인 타이컴(TICOM-2)에 의한 행정 전산화를 완성했다. 독자적인 설계 와 기술로 만든 중형컴퓨터 타이컴은 전자정부의 기틀을 마련하고 프로 젝트 수행에 따른 인재풀을 형성하는 시발점이 되었다. 컴퓨터연구조합 의 데이터에 의하면 국내 판매실적으로 1993년도 말까지 200대, 1994 년도까지 280대 규모가 판매되어 활용되었다.

이제까지 조립 생산이나 OEM방식 생산 위주로 돌아가던 컴퓨터 산업 에서 국내 최초로 중형 컴퓨터를 독자적으로 설계하고 개발과 시험을 가 능하게 하는 기술 향상을 이룩해 국내 컴퓨터 산업의 저변 확대에 기여한 점이 타이컴 개발의 의의라고 볼 수 있다. 또한 선진국들의 핵심기술 이전 회피와 기술 무기화에 대응하여 독자적인 관련 기술을 개발함으로써 보 호장벽에도 적극 대처하였으며, 나아가 개발한 기술을 기반으로 관련 상 품화 및 수출도 가능하게 되어 선진국과 대등한 수준에 이를 수 있었다.

정부에서 타이컴 개발로 컴퓨터의 중요성을 자각할 기회를 얻었다 면, 민간에서는 워드프로세서인 아래아한글의 개발로 토종 소프트웨어 의 가능성을 확인하는 기회를 얻었다.

우리나라 한글 워드프로세서의 역사에서 가장 먼저 나오는 이름은 박현철이다. 1982년 당시 서울북공업고등학교 2학년이었던 박현철은 한글 워드프로세서 버전 1.0을 발표했다. 우리나라 최초의 한글 워드 프로세서였다. 1985년 삼보컴퓨터에서 출시한 IBM PC용 프로그램인 '보석글'도 워드프로세서였다. 완전한 의미의 국산은 아니었지만, 한동 안 한글 워드프로세서를 대표하는 프로그램이었다.

1988년 서울대학교 기계공학과의 이찬진은 컴퓨터연구회에서 만난 김택진, 김형집, 우원식 등과 새로운 한글 워드프로세서 개발을 시작 했다. 1989년 3월 흔글버전 0.9에 시험 판매에 이어, WYSIWYG 편 집, 8가지 한글/로마자 비트맵 글꼴 지원, 180dpi 도트매트릭스(Dot Matrix) 프린터 지원 그리고 특수문자 입력 및 선 그리기 기능 등 4가 지 기능이 추가된 흔글1.0을 정식 출시하였다. 1990년 '한글과컴퓨터' 를 창립했고, 한자 1만자 수록, 한글 11만 172음절 적용 등의 기능을 보 강한 흔글2.0을 내놓았다. 이후 윈도우 환경에 맞게 제작된 흔글3.0b 판 을 개발하면서 문서 작업의 대명사로 인식되기 시작했다. 사용자 친화 적인 기능과 판매에 앞서 시험판(Beta Version)을 배포하는 전략으로 흔글은 시장을 빠르게 점유해 갔다. 흔글 1.52 판은 레이저 프린터 출력 기능을 탑재하여 단행본급 출력이 가능해져 시장에서 폭발적 반응을 일으켰다. 결국 흔글 제품은 계속 발전하여 한글 워드프로세서 시장을 80% 이상 점유하였다. 워드 시장의 80%를 점유하던 흔글은 MS워드의 기세에 고전했으나 윈도우즈용 버전을 개선시키고 경쟁하던 국산 워드 프로세서들을 흡수하며 이어졌다. 현재, 한글과컴퓨터는 아이폰과 아 이패드에서 한글 뷰어 앱을 무료로 제공하고 있다. 더 나아가 한컴오피 스 관련 제품군으로 워드프로세서뿐만 아니라 오피스 영역에서도 당당 하게 경쟁하고 있다.

정보가 흐르는 고속도로를 닦다

정보통신 강국을 앞당긴 '초고속 국가정보통신망 구축'

056
—
100

초고속 국가정보통신망 구축

1994년 4월 초고속 정보통신망 구축을 위한 기획단 현판 앞에서
출처: 전자신문

2016년 세계경제포럼(WEF)에서 처음 언급된 '4차 산업혁명'은 인공지능과 빅데이터, 기술의 융복합 등이 특징이며 그 핵심에는 정보가 있다. 정보의 소유와 관리, 그리고 유통과 처리 등에 대한 미세한 차이가 국가 간은 물론 개인 간에도 커다란 격차를 만들 것으로 보인다.

정보는 단순하게는 '보존이나 전파 가치가 있어 기록하고 저장하여 활용 가능한 특정한 것'으로 이해할 수 있다. '정보'의 의미를 확장해서 해석하면, '우리를 둘러싼 수치화할 수 있는 것'으로, 사실상 '세상의 모든 것'이라 볼 수 있다. 모든 정보는 빅데이터와 인공지능을 거치면서 그 의미를 획득한다. 설사 거짓 정보라고 하더라도 그 거짓 정보의 맥락까지 짚어 들어가기 때문에 거짓 정보가 갖는 의미도 해석된다.

4차 산업혁명에서 정보가 권력의 요소로서 의미를 지니기 위해서는 결국 속도의 차이가 중요하다. 얼마나 빠른 속도로 정보를 수집하고, 처리하고, 판단하여, 수행할 수 있는가가 중요해진다.

우리나라는 정보통신 강국이라는 목표를 내걸고 1994년 초고속 국가정보통신망을 구축했다. 이 정책은 우리나라가 미래 산업인 정보통신 분야에 있어 선두 그룹으로 약진하는 계기가 되었다. 국가정보통신망은 국토의 혈맥 고속도로와 같은 의미로 정보통신의 튼튼한 인프라로 작용했다. 개인이든 사업체든 기관이든 국가정보통신망과 연결하면 전 세계의 그 어떤 정보도 누구보다 빨리 접속할 수 있다.

1990년대 이후 정보통신기술의 획기적인 발달로 정보화의 진전이 이루어지면서 신산업이 창출되고 새로운 정보통신 이용 문화가 조성되는 등 과거와는 다른 새로운 변화의 움직임이 시작되었다. 미국, 일본, EU 등 선진국은 정보통신을 국가경쟁력의 핵심 요소로 인식하고 21세기 정보화 사회에서 세계 경제의 주도권을 확보하기 위해 정보통신망의 초고속, 광대역화를 위한 계획을 경쟁적으로 수립하고 추진하였다.

정부는 1994년 3월 '초고속통신망 구축을 위한 기본계획'을 수립하였고, 5월에는 초고속정보화추진위원회를 발족하였다. 8월에는 초고속정보통신망 구축기획단을 발족하면서 본격적으로 초고속통신망 구축을 위한 정책 마련에 나섰다. 1995년 3월, 마침내 '초고속통신망 구축 종합계획'을 확정 발표하면서 우리나라도 음성, 데이터, 영상 등 다양한 형태의 정보를 실시간으로 전송할 수 있는 '정보의 고속도로(Information Superhighway)'를 구축할 수 있게 되었다. 초고속 정보통신망 구축은 우리나라 정보통신 분야의 인프라 고도화와 전자정부 사업 등 정보화 정책 분야에서도 괄목할 만한 성과를 가져왔다.

정보화 정책의 성과를 측정할 수 있는 자료에는 인구 100명당 이동전화 가입자 수, 컴퓨터 대수, 이더넷 이용자 수, 초고속인터넷 이용자 수 등이 있다. 각각의 경우 1995년부터 2004년까지 10년 동안 연평균 40%, 18.9%, 62.7%, 110.3%씩 성장하는 결과를 보였다. 특히 인구 100명당 초고속인터넷 이용자의 경우, 이 통계가 발표되기 시작한 1998년 0.03명에서 2004년 24.8명으로 증가율이 8만%에 달할 정도로 폭발적인 증가세를 보였다.

이러한 성과는 전 세계 모든 나라들에 비해 압도적으로 우수한 수치로 국제적인 모범 케이스로 평가받고 있다. 반도체, 무선통신기기, 디스플레이 등 우리나라 정보통신 관련 제조업은 세계 시장에서 매우 큰 점유율을 차지하고 있는데, 이러한 경쟁력의 가장 큰 바탕에 초고속 정보통신망 구축이 있었다고 해도 과언이 아니다.

　나아가 우리나라는 정보통신 분야 서비스 산업에서도 괄목할 만한 발전을 이루었다. 인터넷 포털, 인터넷 마켓플레이스, SNS, 게임 등의 분야에서도 세계적인 경쟁력을 갖춘 뛰어난 기업들이 활동하고 있다. 이 모든 성과도 초고속 정보통신망 구축이라는 획기적인 정책이 없었다면 기대할 수 없었을 것이다.

WTO의 제재를 뚫고 이룬
산업기술 하부구조 혁신

지속가능한 성장을 위한
'산업기술 관련 인프라 조성 정책'

057
―
100

산업기술 관련 인프라 조성 정책

중소·중견기업 기술혁신센터

중소·중견기업 기술혁신센터
출처: 중소벤처기업부 블로그

1990년 구소련 붕괴 이후 최근까지 30여 년간 세계 경제는 자유무역 체제로 한몸처럼 움직이고 있다. 모든 나라가 무역을 통하여 연계되는 것이 이득이라는 자유무역 체제 덕분에 어느 나라든 세계 경제 체제에서 벗어나 독자적으로 존속하는 건 불가능한 시대가 되었다. 선진국들은 세계 경제를 일괄적으로 통제하는 것이 불가능하다는 점을 고려하여 지속가능한 성장을 유지할 수 있도록 합리적인 선에서 상호 경제권을 견제할 수 있도록 세계 경제 기구들을 만들었다. 주요 경제 기구에는 WTO, IMF, WB, OECD 등이 있고, 권역별 경제 협력체로 한국, 미국, 중국, 러시아 등 경제대국이 참여한 APEC 등을 들 수 있다.

변화하는 세계 경제의 흐름 속에서 우리나라 산업의 미래를 확고히 다지는 건 쉬운 일이 아니다. 정부는 이런 상황을 극복하고 미래의 전망을 확보하기 위해 산업기술 분야의 혁신을 꾀한다. '산업기술 관련 인프라(산업단지, 테크노파크, 인력 등) 조성 정책'은 이에 대한 정부의 의지를 적극적으로 보여주는 정책이었다.

기업들과 이들이 설립한 민간 기술연구소가 우리나라 산업기술 개발의 주 당사자가 되면서, 정부는 이를 직접적으로 지원하기보다 여건을 조성하는 방향으로 큰 그림을 그렸다. 산업과 기업 차원에서의 기술 개발이 원활하게 추진될 수 있는 여건(인프라, 하부구조)을 마련해 주는 것이 산업기술 개발의 효율성을 높이는 데 더욱 중요하다고 인식한 것이다. 한편으로 WTO 체제 출범과 기술 선진국들의 견제로 국가 주도로 핵심기술 개발사업을 추진하면 수입 제재를 당할 위험이 있었던 이유도 컸다. 많은 주력 기업들이 스스로 기술 개발 능력을 확보하기 시작하였기에 오히려 기술 개발을 활발히 추진할 수 있는 여건을 조성해 주는 것이 더욱 중요해졌기 때문이기도 하다. 대기업에 부품, 소재, 기계 등을 제공하는 중소, 중견기업의 중요성이 커지고 있음에도 이들의 자체적인 기술 개발 능력은 일천하였다. 그렇기에 중소, 중견기업의 부족한 점을 보완하면서 이들이 이용할 수 있는 기술 개발 인프라 조성 사업의 중요성이 더욱 커졌다.

이런 저간의 사정을 고려할 때, 산업기술 관련 인프라 조성 정책은 국내 산업의 지속가능한 성장을 위해서는 기본부터 차근차근 다져야 한다는 인식에서 만들어진, 가장 합리적이며 선도적인 정책이 아닐 수 없다.

산업기술 관련 인프라 조성 정책은 1994년 제정된 '공업 및 에너지 기술기반 조성에 관한 법률'에 의해 사업 추진 기반을 마련했다. 공업 기반 기술 개발 산업이 추진된 초기에는 민간 기업 기술연구소들의 역할이 미흡한 단계였으므로, 대학 및 공공기술연구소에서 주로 추진한 뒤 그 기술을 민간에 전파하였다. 1990년대 이후에는 민간 기술연구소 주도로 추진되는 기술 개발 사업이 주류로 자리잡을 수 있었다.

산업기술 인프라 조성 정책은 크게 두 가지 방향에서 진행되었다. 지역별 공동연구 시설 확충과 표준화 추진이었다. 1990년대 중반 이후 수도권과 지방의 균형발전이 강조되면서 지방에서부터 산업 및 산업기술 발전의 기반을 마련했다. 각 지방에 조성한 테크노파크 및 기술혁신센터는 지방의 중견 및 중소기업들에 필요한 산업기술 인력을 양성했다. 또한 기술 개발 관련 정보를 교환하는 허브 역할을 담당하였고, 공동기술 개발 시설을 제공하여 기술 개발에 필요한 R&D 기반으로써 큰 역할을 담당했다.

지역 공동연구 시설은 지역혁신정책의 핵심 과제로 수도권에 편중된 산업구조를 해소하고 미래지향적인 산업기술 집적과 지역 경제 활성화의 구심점 역할을 담당하고 있다. 이 구심점은 그 지역 내의 기관/기업/연구 연결망을 정교화하는 지역혁신체계(Regional Innovation System)의 활성화로 구체화되었다. 이 시스템을 통하여 지역 산업경제 활동을 촉진시키고 지역의 소득 증가로 이어지도록 하는 지역혁신정책의 목적이 실현된다. 지역혁신체계는 연결망의 각 단위에 해당하는 기관과 단체의 활동을 집적할 수 있는 클러스터(Cluster) 형성을 얼마나 효율적이며 체계적으로 디자인했느냐에 따라 성패가 좌우된다. 우수한 클러스터를 형성하기 위해 혁신 지향적인 우량 기업의 유치와 미래의 가치를 실현할 수 있는 역내 창업의 촉진을 도모하고, 각 단위의 역량 강화를 위해 네트워크 활성화를 꾀하고 있다.

네트워크 활성화는 분야별 포럼이나 포커스 그룹의 활성화, 지식 창출과 활용 시스템 간의 연계 강화, 외부와의 연계 강화 등을 추구하는 것이다. 이를 실현하기 위한 구체적인 방안으로 정보통신 인프라, 산업단지 구축, 쾌적한 정주 기반 등 '물적 인프라'를 구축하며, 협력기구와 실행그룹 및 정책연구 협력 시스템 등 '공적 거버넌스 시스템'을 마련하며, 기업 혁신의지를 제고하고 혁신 친화적 시민의식을 함양하는 '문화 제도 및 사회자본' 확충을 수행한다.

군용 항공기
수입국에서 수출국으로!

국내 최초 독자 개발 항공기 ADD의 'KT-1 웅비'

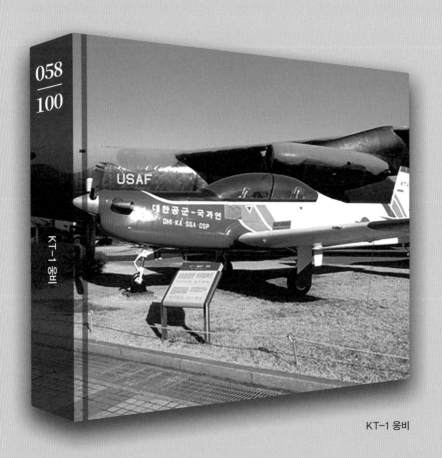

058
—
100

KT-1 웅비

KT-1 웅비

우리나라는 한국전쟁 이후 미군이 제공하거나 면허 생산한 훈련기와 전투기를 군용으로 보유하고 있었다. 1980년대 초 F-5E/F 면허 생산과 1980년대 후반 KF-16 기술 도입 생산을 추진하면서 군용 항공기 생산과 개발을 통해 미래 첨단 산업을 이끌 항공 산업 육성의 필요성이 대두되었다.

1980년대 중반 국방과학연구소(ADD, Agency for Defense Development)에서는 군의 항공 전력 국산화와 항공 산업 육성을 위해 단계적인 항공기 국내 개발 계획을 구상하였다. 각고의 노력을 기울인 끝에 국산화에 성공한 첫 작품이 바로 'KT-1 웅비(雄飛)'이다. 국방과학연구소가 1988년부터 추진했던 기본훈련기 KTX-1(후에 KT-1으로 제식화) 개발 사업은 빈손에서 설계를 시작한 지 만 3년만인 1991년 12월 12일에 역사적인 초도 비행에 성공하면서 우리도 비행기를 만들 수 있다는 자신감을 얻을 수 있었다. 1992년 말부터는 공군의 운용 요구조건(ROC)을 기반으로 선행 개발에 돌입하였고, 550마력급 엔진과 3엽 프로펠러 대신, 900마력급 PT-6A-62 엔진과 4엽의 프로펠러를 가진 시제 3, 4호기를 재설계하여 제작하였다. 시제 3호기는 1995년 8월 출고된 후에 11월 28일 계룡대에서 김영삼 대통령이 '웅비(雄飛)'로 명명하였다.

KT-1 웅비는 스핀 회복 능력과 기동 성능이 동급 세계 최고 수준이었다. 1996년부터는 실용 개발에 착수하여 5호기를 만들었고 3대의 항공기를 이용하여 1,500회에 이르는 시험 비행을 수행하였다. 1999년 2

월 공군의 사용가(使用可) 판정을 얻어 KT-1으로 제식화되었다. 이를 통해 우리나라 항공 산업은 기술 체화 단계에 진입하였다.

국방과학연구소 주도로 진행된 이 사업은 한국항공우주산업(KAI, Korea Aerospace Industries, 과거 대우중공업)이 양산을 맡아 약 100여 대를 생산하였으며, 공군의 T-41 초등훈련기와 T-37 중등 훈련기 및 O-1/O-2 경공격기를 모두 대체하였다. T-37의 대체 효과는 낡은 항공기를 교체하는 의미뿐만 아니라 연료비 절감과 비행장 주변 소음 민원의 감소를 달성하는 부수적인 효과도 있었다.

KTX-1 개발 전략은 항공기 개발 후발국으로서 전투기 개발에 앞서 기본훈련기는 국내에서 독자 개발하고, 고등훈련기는 KFP 사업의 절충 교역을 통해 기술을 축적한 뒤 독자 개발한다는 투 트랙 전략에 기반하고 있다. 이에 따라 KT-1의 국내 개발과 병행하여, 기술 전수를 통한 고등훈련기(T-50)의 개발도 추진하였다.

이러한 항공기 또는 핵심 부품의 '해외 도입(Buy)'이냐 '국내 개발(Make)'이냐의 논란은 국내 개발에 소요되는 막대한 비용과 기술적 위험성 때문에 리스크를 지지 않으려는 의식에 근거한다. 우리나라는 1970년대 이후 10년 주기로 막대한 비용을 들여 F-5, F-4, F-16, F-15, F-35 등 첨단 전투기를 도입하는 사업을 추진했다. 이러한 대규모 해외 도입 사업의 절충 교역으로 항공 산업을 발전시키려는 정책을 추진하면서 항공 산업체의 생산 능력과 설계 능력은 꾸준히 향상되었다.

1990년대에는 첨단 산업 육성의 일환으로 민수용 항공기 개발 노력도 있었다. 민수용 경비행기 '창공-91' 개발을 추진했으며, 차세대 성장 동력 산업으로 항공 산업이 고려되면서, 중형 민항기의 개발도 추진했으나 불행하게도 모두 생산에 이르지는 못하였다.

KT-1 개발과 생산을 통해 항공 산업 능력은 신장되었으며, 이를 기반으로 최근 20년 동안 각종 무인항공기와 한국형 헬기 '수리온'의 독자 개발 생산이 이루어졌고, 우리나라 환경에 맞는 한국형 전투기 KFX(보라매)의 개발과 한국형 경전투헬기/민수헬기(LAH/LCH) 개발도 추진할 수 있었다.

KT-1은 2000년 웅비 생산 착수 직후 인도네시아에 수출하여 우리나라가 항공기 수입국에서 벗어나 수출국으로 발전하는 계기를 만들었다. KT-1은 현재 인도네시아, 터키, 페루, 세네갈 등에 80여 대를 수출하여 운용 중이다. 세계 최초의 초음속 고등훈련기 T-50의 수출도 함께 이루어져 명실상부 항공 산업국으로 발전하고 있다. KT-1은 2015년 '광복 70년 과학기술 대표성과 70선'에 선정되어 그 개발의 의의를 국가적으로 인정받았다.

세계를 선도하는 석유화학 기술들

석유화학 기업들의
'촉매 및 공정 개발 성과와 기술/사업 수출'

059
/
100

촉매 및 공정 개발 성과와 기술/사업 수출

SK 대덕기술원 준공식 (1995. 5. 25)

2016년 4월 5일. 애경유화 이종기 대표는 러시아 최대의 에너지 및 석유화학, 플라스틱 관련 글로벌 기업인 시부르(SIBUR) 그룹의 총괄 책임자 콘스탄틴 유고브 사장과 1,000만 달러 규모의 친환경 가소제 신기술 수출 계약서에 서명했다. 환경 규제 강화로 친환경 가소제 시장이 지속 성장하는 가운데, 우리 제품의 러시아 수출이 이뤄진 것은 세계 기술을 선도하는 우리 석유화학 산업의 독보적인 위상을 확인할 수 있는 장면이었다. 한국의 석유화학 산업기술은 기초유분, 중간원료, 합섬원료, 합성수지, 합성고무와 기타 제품 제조 기술 등 각 분야 모두 세계 최고 수준의 기술력을 보유하고 있으며 세계 각국에 수출하고 있다.

기초유분 제조 기술은 지속적인 디보틀네킹(Debottlenecking, 병목 현상을 해소함으로써 전체 공정의 생산성을 극대화하는 방법), 에너지 효율화, 공장 운전과 유지·보수 최적화, 비상 정지 없는 연속운전과 무사고 운전에 의한 공장 안정화, 체화된 기술을 바탕으로 한 증설과 설비 대형화에 있어 세계 최고 수준의 경쟁력을 보유하고 있다. 한국 기업들은 해외 공장에 기술진을 파견하여 공장 운전 기술을 전수하는 한편 지속적인 자체기술 개발도 수행하고 있다. 효성의 PDH(Propane Dehydrogenation) 촉매 개발과 SK종합화학의 방향족 제품 제조용 촉매와 공정 개발 등은 상업화에 성공한 대표적인 사례이다. SK가 자체 개발한 ATA 촉매는 기술 장벽을 허물고 기초유분용 촉매를 독자적으로 상용화했다는 데 큰 의의가 있다. SK는 2002년 4월 세계직인 촉매 제조회사 지오리스트(Zeolyst)와 매출액 일부를 로열티로 받는 기술 판매 사업 계약을 체결하였으며, 이후에 ATA 촉매는 해외 7개국에 약 900톤을 판매했다. 이는 로열티 수익은 물론, 석유화학 공정과 촉매 분야 기술을 수출한 국내 최초 사례로 세계 석유화학 산업계가 SK의 기술력을 높이 평가하고 인정한 경우라 할 수 있다.

합섬원료 제조 기술 분야에서 삼남석유화학은 자체 개발한 '저온산화 반응에 의한 테레프탈산(TPA, Terephthalic Acid) 제조 기술'을 기술 도입 기업인 미쓰비시에 역수출하는 쾌거를 이루었다. 2013년 7월 삼남석유화학은 미쓰비시와 폴란드의 연산 60만 톤 공장의 디보틀넥킹 개조 공사에 이 기술을 적용하는 계약을 체결함으로써 미쓰비시 계열사뿐만 아니라 다른 TPA 공정에도 적용되는 사례를 만들었다.

한국의 합성수지 제조 기술은 다양한 제품과 특화제품 생산으로 해외 시장에서 경쟁력을 인정받고 있다. 범용 및 메탈로센 폴리올레핀과 ABS는 자체 촉매와 공정 개발, 촉매와 공정기술 수출 등에서 기술 선도화 단계에 이르렀다. 합성고무 제조 기술 또한 자체 공정 기술과 특화 제품 개발 등으로 기술 선도화 단계에 올랐다. SK종합화학은 자체 개발 촉매, 공장 설계 및 운전 조건 재설정 등으로 2014년 1월 연산 23만 톤의 메탈로센 폴리올레핀 넥슬렌 공장을 건설하였다. 2015년에는 세계 2위 화학그룹인 사우디아라비아 기초산업공사(SABIC)와 합작법인 SABIC SK Nexlene Company를 설립하여 고성능 메탈로센 폴리올레핀을 전 세계 58개국에 판매 중이다. 독자 개발을 통한 원천기술 확보로 소수의 글로벌 메이저로부터 기술 예속에서 벗어나 해외 기술 수출의 기반을 구축하였다는 점에서 그 의의가 크다. ABS 분야에서도 중국 및 이란 등에 기술을 수출하면서 글로벌 비즈니스 영역을 개척하고 있다. LG화학은 1998년 중국 투자회사 용싱(Yongxing)과의 합작법인에 기술을 수출하며 연산 5만 톤 규모의 공장을 닝보에 건설하였고, 이후 76만 톤 규모로 증설하였다. 2014년에는 중국 해양석유총공사 합작회사를 통해 중국 혜주에 연산 15만 톤 규모의 기술을 수출하였고, 2017년 추가 15만 톤 증설을 진행하였다. 금호케미컬은 1993년 중국 석유화학총공사와 연산 5만 톤 규모의 ABS 기술 수출 계약을 체결하였고, 1999년 이란 GBPC에 연산 3만 5,000톤 규모의 기술을 수출하였다. 제일모직은 2012년 중국 길림석유화학에 연산 20만 톤 규모의 ABS 공장을 설립하여 생산 기술을 수출하였다. 애경유화는 30여 년간 축적한 가소제 제조 공정 기술 및 노하우를 바탕으로, 연산 13만 톤의 DOP 연속 프로세스를 자체 기술로 건설하였다. 2008년 독자적으로 자체 개발한 친환경 가소제 제조 기술은 세계 최초로 연속식 설비를 적용해 프탈산계 가소제와 섞여 들어가는 문제를 해결한 친환경 기술이다.

우리나라 화공 엔지니어들은 도입한 기술 내용을 단기간에 파악하고, 세계적인 규모의 석유화학 공장을 빠르게 완공했다. 스타트업을 끝내자마자 정상 가동 단계에 진입하여 높은 효율로 공장을 가동했으며, 디보틀네킹으로 생산량을 늘리고 공정 개선을 통해 원단위 개선과 유틸리티 최적화를 이루었다. 이를 바탕으로 특정 화학제품을 제조하는 공정기술 개발을 견인하면서 공장 건설 및 운전 유지·보수(O&M) 기술을 세계적인 수준으로 올려놓았다.

인바디 시대를 열다

세계 최초 체성분 분석기, 바이오스페이스의 '인바디'

060
—
100

인바디

바이오스페이스의 인바디(InBody) 2.0 첫 제품
출처 : ㈜인바디

나이와 키를 입력하고, 신발을 벗고 맨발로 올라가 손잡이를 양손으로 잡고 선다. 체내 수분, 단백질, 지방, 근육부터 신체 부위별 구성까지 온 몸의 정보를 두 눈으로 확인하는 데 채 2분도 걸리지 않는다. 체성분 분석기의 대명사가 되어버린 '인바디' 이야기다. 저울에 줄넘기 손잡이가 달린 것 같은 이 기계가 어떻게 내 몸의 근육과 지방을 측정하는 것일까? 인바디의 원리는 생각보다 간단하다. 인체에 전류를 흘려 전류가 잘 통하는 근육과 전류가 잘 통하지 않는 지방의 양을 측정하는 방식으로 체성분을 분석한다. 즉 수분이 많은 근육은 전류가 잘 통하고, 반면 지방은 전류가 잘 통하지 않는 원리를 활용한 것이다.

인바디는 혜성처럼 나타나 체성분 분석기 시장을 개척했고, 세계 여러 나라로 뻗어나가며 시장을 평정했다. 지금도 미국의 최고급 피트니스 체인 라이프타임 피트니스(Lifetime Fitness)를 비롯해 존스 홉킨스 병원(Johns Hopkins Hospital), 미군 의료시설, 미 NBA 농구단 등에서 인바디를 사용하고 있다. 일본의 동경대학교를 비롯한 대부분의 대형 병원, 거대 피트니스 체인 등 전 세계 70여 개국에 진출하여 대한민국 의료기기의 우수성을 대표하고 있다.

우리나라는 1980년대 후반부터 본격적으로 MRI 등 의료기기 제품이 국산화되기 시작했다. 여전히 국산 의료기기에 대한 선호도는 그리 높지 않았지만 상대적으로 첨단 의료기기 부문에서 우리 의료기기의 위상을 점차 높어가는 시기였다. 마침 대일 무역적자가 급속도로 증가하자 이를 시정하기 위해 일본 제품 수입을 일부 제한하는 수입다변화 정책을 시행했는데, 여기에 일본의 초음파 영상진단장치 등 몇몇 의료기기 품목이 포함되면서 수입 위주의 의료기기 시장에 동종 품목을 생산하는 ㈜메디슨 등 국내 업체가 시장을 장악할 수 있는 좋은 기회가 열렸다.

1996년 9월 생산기술연구원의 은탁 박사팀은 의료기업체인 바이오스페이스와 공동으로 4억 원을 들여 2년간에 걸친 연구 끝에 체성분 분석기 인바디 2.0 개발에 성공했다. 이 제품은 전류를 인체에 흘려 몸에서 반응하는 저항값으로 몸의 성분을 분석하는 장치이다. 2분 만에 몸속의 단백질과 무기질(뼈), 체지방세포, 내·외액량을 분석한다. 근육량과 체지방량에 따른 체지방률을 분석하고, 신체 부위별로 체수분을 알 수 있다. 전문가용 체성분 분석기 시장 자체가 존재하지 않았던 시기에 세계 최초로 개발된 체내 수분 체지방 측정기기였다. 그간 국내 병원에서 사용하던 외국산 인체 분석기가 부분적인 측정만 가능하고 정밀도가 떨어졌던 것과 비교하면 획기적인 기술로 평가되었다. 이전 기기가 단주파수 임피던스 기술(BIA)을 활용해 몸의 체지방을 측정하는 데에 그쳐 주로 비만 진단에만 응용했다면, 바이오스페이스가 개발한 인바디 2.0은 5~500㎑의 광대역에서 인체의 임피던스를 측정하는 다주파수(MFBIA) 기술과 신체 부위별로 측정하는 SBIA 기술을 사용함으로써 성인병 치료, 물리 재활 치료, 영양관리 등 의료·진단 부분에서 널리 활용할 수 있게 되었다.

바이오스페이스가 개발한 방식은 8점 터치식 전극법으로, 몸의 8개 부위에서 측정하는 방식이다. 기존 방식은 양발 뒤꿈치와 앞부분을 구분해 4개 부위에서 측정했지만 인바디는 양손을 활용해 측정 부위를 8

개 부위로 넓혔다. 이 때문에 근육과 수분 수치가 왼쪽이 많을 때는 왼손잡이이며, 해당 부위를 많이 사용한다는 사실을 즉시 확인할 수 있다. 이 기술은 한국은 물론 미국과 유럽의 여러 국가에서 특허를 획득했다. 또 기존 기능 외에도 근육의 사지분포도(부위별 근육 발달 사항), 체수분의 이상 유무(부종 검사) 및 복부비만 측정 기능 등 새로운 기능을 첨가했다. 이 같은 체성분 분석에 따라 영양결핍, 골다공증, 비만부종 등을 즉시 점검해 임상 처방 및 운동 처방 후 이를 확인할 수 있는 길이 열렸다.

인바디는 국내 의료공학 분야에서 새 지평을 연 첨단기술로 평가받으며, 1998년 IR52 장영실상 제21주 수상 제품으로 선정되었다. IR52 장영실상은 기업에서 개발한 우수 신기술 제품을 선정하고, 신제품 개발에 공헌한 연구 개발자에게 연 52회 시상하는 국내 최고의 산업기술상이다. 이 제품의 개발 의의는 여러 분야의 의료기술을 통합해 간단히 사용할 수 있는 제품으로 만들었다는 데 있다. 인바디는 양의학, 한의학, 영양학, 체육학 등을 아우르며 병원, 피트니스 센터, 스포츠 구단 등에서 건강 검진 및 관리 용도로 널리 사용되고 있다.

언제 어디서나 누구에게나 통화하라

세계 최초 상용화에 성공한 'CDMA 이동통신 시스템'

CDMA 상용서비스 개통 기념식
출처: ETRI

우리나라 휴대폰 기술이 세계를 석권하고, 21세기 대한민국의 경제를 이끌 효자 산업으로 성장할 것이라 예측한 사람은 거의 없었다. 그 시발점은 차세대 이동통신 기술로 인정받은 CDMA(Code Division Multiple Access, 코드분할다중접속) 기술 개발이었다.

1988년 서울 올림픽을 계기로 사회 전반에 걸친 기반 시설의 현대화가 이뤄지면서, 휴대전화기 보급이 비약적으로 증가하였다. 기존 아날로그 시스템 이동전화에 대한 불만이 높아지며 새로운 이동통신 사업의 필요성도 대두되었다. 이에 1989년 한국전자통신연구원(ETRI)에서는 1980년대 TDX 전전자교환기 개발 경험을 토대로 디지털 이동통신 시스템 개발 사업에 착수하였다. 당시 세계 주요 통신업체들은 모두 사활을 걸고 디지털 이동통신 시장 선점을 위한 개발 경쟁을 소리 없이 펼치고 있었다. 선진국의 주요 통신업체들은 유럽의 GSM 방식과 미국과 일본의 TDMA 방식을 기본으로 연구를 진행하는 상황이었다. ETRI도 당시 주류였던 TDMA 방식의 개발을 준비하면서 새롭게 제안된 미국 퀄컴(Qualcomm)의 CDMA 방식에 대해서도 조사하고 있었다. 이동통신 개발 경험이 전혀 없었던 우리로써는 선진업체와의 기술 협력이 어느 정도 필요하였다. 그러나 TDMA 방식을 개발하던 선진업체들은 우리와의 기술 협력보다는 시장 확보에만 관심을 보였다. 그런 상황에서 CDMA 기술 확산에 필요한 동반자를 찾고 있던 신생 벤처 퀄컴은 우리와 상호보완적인 관계를 맺기에 적합한 업체였다. CDMA 방식은 가입자 수용 용량이 높다는 기술적인 이점이 컸지만, 기술의 복잡도가 높고 아직 상용화가 검증되지 않았기에 매우 모험적인 시도였다. 결국 ETRI 는 1991년 퀄컴과 손을 잡고 CDMA 방식 공동 개발에 본격적으로 뛰어들었다. 퀄컴의 무선접속 기술을 응용하여 CDMA기지국과 단말기를 개발하고, 시스템은 우리의 TDX 개발 기술 경험을 활용해 이동교환기, 위치 등록기 등을 자체 개발하는 공동개발 사업이었다. 한편 국내 제조업체가 조기에 참여하는 공동개발을 통해 상용화가 이루어져야 한다고 판단한 정부는 시스템과 이동단말기 공동개발 업체로 삼성전자, LG정보통신, 현대전자, 중소기업 맥슨전자를 이 사업에 참여시켰다.

1993년 6월 정부는 디지털 방식 표준으로 CDMA 방식을 채택했음을 세계 최초로 공표하였다. ETRI가 추진한 CMS(CDMA Mobile System) 시스템의 시제품이 완성되어, 1994년 4월 시험 통화에 성공하였다. 1994년에는 제2이동통신사업자로 선정된 신세기이동통신에서 KMT(한국이동통신)와의 경쟁을 위해 아날로그 방식이나 TDMA 방식으로 서비스를 우선 시작할 수 있게 해달라고 강하게 요구하였다. 그러나 정부는 CDMA 방식이 아니면 사업권을 반납하라고 답변하며 CDMA 상용화에 박차를 가했다. 1996년 1월 SK 텔레콤(구 KMT)이 서울과 인천 지역에서 CDMA 서비스를 개시하였다. 4월에는 공식적인 CDMA 상용 서비스 개통식이 대전의 ETRI에서 열렸고, 신세기이동통신(후에 SK 텔레콤이 인수)은 서울과 대전 지역에서 서비스를 개시하였다. 국가 단위에서 CDMA 상용 서비스를 시작한 세계 최초의 사건이었다.

CDMA 방식은 여러모로 기존 TDMA 방식보다 우수했다. 가입자도 10~15배 정도의 용량이라 주파수 배분에 어려움이 있는 기지국 치국

계획이 상대적으로 수월해졌다. GPS를 사용하여 시스템 각 부분간의 동기를 잡아주는 간편함과 인터넷 등 데이터서비스를 수용하기에 적절한 기능을 갖추었다는 점도 특징이었다. 사용자 입장에서는 통화 품질이 좋아졌고, 배터리를 오래 쓸 수 있으며, 건물 내에서도 통화가 가능하다는 점 등 유용성이 크게 향상된 방식이었다.

아무도 예상치 못했던 세계 최초 CDMA 상용화의 성공으로 우리나라는 세계 유수의 통신업체들과의 경쟁에서 이동통신 산업의 선두 주자로 나설 수 있었다. 1996년 말 국내 CDMA 가입자가 100만 명을 돌파하자 세계의 제조업체들이 놀라며 CDMA 시스템에 관심을 보이기 시작하였다. 100만 명 이상의 가입자가 원활하게 통신을 한다는 것은 새로운 시스템이 성공적이라는 것을 나타내는 지표였다. CDMA 방식에 관한 한 우리나라가 다른 선진 제조업체들보다 약 2년 정도 앞섰기에 CDMA 상용화 초기에 세계 시장을 선점할 수 있었다. 3세대 IMT-2000 시스템 기술 방식에서도 CDMA 방식이 곧바로 주도하게 되었다.

이처럼 우리는 90년대 초 국민에게 더 좋은 서비스를 더 좋은 기술로 제공하겠다는 목적으로 산·학·연·관이 일치단결하여 이룩한 CDMA 시스템 상용화 개발을 통하여 정보통신 변방 국가에서 21세기의 주연 국가로 도약할 수 있었다.

'바람의 나라'처럼 굳게 서는
온라인 게임 강국

세계 최초로 넥슨에서 개발한 '그래픽 온라인 게임'

062
100

그래픽 온라인 게임

〈바람의나라〉 초창기 게임 모습
출처: 게임동아

게임이 단순할수록 중독성이 높은 이유는 특별한 정보와 조작 없이도 직관력만으로 승부를 걸 수 있기 때문이다. 그러나 제대로 된 온라인 게임에 빠지면 아무리 이해하기 어려운 설정도 즐거움의 한 부분으로 받아들인다. 수많은 캐릭터와 특징, 게임의 구성까지도 한눈에 꿰게 된다. 몰입 경험만 충분히 제공한다면 제아무리 복잡한 게임이라도 그 재미에 푹 빠질 수 있는 것이다.

우리나라 게임 역사상 가장 오랫동안 많은 사람들을 게임의 매력에서 헤어나지 못하게 붙잡은 게임이 바로 〈바람의나라〉다. 1996년 넥슨에서 개발한 세계 최초의 그래픽 MMORPG(Massive Multiplayer Online Role Playing Game) 온라인 게임인 〈바람의나라〉는 2019년 23주년을 맞이한 세계 최장수 게임으로 기네스북에 등재되었다. 이 게임은 만화가 김진의 만화 〈바람의 나라〉의 세계관과 캐릭터를 기반으로 만들어진 OSMU(One Source Multi Use) 콘텐츠다.

MMORPG는 대규모 인원이 참여하여 동시에 미션을 수행할 수 있는 게임을 일컫는 용어다. 1994년 〈쥬라기공원〉, 〈단군의 땅〉 같은 다수의 사용자들이 글(Text)로 즐기는 온라인 머드(MUD, Multi User Dungeon) 게임이 서비스되기 시작했다. 그해 12월에는 국내 최대 규모의 게임 기업인 넥슨이 창립되었다.

PC의 대중화와 PC통신 같은 네트워크 보급이 진행되고 있었고, 윈도우95의 출시와 CD-ROM의 대중화로 게임 시장이 한층 더 발전하고 있었다. 이전의 MS 도스 운영체제는 모든 명령어를 글자로 쳐서 입력해야 했기 때문에 컴퓨터를 배우지 않으면 활용하기 어려웠지만, 윈도우 95는 그래픽 형식의 창과 메뉴를 직접 클릭하여 작업할 수 있는 그래픽 사용자 인터페이스 기반의 운영체제로 초보자들도 쉽게 컴퓨터를 이용할 수 있었다.

이러한 시대 상황과 맞물려 머드 게임에 그래픽을 입힌 게임을 만들어 보자는 아이디어에서 〈바람의나라〉가 시작되었다. 〈바람의나라〉 개발에 돌입했던 1994년은 네트워크 기반 서비스 중 이메일 정도가 안정적으로 운영되던 시기였기에, 온라인 그래픽 게임을 개발하는 데는 여러 난관이 있었다. 문자로 모든 것을 처리하던 머드 게임과 달리 머그(MUG, Multi User Graphic) 게임은 각 캐릭터의 디자인과 의상, 던전, 아이템, 몬스터 등 그래픽 작업이 필수였다. 그래픽의 움직임을 실시간으로 처리하고 전송해 주는 서버와 통신하며 게임을 진행할 클라이언트 시스템 같은 기존에 없었던 새로운 시스템 구조를 개발해야 했기 때문에 여러 시행착오를 겪어야만 했다. 〈바람의나라〉는 상용화를 위해 PC통신 콘텐츠 담당자에게 게임의 개념을 설명하는 데 며칠이 소요될 만큼 낯설고 새로운 게임이었다. 하지만 낯선 새로움에서 비롯된 게임의 재미는 점차 배가되기 시작하였다. PC통신에서 인터넷으로 네트워크 환경이 변화되면서 이용자 수는 폭발적으로 증가하였다.

머그 게임이라는 신조어를 만들어 낸 〈바람의나라〉는 국내 온라인 게임의 대중화를 이끌어낸 것은 물론, 넥슨을 국내 게임 산업의 중심으로 성장시키는 데 큰 역할을 했다. 〈바람의나라〉는 특히 온라인 게임을 바탕으로 게임 강국으로 발돋움한 한국 게임 산업의 맹아로 인정받고 있다.

2005년에는 최고 동시접속자 수 13만 명을 기록했으며, 2011년에는 세계 최장수 상용화 그래픽 MMORPG로 기네스북에 등재됐다. 2019년 기준 누적 가입자 수는 약 2,200만 명으로, 대한민국 국민 전체의 약 절반에 가까운 수치다.

캐릭터가 사용하는 스킬 개수는 무려 4,200여 개에 달하며, 아이템은 3만 7,000여 개, 지도(Map)의 수는 3만 1,000여 개로 어지간한 MMORPG 2~3개를 합쳐 놓은 것보다 더 많은 규모라고 할 수 있다.

게임 커뮤니티의 경우도 지난 20년간 길드만 1만여 개에 달해 오랜 기간 게임이 서비스되는 원동력으로 작용하기도 했다.

넥슨은 끊임없는 변화를 시도하면서 〈바람의나라〉의 생명력을 연장시켰다. 20년 동안 매년 평균 5회의 주요 업데이트와 100여 회의 이벤트 개최, 50회의 보조 콘텐츠 추가를 실시했다. 여기에 2~3년 단위로 인트로 버전 개편을 통해 시시각각 변하는 게임 유저들의 입맛을 만족시켰으며, 게임 동향을 선도했다.

2000년 우리나라 게임 시장은 제작 및 배급 부문을 합쳐 8,300억 원의 시장 규모를 형성했다. 매출이 가장 큰 아케이드 게임의 비중이 약 4,300억 원에 이르며, 온라인 게임은 약 1,900억 원의 매출을 기록했다.

2015년에는 우리나라 게임 시장 규모가 10조 원을 돌파하였다. 대형 개발사들을 중심으로 기존 온라인 게임 지식재산권(IP, Intellectual Property)을 활용한 모바일 게임을 제작하고 출시하고 있다. 최근에는 가상현실(VR, Virtual Reality)이 주목받기 시작하면서 이를 활용한 게임을 개발하는 시도가 활발하게 진행되고 있다.

가장 빠르고 안전하게
전기를 전하다

효성이 개발한 2점절 차단식 '800kV 50kA 8,000A GIS'

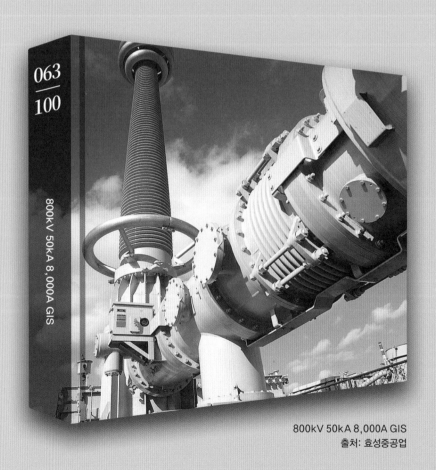

063
100

800kV 50kA 8,000A GIS

800kV 50kA 8,000A GIS
출처: 효성중공업

하늘이 맑은 날 높은 곳에 올라 내려
다보면 서울의 야경이 은하수를 수놓은 듯 아름답게 펼쳐진다. 사람과
건물이 밀집한 이 대도시를 매일 한결같이 편리하고 안전하게 밝히는 전
력은 어디에서 어떻게 오는 것일까? 전기를 생산하는 것도 중요하지만,
보이지 않는 이 전력을 잘 전달하고 배분하는 송·배전 기술도 중요하다.
심장에서 대동맥으로 대동맥에서 미세혈관까지 혈액을 공급하듯이 전
력을 발전소에서 변전소를 거쳐 가정과 공장, 사무실로 전달하기 위해
필요한 기술들이 있다. 송·배전 기술은 우리나라의 성장 발전에 발맞춰
세계적인 수준으로 올라섰다. 인공위성에서 바라본 대한민국의 밤하늘
이 온통 빛으로 가득하듯이 우리의 초고압 전력 기술은 지구촌 곳곳으
로 달려가고 있다. 머지않은 미래에 가장 가깝지만 불이 꺼진 북녘 땅을
우리 기술로 환하게 밝힐 날도 꿈꿔본다.

　　우리나라처럼 대도시와 산업단지에 전력 소비가 집중되고, 전기 생산
은 대단위 발전소에서 이루어지는 경우에는 전력공급비용을 줄이기 위
해 초고압·대용량의 전력수송기술이 절대적으로 필요하다. 이 기술은
전력 수요가 급격히 증가하고, 지역 간 전력 수급 불균형이 심한 지역에
서도 매우 유용하다. 이러한 배경 때문에 세계적으로 초고압 송전기술
이 개발되기 시작했다. 1965년 캐나다에서 735kV급 초고압 송전이 세
계 최초로 상용화된 이후 미국, 러시아, 일본 등을 비롯한 선진국에서
는 앞 다퉈 송전전압 승압기술 개발에 매진했다.

　　1976년 345kV 송전 계통 운전을 개시한 이후 연간 전력 수요가

10% 이상 지속적으로 증가하자 우리나라에서도 안정적인 전력 수급과 전력 품질 향상을 위해 송전전압 승압 논의가 본격화되었다. 한전은 1995년부터 일부 변전소의 전압을 800kV급으로 승압하기로 하였다. 이에 한전의 생산기술 기반 사업 지원과제로 KERI(Korea Electrotechnology Research Institute, 한국전기연구원), 현대, 효성이 800kV 40kA 4,000A GCB(Gas Circuit Breaker, 가스 차단기)를 순수 국내기술로 공동 개발하였고, 고전압 절연내력시험에 성공하였다. 2002년 처음으로 765kV 송전 계통의 상업운전이 개시되면서 효성이 1998년에 개발한 800kV 50kA 8,000A GIS(Gas Insulated Switchgear, 가스 절연 개폐 장치)가 신안성변전소에 사용되었다.

효성의 800kV급 GIS 개발은 국내 최초이자, 세계 최대 중전기업체인 ABB와 일본의 도시바에 이은 세계 3번째 성공이었다. 특히 2점절 차단기를 채택한 GIS로는 세계 최초의 역사적인 사건이었다. 현대도 2001년에 개발에 성공해 신태백변전소에 사용함으로써 우리나라 초고압 GIS의 기술 개발 능력을 전 세계에 과시했다. 더구나 해외 협력업체들로부터의 기술 도입이 아니라 국내 독자 기술에 의해 개발되었다는 사실은 초고압 GIS 분야의 역사적인 쾌거였다.

특히, 2001년부터 송전 전압을 승압한다는 한국전력의 방침이 있었기 때문에 개발에 참여한 연구진은 그 어떤 경쟁사보다도 빨리 이뤄내야 한다는 마음이 절실했다. 시기를 못 맞추면 고가의 외국 제품이 우리 GIS 자리를 빼앗아 가기 때문이었다. 800kV급 GIS의 차단 성능 인증서를 받기 위한 시험은 이탈리아 CESI 시험소에서 약 2개월간 진행되었다. 당시 현장에서 개발을 지휘한 한 연구원은 "차단 시험을 한 번 할 때마다 수명이 한 달씩 단축되는 것 같다. 4년간 연구한 GIS가 테스트 과정에서 어딘가 어긋나 고철덩이 신세가 될지 모른다는 초조감 때문이다"라고 말할 정도로 반드시 성공해야 한다는 중압감에 시달렸다. 하지만 외국 제품에 국내 시장을 절대 빼앗기지 않겠다는 절실함과 성공에 대한 중압감을 견뎌낸 끝에 2점절 차단기를 채택한 GIS로는 세계 최초로 개발에 성공할 수 있었다.

2000년대 들어서는 국내 기술력이 급속도로 발전하면서 국내 업체들에 의해 다양한 정격의 기종이 개발되었다. 중기 거점기술 개발 지원과제로 수행한 극간 콘덴서 불용형 3상 일괄형 170kV 50kA GIS는 효성이 2001년 2월에, LG산전이 4월, 현대가 7월에 각각 개발 시험을 완료하였다. 극간 콘덴서 불용형 GCB(가스차단기)는 콘덴서가 차지하는 공간을 줄일 수 있고, 세라믹 콘덴서의 수입 비용을 절감한다는 장점으로 인해 GCB/GIS의 소형·경량화 및 원가 절감에 상당히 기여하였다. 또한 철 공진으로 인한 계기용 변압기 소손 예방의 부가효과도 가지고 있었다.

2007년에는 효성이 국내 최초, 세계에서 두 번째로 1,100kV 극초고압 GIS를 개발하였다. 이를 통해 세계적인 GIS 기술력을 보유하고 있음을 대내외에 알렸고, 중국과 인도 등 극초고압 전력시장을 선점할 수 있는 계기를 마련했다. 이로써 국내 업체의 초고압차단기 정격은 72.5kV부터 1,100kV까지 폭넓은 전압 범위를 확보할 수 있게 되었다.

기술 추격자에서 최강자로

우리 기술로 세계 시장을 석권한 LG화학의 '편광판'

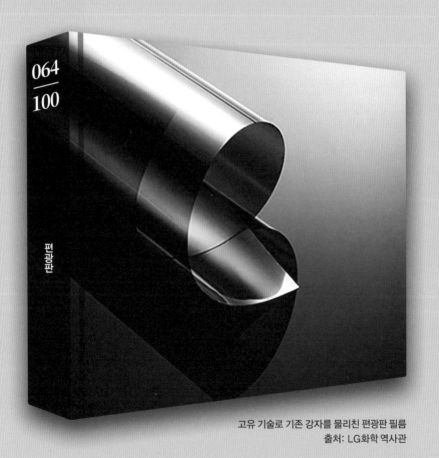

064
/
100

편광판

고유 기술로 기존 강자를 물리친 편광판 필름
출처: LG화학 역사관

축구 한일전이 열리는 날이면 우리는 모두 열혈 응원단이 된다. 산업 분야에서도 마찬가지로 세계 첨단 기술을 추격하는 한국과 기술대국 일본의 자존심을 건 21세기 신산업 패권 경쟁이 벌어지고 있다.

액정표시장치(LCD)의 핵심 부품인 편광판 시장에서 전통적인 강자였던 일본의 아성을 무너뜨리고 사업 진출 10여 년 만에 정상의 자리에 오른 LG화학의 사례는 대한민국 산업사에 한 획을 그은 쾌거였다. 한계를 인정하지 않고 새로운 연구 개발을 통해 독점 시장의 판도를 바꾼 열정과 집념은 대한민국 산업 발전의 역사 곳곳에 내재되어 있는 핵심 DNA로, 한국이 최단 기간 추격자에서 세계를 선도하는 퍼스트 무버(First Mover)로 올라서게 한 원동력이었다.

LG화학은 1990년대 중반부터 정보전자 소재 분야의 신규 사업을 전개하기 위해 신소재 및 정보전자 소재 관련 연구 인력을 확보하고 자원을 집중했다. 아울러 신규 사업 발굴을 위한 기술 분류 및 시장 동향, 사업성 분석 등의 작업도 병행했다. 현재 LG화학이 보유하고 있는 여러 정보전자 소재 제품군 중에서 디스플레이용 편광판은 이 시기 LG화학이 선정한 차세대 성장동력이자, LG화학의 사업구조 고도화 전략의 성과 중 하나였다.

편광판은 빛을 일정 방향으로 통과시켜 화상을 구현하는 LCD의 핵심 부품으로 높은 기술력을 필요로 한다. 이미 일본 업체가 해당 기술을 독점하고 있는 상황에서 편광판 개발 초기의 시행착오를 줄이고 안정적인 생산을 위해 기술을 보유한 일본 기업에 기술 협력을 요청했으나 보기 좋게 거절당했다. 급성장하는 편광판 시장을 한국 기업과 나누고 싶지 않다는 게 일본 기업들의 속내였다. 일본 기업의 거절 후 오히려 투지를 불태운 LG화학은 '우리가 해내고 만다'는 일념으로 연구 개발에 매진한 결과, 1999년 1호 라인을 가동하며 시험 생산부터 양산까지 불과 2년 만에 초고속 개발을 이뤄냈다. 그러자 일본 기업들은 제품 판매가를 20% 가까이 낮추며 노골적으로 견제하기 시작했다. LG화학은 70% 이하의 낮은 수율 문제를 해결하면서 기술력을 강화해 나갔고, 생산 공정 개선으로 원가를 절감하며 수익성 또한 개선하였다. 결국 제품 개발 2년 만에 경쟁사 수준의 품질과 수율을 달성했다. 이후 자체 기술력을 키워 편광판 시장의 전통적인 강자였던 일본 업체들을 하나 둘 제치고 마침내 편광판 시장에서 세계 1위에 올랐다. 이는 누구의 도움 없이 스스로의 힘으로 이뤄낸 결과로 부단한 열정과 땀방울이 만들어낸 것이었다.

LCD 핵심 부품인 편광판의 세계 시장은 노트북 PC, TFT LCD 모니터, 스마트폰의 수요 증대와 대만·중국의 LCD 생산량 증가, LCD TV 같은 대면적 디스플레이의 일반화에 힘입어 2000년 이후 10여 년간 고속 성장해왔다. 2000년대 중반 이후 우리나라 기업들의 LCD 패널 점유율은 40%를 상회하며 세계 시장을 이끌고 있다. 하지만 정작 LCD를 구성하는 고부가 소재 부분은 일본이나 미국 기업이 선도해 왔고, 특히 광학 필름 소재의 상당 부분은 일본 업체가 독점하는 상황이었다. 그러던 중 등장한 3D FPR 편광판은 이러한 상황을 일거에 뒤집어 디스플레이용 필름 부분에서 우리나라가 퍼스트 무버로 자리매김하게 만들었다. 그 동안 핵심 소재와 장비는 외국에 의존하되 제품화에만 앞서 있었다면 3D FPR 편광판은 핵심 소재인 광배향 고분자 물질을 자체 개발했다는 점 외에도 광배향 연속 패터닝 장비를 직접 설계, 제작함으로써 소재에서 장비, 제품까지 모든 부분에 걸쳐 외국 경쟁사를 앞섰다는 점이 큰 의의를 갖는다. 또한 기존 시장에 없던 새로운 광학 필름 개발을 통해 편광 안경 방식의 3D TV 시장을 창출했다는 점도 주목할 만하다.

편광판 신사업 추진은 시험 생산부터 양산까지 불과 2년 만에 초고속 개발을 완료했다는 점에서 매우 성공적인 사업화 사례였다. 1990년대 말의 외환위기 상황에서도 LG화학은 과감한 투자와 지속적인 기술 개발로 세계 편광판 업계 최강자의 자리에 올라설 수 있었다. 2001년 산업기술혁신대상 수상 이후 편광판 시장의 전통적 강자인 일본 업체들을 제치며 2009년 편광판 시장 점유율 세계 1위로 시장을 석권했다.

우주에서 지구를 보며
인공위성의 실용화 시대를 열다

다목적 실용위성 '아리랑'

065
100

다목적 실용위성 아리랑

아리랑 위성 1호 상상도
출처: 공공누리에 따라 한국항공우주연구원의 공공저작물 이용

우리나라 최초의 다목적실용위성 사업은 1994년에 착수한 아리랑 위성 1호 사업이다. 우주개발 선진국으로 분류되는 미국, 러시아, 유럽, 일본, 중국보다 30여 년 늦게 시작했다. 아리랑 위성에는 지구 관측용 광학 카메라를 장착하여 한반도의 안보 상황은 물론 지리 정보 및 환경 감시 등 다양한 정보를 확보할 수 있었다. 한국항공우주연구원(KARI, Korea Aerospace Research Institute)은 아리랑 위성 개발 이후 저궤도 중형 위성 확보를 위해 다양한 노력을 기울여 이제 전천후 관측 위성을 우리 손으로 개발할 수 있게 되었다. 항공우주연구원은 정지궤도 복합 위성을 비롯한 다양한 위성들을 만들어 삶의 질 향상에 기여하고 있다.

아리랑 위성 1호 사업은 최초의 실용위성 개발이어서 해외 선진국의 기술을 습득해야 했다. 미소 냉전 종식으로 미사일 감축과 더불어 미국의 우주개발 예산이 갑자기 축소되기 시작한 것이 우리에게는 호기로 작용했다. 재정이 악화된 미국의 TRW(현 Northrop Gruman)는 우리 인원이 직접 참여하는 공동개발 형식으로 실용급 지구 관측 위성을 개발하는 계약에 동의했다. 우리가 만든 부품을 인공위성에 직접 장착하겠다는 내용도 포함시켰다. 당시 우리나라는 실용급 인공위성 제작은 물론, 제작시설이나 조립 및 시험시설도 없는 상태였다.

아리랑 위성 1호의 공동설계를 위해 한국항공우주연구원 25명, 대한항공 등 기업체 50명 등 약 75명의 연구원 및 기술진을 TRW에 파견하여 같은 사무실에서 책상을 맞대고 공동개발 작업을 시작했다. 국내에서는 인공위성 부품 제작을 위한 크린룸 등 제작시설과 최종 조립 및 시험시설 공사를 진행했다. 아리랑 위성 1호 개발과정 자체가 실용급 인공위성 설계, 부품 제작, 조립, 시험까지의 전 과정을 국산화하는 기회가 된 것이었다. 물론 국산화 부품은 우리의 기술 수준이 높았던 컴퓨터, 정밀기계 분야의 부품 약 60%를 대상으로 했다.

아리랑 위성 1호에서 국산화된 기술을 바탕으로 아리랑 위성 2호와 3호에서는 더욱 정밀한 영상을 촬영할 수 있는 우리 기술 위주의 탑재 카메라를 개발하기에 이르렀다. 지구 관측 위성은 탑재 카메라의 영상 정밀도에 따라 탑재체는 물론, 위성 본체의 정밀도가 기하급수적으로 높아진다. 따라서 설계 및 제작, 조립, 시험 전 과정의 기술 역시도 진일보한 수준의 발전이 필요하다. 해상도 1미터 영상은 7미터보다 49배 많은 영상 데이터를 처리해야 하고, 위성 본체의 지향 정밀도, 안정성 등은 5~10배 정도 정밀해져야 한다. 따라서 고정밀 관측 위성을 개발하는 국가는 관련 산업기술이 그만큼 발전했음을 증명하는 것이나 다름없다.

1999년 영상 해상도 6.6미터급 아리랑 위성 1호 발사에 이어, 2006년에는 해상도 1미터급 아리랑 위성 2호를 발사했고, 2012년에는 해상도 70센티미터급의 아리랑 위성 3호를 발사하여 첨단 위성 기술을 더욱 발전시켰다.

위성 기술 발전을 바탕으로 2013년에는 전천후 지상 관측이 가능한 해상도 1미터급의 레이더 영상을 촬영할 수 있는 아리랑 위성 5호를 개발했으며, 2015년에는 주야간에도 해상도 50센티미터급 적외선 영상을 확보할 수 있는 아리랑 위성 3A호가 성공적으로 발사되었다. 이러한 지구 관측 위성들은 외국 위성의 설계수명 3~5년을 훨씬 상회하는 8년 이상의 기간 동안 500~700킬로미터의 지구 원궤도에서 한반도 주변의 다양한 영상을 촬영하고 있어 우리 기술과 운영의 우수성을 보여주었다.

2016년부터는 아리랑 위성 기술을 기반으로, 저가의 고성능 위성인 차세대 중형 위성을 개발하여 정부 각 부처의 환경 관측, 국토 관리 등 다양한 국토 효율화 운용 임무에 활용할 수 있는 프로그램을 진행 중이다. 이는 항공우주연구원이 기술을 개발하고, 40여 기의 위성을 산업체에서 생산 발사하게 함으로써 우주 기술의 산업화와 우주 산업을 통한 기업의 이익 창출을 도모하는 계기가 되었다.

한편 다목적 실용위성 기술 개발 경험은 우리나라의 위성 기술을 다양하게 발전시켜 소형 관측 위성 수출국으로 발전할 수 있었다. 또한 선진국의 상징인 정지궤도 관측위성과 통신 위성도 확보했다. 특히 2007년에 발사한 천리안 위성은 기상·해양·통신 탑재체가 담겨 있어 위성 통신, 해양 관측, 기상 관측 등의 복합 임무를 수행했다. 세계 최초의 해양 관측 정지궤도 위성으로 한반도 주변 해역의 해양 환경을 실시간으로 모니터링하고 있다. 기상 관측 주기가 기존 30분에서 8분으로 대폭 단축되어 기상예보 정확성을 크게 개선했다. 천리안 위성 개발에는 민간 기업 13곳이 참여했으며, 약 60%에 달하는 국산화율을 보였다. 항공우주연구원은 2011년부터 기상·해양·환경을 관측할 수 있는 정지궤도 복합위성을 개발하고 있다. 2018년에는 기상용 위성 GEO-KOMPSAT 2A 1기를 발사했으며, 해양 및 환경 관측 임무의 위성 GEO-KOMPSAT 2B 1기를 2019년에 발사할 예정이다. 이 프로젝트는 과학기술방송통신부 주관으로, 환경부, 해수부, 기상청 등 각 부처가 개발에 참여하고 있다.

4부

2000년 이후

2000
롯데제과의 '자일리톨 껌'

2001
세계를 향한 관문을 활짝 연 '인천국제공항'

아시아 최대의 축구 전용 경기장 '서울월드컵경기장'

삼성전자의 '40인치 HD급 TFT-LCD TV패널'

2002
한국카본과 동성화인텍의
'LNG 선박용 복합재 단열패널'

동진쎄미켐, 미국TI에 'ArF 포토레지스트 공급'

인삼 성분 화장품 아모레퍼시픽의 '설화수'

2003
세계 10번째로 미국 FDA 신약 허가를 받은
LG화학의 '팩티브'

세계 시장 점유율 1위로 우뚝 선 '조선 산업'

2004
신교통혁명의 시작, '경부고속철도 개통'

친환경 에너지 인프라 구축을 이끈
'도시가스 수용가 1,000만 가구 돌파'

포스코의 '파이넥스 공법'

2005
삼성전자의 '지펠 콰트로 냉장고'

세계 일류 전력 소비효율 달성의 계기를 마련한
'220볼트 승압'

노루페인트의 '자금성 보수 도장 프로젝트'

2006
SKCKOLON PI의
'연질회로기판용 폴리이미드 필름'

AFP 장비를 이용해 제작한 대한항공의
'보잉 787AB'

신재생 에너지 3총사
'태양광, 해상풍력, 수소자동차'

삼성전자의 '보르도 TV'

2008
세계 최고 기술력을 보유한 삼성전기의
'적층 세라믹 콘덴서 제조기술'

2009
한국형 표준원전 개발로 'UAE 원전 수출'

2010
삼일방직의 혁신 방적 기술 'MVS'

한국철도기술원과 현대로템의 'KTX 산천 상용화'

2차 전지의 원천 소재 기술 LG화학의 'SRS'

2011
동양제강의 '초고분자량 폴리에틸렌 초고강도
고탄성 섬유'

삼성디스플레이의
'AMOLED 세계 최초 5.5세대 가동'

2012
현수교 기술 자립, '이순신대교 개통'

자본과 기술의 고도화로 이룩한
'석유 제품의 수출 1위 달성'

2013
LG전자의 '올레드 TV 세계 최초 상용화'

2014
한국전력의 '배전자동화 시스템'과 '전력IT 기술'

2015
CJ제일제당의
'세계 유일 5대 아미노산 친환경공법 생산'

세계 최초 드럼과 통돌이가 결합한 LG전자의
'트윈워시 출시'

2016
국내 최고 높이의 초고층 빌딩 '롯데월드타워'

SK건설의 '터키 유라시아 해저터널 개통'

세계 최초의 항체 바이오시밀러,
셀트리온의 '램시마'

치아 건강에 좋은 국민 껌의 등장

롯데제과의 '자일리톨 껌'

자일리톨 껌

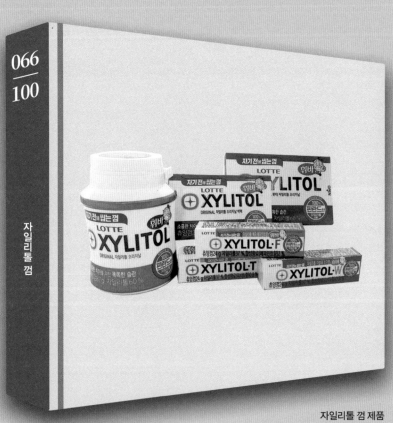

자일리톨 껌 제품
출처: 롯데제과

"핀란드에서는 자기 전에 자일리톨을 씹습니다." 자기 전에 껌을 씹는 아이들을 산타할아버지가 연신 "휘바 휘바" 칭찬하는 이 광고는 사람들을 충격에 빠뜨렸다. 껌은 치아에 좋지 않을 뿐 아니라 사각턱이 될 수도 있다는 부정적인 인식이 여전히 팽배하던 시절이었다. 그러나 이 광고로 인하여 '껌은 곧 충치'라는 고정관념이 순식간에 '충치를 예방하는 건강한 껌'으로 전환되면서 전국적으로 '자일리톨 신드롬'을 일으켰다. 껌이라면 입에도 못 대게 하던 엄마들이 아이들에게 양치질을 시키고 꼭 자일리톨 껌을 씹게 하는 진풍경이 벌어졌다. 곧 이어 남녀노소를 막론하고 치아 건강에 좋은 필수품인 것처럼 자일리톨 껌을 씹기 시작했다. 대한민국 껌 시장이 자일리톨 이전과 이후로 나뉘는 결정적인 순간이었다.

1987년부터 꾸준히 연구·개발되어오던 기능성 껌 시장은 1990년부터 본격적인 양산에 들어갔다. 졸음방지 껌, 스트레스 해소 껌, 구취 제거 껌, 충치 예방 껌, 의치(義齒)를 비롯한 치아에 붙지 않는 껌, 비타민 공급 껌 등 1990년대는 가히 상상도 하지 못했던 기능성 껌의 전성시대였다.

가장 먼저 인기를 끈 것은 구취 제거 기능을 가진 후라보노이드 성분을 이용한 제품이었다. 오리온과 롯데의 '후라보노', 해태의 '후라보노이드'가 선보였고 여성을 주 타깃으로 한 '미스 후라보노'도 나왔다. 후라보노이드 계열 제품이 큰 성공을 거두며 기능성 껌이 시장에 대거 등장했다. 뒤이어 출시된 두뇌개발을 강조한 기능성 껌은 롯데에서 두뇌, 지적인 사람을 의미하는 '브레인(Brain)'을, 해태에서는 DHA 성분을 함유한 '디에치 에이·큐'가 출시됐다.

2000년대에는 무설탕 껌 개발이 활기를 띠었다. 자일리톨은 단당류 탄수화물인 자일로스에서 생화학 반응으로 생산하며, 청량감을 주고 충치를 예방할 수 있어 씹는 껌의 원료당으로 즐겨 활용된다. 자일리톨 껌은 치아의 기반을 약화시키는 플라크를 없애고 충치의 원인균인 뮤탄스균을 제거하는 기능성 껌으로, 그동안 후라보노 껌으로 대표되던 국내 기능성 껌 시장의 판도를 크게 바꿨다. 자일리톨 껌의 성공은 껌이 단순히 구취 제거를 위한 기호품이 아니라 치아 미백과 충치 예방 같은 다양한 기능성 제품 시장을 확대하는 효과를 낳았다.

사실 자일리톨 껌이 처음 출시 때부터 성공을 거둔 것은 아니었다. 롯데제과 중앙연구소의 껌·캔디 연구팀(팀장 이의선) 주도로 개발되어 1997년 일반 껌 형태로 출시된 초창기 자일리톨 껌은 참담한 실패로 돌아갔다. 식품의 효능 광고를 금지하는 국내법의 한계에 묶여 자일리톨 껌의 충치 예방 효과를 적극적으로 알릴 수 없었기 때문이다. 여기에 가격이 500원으로 책정돼 당시 일반 껌(300원)보다 훨씬 비쌌고, 중량·크기 등에서 별다른 차별점이 보이지 않아 소비자들의 호응을 얻지 못했다.

절치부심한 롯데제과는 2000년에 새로운 자일리톨 껌을 선보인다. 2년여 동안 제품 설계에서 시장조사, 마케팅 전략 수립까지 마치고 제품의 우수성에 대한 자신감을 가진 뒤였다. 롯데제과가 첫 실패에서 얻은 교훈은 차별적인 제품 형태와 치밀한 마케팅 전략이 무엇보다 필요하다는 점이었다. 이미 나와 있던 껌과는 다른 형태인 케이스 껌(껌의 폭을 좁히고 포장구조를 납작하게 함), 알약 형태의 코팅 껌을 내놓은 게 이 무렵이었다. 또한 충치 환자가 가장 적다는 핀란드에서 양치질을 한 뒤 자일리톨 껌을 씹는다는 4편의 TV광고 시리즈가 방영된 후 소비자들에게 충치 예방 효과를 강하게 심어줬다. 롯데제과의 마케팅 전략은 광고비를 쏟아 붓기보다는 신뢰성에 바탕을 둔 구전 효과를 노리는 방식이었다. 제품을 시중에 선을 보이기에 앞서 병에 자일리톨 코팅 껌을 넣어 치아 건강에 관심 있는 치과병원 환자와 의사들에게 팔기 시작한 것도 그 때문이었다. 예상은 적중했다. 자일리톨 성분에 관한 지식을 갖춘 의사들의 제품 추천은 환자들에게 빠르게 전파됐으며, 제품을 실제 사용해본 환자들의 반응이 입에서 입으로 전해지면서 매출이 쑥쑥 늘어났다.

롯데제과의 자일리톨 껌이 공전의 히트를 치자, 해태제과와 동양제과(현 오리온) 등 동종업체들도 2001년 저마다 미투 제품을 내놓으며 껌 시장은 자일리톨 일색으로 재편됐다. 경쟁 업체들의 가세로 인해 롯데제과의 자일리톨 껌 매출은 2002년 1,799억 원 이후 내림세로 돌아섰다. 그럼에도 여전히 롯데제과의 최대 효자 품목으로 손꼽힌다. 2004년 당시 전체 껌 시장(2,800억 원) 매출액 중 절반(1,800억 원)이 넘을 정도였으니 가히 엄청난 돌풍이었다.

세계 최고의 하늘 길을 열다

세계를 향한 관문을 활짝 연
'인천국제공항'

인천국제공항

2001년 3월 29일, 저녁 뉴스에 웅장하게 위용을 드러낸 인천국제공항 개항 소식이 주요 기사로 전파를 탔다. 비행기가 날아오르는 활주로 앞에 선 기자는 대한민국에 새로운 하늘길이 열렸다는 뉴스를 감격에 찬 목소리로 전했다. 인천 영종도와 용유도 사이 바다를 메워 광활한 대지를 만들고, 세계를 향해 팔을 뻗듯 관제탑과 탑승구가 자리한 모습은 흡사 공상과학 영화에 나오는 우주공항을 연상케 했다. 우리 국민이 세계 이곳저곳을 손쉽고 빠르게 갈 수 있고, 전 세계 모든 사람들이 우리나라를 편리하게 방문할 수 있는 진정한 글로벌 시대의 관문이 우리 앞에 펼쳐진 순간이었다. 탑승구마다 세계 각국의 항공기가 빼곡히 늘어서 승객들을 싣고 오르내리는 광경은 이제 더 이상 한국이 동아시아 끝에 자리한 작은 나라가 아니라, 전 세계의 하늘을 잇는 중심에 있음을 말해주고 있었다. 인천국제공항은 개항 이후 지금까지 세계 최고 수준의 공항으로 칭송받고 있다.

1980년대에 접어들면서 항공 수요는 매년 급격히 증가해 1989년의 김포공항 이용객 수는 국제선 722만 명, 국내선 672만 명에 달했다. 해마다 국내선은 22.7%, 국제선은 12.6%씩 성장하고 있었다. 하지만 도심 내에 위치한 김포공항은 인근 주민들의 소음 민원에 늘 시달렸고, 심야 시간 운항 금지 등의 조치로 공항 운영에 제한이 따랐다. 주변에 주거 지역이 발달하면서 활주로를 추가할 수도 없어 공항을 확장하는 데 한계가 있었다. 이에 따라 소음 피해가 없고 24시간 운항이 가능한 해안 또는 해상을 입지로 선정하는 신공항 건설의 필요성이 검토되었다.

정부는 1989년 1월 수도권 신공항 건설을 결정하고, 1989년 6월부터 1990년 4월까지 4차에 걸친 타당성 조사, 예비조사 및 예비 후보지 선정을 통해 신공항 부지를 영종도로 확정하였다. 1990년 11월 16일 기본설계가 시작되었고, 1992년 11월 12일 기공식과 함께 본격적인 공사에 들어갔다. 영종도와 용유도 사이 개펄은 2년 동안의 방조제 공사를 거쳐 준설·매립 및 지반 개량 공사를 거치면서 점차 안정된 지반으로 탈바꿈해갔다. 1996년 5월 여객터미널, 1997년 1월 활주로 공사가 시작되었고, 2000년 6월 30일 공항 운영에 필요한 주요 기본 시설물에 대한 준공을 마쳤다. 이후 종합 시운전을 거쳐 드디어 2001년 3월 29일 개항하였다.

이로써 인천국제공항은 동북아의 물류 허브(Hub)로서 세계에서 가장 사랑받는 공항으로 성장할 수 있는 기반을 갖추게 되었다. 그리고 2002년부터 2008년 6월까지 2단계 공사를 성공적으로 마무리하면서 서비스와 시설 규모 등 모든 면에서 세계 최고 공항으로서의 위상을 확립하였다. 뒤이어 3단계 공사로 2018년 1월 제2터미널을 완공함으로써 연간 여객 6,700여만 명이 드나드는 세계 5위 공항으로 도약했다. 곧바로 제2여객터미널을 확장하고 4.7킬로미터 길이의 제4활주로를 신설하는 4단계 건설 사업에 착수함으로써 연간 여객 1억 명을 처리하는 세계 최고 공항으로 탈바꿈하고 있다.

단군 이래 최대 역사로 국내외 언론과 국민적 관심 속에 건설된 인천국제공항은 8조 6,000억 원이 투입된 초대형 국책사업인 만큼 환경 파괴와 국토불균형 발전 등 각종 논란과 의혹이 주기적으로 반복되었다. 또 IMF 외환위기까지 겹치면서 당초 목표보다 공사기간이 4년 더 걸렸지만, 동북아 허브 선점이라는 정부의 확고한 정책 기조 아래 각종 오해를 불식시키고 성공적으로 개항하였다.

개항 후 안정적인 운영으로 순항하면서 3년 만에 흑자 공항으로 전환했으며, 8만 시간 무중단 운영 및 무사고로 그 우수성을 입증했다. 12년 연속 세계공항서비스평가(ASQ, Airport Service Quality) 1위, 국제화물 세계 5위권, 국제여객 세계 10위권의 세계 최고 수준의 공항으로 자리매김하였다. 2006년 세계항공교통학회(ATRS, Air Transport Research Society) 공항 효율성 대상에서 아시아태평양 지역 최고 공항상, TIME(아시아판), OAG(Official Airline Guide), CAPA(Center for Asia Pacific Aviation) 선정 2006년 최고 공항, Global Traveller 선정 2년 연속(2006, 2007) 세계 최우수 공항상, Air Cargo World 화물 최고 공항, 조종사들이 뽑은 최고 공항 6년 연속 1위 선정 등 세계 최고 공항으로서의 위상을 드높이고 있다.

하루 평균 이착륙 비행기 1,100대, 대한민국의 최고의 건축 기술과 첨단 기술을 총 집약해 탄생한 인천국제공항은 2023년 두바이공항과 히드로공항에 이은 세계 Top3 공항을 목표로 힘차게 날아오르고 있다.

대~한 민국 짝짝짝 짝짝

아시아 최대의 축구 전용 경기장
'서울월드컵경기장'

068
—
100

서울월드컵경기장

서울월드컵경기장

2002년 6월 25일 한일 월드컵 한국과 독일의 4강전. 서울월드컵경기장은 붉은 악마들의 함성으로 터질 듯했다. 하얀 팔각지붕이 방패연처럼 날아갈 듯 날개를 펼친 경기장은 국민적 열망을 대변이라도 하듯 웅장한 자태를 뽐냈다. 초록빛 그라운드 위에서는 태극 전사들과 전차 군단이 맞붙고 있었다. 한국은 폴란드를 상대로 월드컵 사상 최초의 첫 경기 승리를 거둔 데 이어 미국, 포르투갈, 이탈리아, 스페인까지 기적처럼 연파하며 전 국민을 흥분의 도가니로 몰아넣었다. 한국 역사상 최초로 이룩한 꿈의 월드컵 4강이었다. 하지만 체력의 열세를 극복하지 못한 한국은 한 골을 내주며 아쉽게 무릎을 꿇었다. 한국의 4강 신화는 그렇게 멈췄지만 그날의 뜨거웠던 함성만큼은 서울월드컵경기장에 고스란히 남았다. 지금도 경기장에는 축구를 사랑하는 팬들의 응원 소리가 바람을 가르고 있다.

1995년 대한민국은 2002 FIFA 월드컵 대회 유치를 위해 국제축구연맹에 축구 전용경기장 건설을 약속했다. 1996년 6월 한일 공동개최가 확정된 후 축구 전용구장 신축에 대한 요구가 거세지자 서울특별시는 월드컵 조직위와 논의를 거듭한 끝에 다목적 구장인 뚝섬 돔구장 건설을 포기하고 전용구장 건립으로 가닥을 잡았다. 1997년 10월 11일 월드컵 주경기장 부지 선정위원회에서 상암지구를 만장일치로 정하고, 1998년 5월 6일 상암구장 신축을 최종 확정하였다. 1998년 10월 20일 삼성엔지니어링을 시공사로 착공에 들어갔으며, 11월 6일 김대중 대통령을 비롯한 정관계, 체육계 인사 등 2,000여 명이 참석한 가운데 기공식을 가졌다.

문제는 장소 선정 논란으로 2년 이상 공사가 지연되면서 공기 준수가 불투명해진 것이었다. 늦게 착공된 4개 구장(서울·광주·전주·제주)의 공기를 단축하기 위해 설계시공 일괄 방식과 건설 사업관리 방식을 동시에 적용했다. 설계와 시공을 동시에 진행하는 소위 패스트트랙(Fast Track) 방식을 허용한 것이다. 패스트트랙 방식은 공기 단축에는 유리하지만 설계의 완성도가 떨어져 잦은 설계 변경이 따르는 것이 걸림돌이었다. 이러한 문제를 최소화하기 위해 건설 사업관리자를 별도로 두어 발주자의 사업관리 역량을 보완하기로 했다. 결과적으로 짧은 기간 안에 최상의 효과를 거두기 위한 불가피한 선택이었지만 3년여의 공사 기간을 거쳐 2001년 11월 10일에 개장할 수 있었다.

2002 한일 월드컵대회는 국내에 국제적인 수준의 10개의 대공간 구조물을 설계할 수 있는 소중한 기회였다. 특히 재료 및 시공 분야에서 큰 경험을 얻었다. 문화·체육시설은 정부나 관의 주도로 지어지는 경우가 대부분이기 때문에 도시 내에서의 입지나 이용자의 대중성, 투입되는 자본의 성격 등 여러 가지 면에서 공공성을 띨 수밖에 없다. 대공간의 대형 특수구조로 국제적인 체육시설을 건설하기 위해서는 고도의 설계·시공 기술이 필요한데 월드컵대회를 거치면서 이러한 기술들을 보유할 수 있게 된 것이다. 결과적으로 국내 건축 기술자들이 강재 및 케이블 건설재료를 사용한 아치 구조나 현수 구조 등으로 대표되는 대규모 공간 구조물의 설계 및 시공 기술을 국제적 수준까지 끌어올리는 계기가 되었다.

서울월드컵경기장은 아시아 최대의 축구 전용 경기시설이다. 2002년 FIFA 월드컵 개회식과 개막전을 비롯해 FIFA U-17 월드컵, 피스컵,

AFC 챔피언스리그 등 많은 국제 축구대회를 치렀다. 대한민국 축구 국가대표팀의 홈 경기장이며, 2004년부터는 FC서울의 홈 경기장으로 사용되며 매년 K리그 축구 경기가 열리고 있다. 총 좌석수는 6만 6,704석으로 귀빈석 816석, 보도석 754석, 스카이 박스 75실(1실당 12~29명 수용)을 포함하고 있다. 2012년 축구 경기 관중수와 행사 관중수를 합쳐 누적 관람객 1,000만 명 시대를 열었으며 세계 10대 축구 전용 경기장으로 선정되었다.

세상을 놀라게 한 초대형 TV의 탄생

삼성전자의 '40인치 HD급 TFT-LCD TV패널'

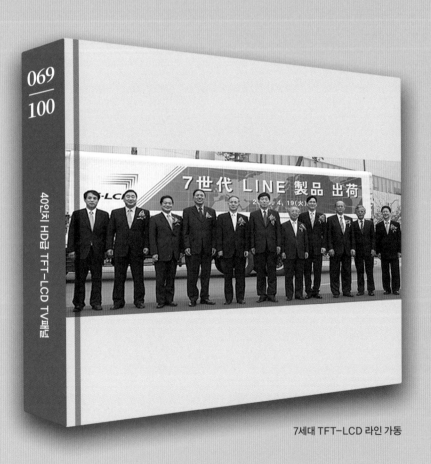

069
/
100

40인치 HD급 TFT-LCD TV패널

7세대 TFT-LCD 라인 가동

2001년 11월, 일본 요코하마의 한 호텔. 전 세계 엔지니어들이 모여 최고의 신기술을 선보이는 'LCD/PDP 인터내셔널 2001'이 열리고 있다. 무대에 올라 마이크를 잡은 삼성전자 임원의 목소리가 떨렸다.

"저는 2년 전 이 자리에서 삼성이 세계에서 가장 큰 LCD를 만들겠다고 공언했습니다. 그리고 오늘 여러분과의 약속을 지키기 위해 다시 이곳에 왔습니다. 자, 보십시오. 이것이 2년 전 여러분 앞에서 약속한 세계에서 가장 큰 40인치짜리 TFT-LCD입니다."

객석이 술렁거리기 시작했다. 기술적 한계라 여겼던 30인치 급을 넘어 40인치 초대형 TFT-LCD 제품이 세계 최초로 공개되는 순간이었다. 영화 포스터만 한 압도적인 크기에 내로라하는 전문가들조차 입을 다물지 못했다. 단순히 크기에서뿐만 아니라 여태까지 볼 수 없었던 완벽한 화질에 모두들 넋을 잃고 말았다. 모두가 불가능이라 여겼던 기술적 한계 그것은 퍼스트 무버들에게는 늘 도전의 목표이자 성취의 대상이었다.

'더 크게, 더 얇게' 1990년대 후반 TV 시장에는 대화면과 초박형 경쟁이 일어났다. PDP(Plasma Display Panel)는 대화면화가 어려운 CRT(Cathode Ray Tube, 브라운관)와 LCD(Liquid Crystal Display)보다 디지털 TV 시대에 적합한 디스플레이로 각광받았다. PDP는 응답속도가 빠르며, 160도 이상의 광시야각을 가진 40인치 급 이상 초대형 화면을 구현할 수 있는 반면 TFT-LCD(Thin Film Transistor-Liquid Crystal Display, 박막 트랜지스터 액정 디스플레이)의 경우 시야각이 좁고 32인치 이상 대형화하기에는 액정의 변환 속도가 원천적으로 느리고 동영상 끌림 현상이 생기는 기술적인 한계가 있다. 반면 대형 프로젝션 TV는 화질이 떨어지는 단점이 있었다. 한편 LCD 기술의 발전에 따라 각 패널 기업들은 제품 크기별 라인업(Line-up) 경쟁도 하게 되었다. TV에서 32인치의 경우는 모든 기업들이 공동으로 생산하여 표준화 전쟁이 없었지만, 그밖의 다양한 모델 내 표준화 경쟁은 치열했다.

2000년 전후 TFT-LCD는 노트북과 데스크탑 용도로 생산되고 있었다. LCD는 컴퓨터용 디스플레이, TV는 PDP라는 인식이 일반적이었다. LCD의 한계는 30인치라고 업계에서 믿고 있었고, 40인치를 만들 수 있는 장비도 전무한 실정이었다. 이런 상황에서 삼성전자는 2001년 일본도 넘지 못했던 LCD 기술의 한계를 뛰어넘어 40인치 HDTV용 LCD를 개발하였다. 불가능을 가능하게 한, 세상을 놀라게 한 40인치 LCD의 등장으로 본격적인 대형 LCD-TV 시대를 여는 이정표를 만들었다. 문제가 되었던 느린 액정 속도를 개선했고, 동영상 끌림, 시야각 문제를 한꺼번에 해결한 당시 최고 수준의 TV였다. 삼성전자는 계속해서 2002년 46인치, 2003년 57인치 TFT-LCD TV를 개발했다. 57인치는 당시 5세대 생산라인에서 만들 수 있는 최대 규격이었다. 이로서 삼성전자는 17, 22, 26, 32, 40, 42, 46, 57인치까지 TFT-LCD 완제품을 생산하는 최초의 디스플레이 패널 회사로 성장하였다. 또한 7세대 라인 건설로 40인치 LCD-TV패널 대량 생산에 돌입(2005년)하여 대형 TV 시장에서 주도권을 잡았다. 화질과 가격 경쟁력 모두 우위를 보이며 PDP와의 경쟁에서 승리할 수 있었다.

삼성전자는 LG필립스LCD보다 4개월 뒤에 5세대 라인을 가동하면서 세대 경쟁에서 뒤처진 상황을 역전하기 위해 LG필립스LCD가 6세대 라인을 준비하고 있는 동안 7세대로 바로 직행했다. 2004년 세계 1위 TV 기업인 소니와의 전략적 합작을 통해 "S-LCD"을 설립하면서 안정적인 수요처를 확보함과 동시에 수조 원씩 들어가는 생산라인 건설에 대한 투자 위험도 줄였다. 삼성전자는 세계 1위 TV 기업인 소니와 전략적인 관계를 맺으면서 세계 1위의 TFT-LCD 기업으로 부상하였다.

액화 LNG의 압력과 초저온을 견디는 복합재 단열패널

한국카본과 동성화인텍의 'LNG 선박용 복합재 단열패널'

한국카본의 LNG 선박용 복합재 단열패널
출처: 한국카본

얽히고설킨 복잡한 상황은 고르디우
스의 매듭(Gordian Knot)을 풀듯 새로운 방향에서 바라보면 간단히 해
결할 수 있다. 커다란 덩어리를 한 번에 움직이기 힘들 때는 여러 차례 나
눠서 옮기거나 잘게 나눠서 옮기면 된다. 이러한 방법론을 공학적 문제에
적용한 대표적인 사례가 천연액화가스(LNG)를 배로 옮길 때 사용하는
방법이다.

　LNG는 배로 옮길 때 운반 효율을 높이기 위해서 초저온고압의 액체
상태로 운반한다. LNG가 액체 상태이면 배가 운행할 때 자유표면 효과
가 발생한다. 자유표면 효과란, 자전거에 생수통을 싣고 갈 때 생수통
물이 흔들리면 무게중심이 움직여 자전거도 그 흔들림에 반응하는 것으
로, 액체 표면의 움직임이 클수록 반응도 커지는 원리를 뜻한다. 20리터
생수통을 자전거에 싣고 가는 것보다 2리터 생수병 10개를 싣고 가는
게 더 손쉽기 때문이다.

　LNG선에는 자유표면 효과를 줄이고 안전성을 유지하기 위해 내부
에 격벽을 세워 보통 4~5개의 탱크를 만든다. 탱크 격벽을 잘 세우는 것
도 중요하지만 LNG를 담는 탱크의 기밀성과 단열성, 안전성도 매우 중
요하다. 최고의 기술이 담긴 단열패드를 사용하는 이유다.

　LNG선은 영하 163℃의 액화된 천연가스를 운반하는 선박으로 초
호화 여객선과 함께, 선박의 '꽃'으로 불린다. 고도의 숙련된 건조 기술
력과 노하우가 필요하며, 가격 또한 일반 선박의 10배가 넘는 대표적인
고부가가치 선박이다. 천연가스는 메탄가스가 주성분으로, 상온에서는

기체이지만 액화 상태로 저장하기 위해 극저온인 영하 163도의 냉각 상태로 두거나 고압 상태로 보관한다. LNG선은 수송기간 동안 LNG의 기화를 최소화하기 위하여 극저온을 유지하는 4~5개의 단열 저장탱크로 구성되며 크게는 25만 입방미터의 LNG를 수송할 수 있다.

자체 LNG 중량에 의한 하중과 운송과정에서 발생하는 모든 하중을 지탱하기 위해 탱크의 단열재로 사용하는 우레탄 폼에는 유리섬유로 강화된 복합재료가 이용된다. 이러한 폼은 한국카본과 동성화인텍에서 생산하고, 스킨재 합판 사이에 놓인 샌드위치 패널 상태로 국내 조선소인 삼성중공업 및 현대중공업에 제공하고 있다.

유리섬유과 알루미늄 호일로 구성된 복합재료시트 소재 트리플렉스(Triplex)는 2가지 종류가 있는데 평면 부위에 적용하는 리기드(Rigid) 트리플렉스는 한국카본만이 전 세계에서 유일하게 생산하고 있다. 코너와 리기드 트리플렉스 이음매 부위에 적용하는 플렉시블(Flexible) 트리플렉스도 프랑스의 한 업체와 한국카본만 생산하고 있다.

우레탄 단열재를 적용한 대형 LNG 수송선 사업은 우리나라가 전 세계 1위를 차지하고 있다.

1990년대 이후에서 2000년대 초반은 국내 복합재료 관련기술이 발전하며 각 분야에서 국산화와 신제품을 개발하는 기술 전환기였다. 소형선박의 경우 슈퍼요트, 고속 레저보트, 요트 등의 프리미어급 해양레저기구 시장 규모가 증가함에 따라 내구성, 내충격성, 난연 및 해양환경성이 우수한 섬유보강 복합소재를 중심으로 상용화가 진행됐다. 선박의 대형화, 고속화 추세에 따라 선체의 강도 향상 및 생산성 향상을 위한 복합소재 개발도 이루어졌다. 2000년대 후반부터는 탄소섬유, 아라미드 섬유 및 여러 섬유를 혼합한 하이브리드 소재가 개발되면서 선종의 특성에 맞게 다양한 형태의 복합소재가 적용되었다.

1984년 설립된 한국카본은 탄소섬유 프리프레그 사업을 시작하였다. 한국카본은 대형 여객기의 인테리어로 적용되는 허니컴 샌드위치 패널용 복합재 스킨재를 자체 생산하여 내장부품을 생산 수출하였으며, 대형 LNG 선박의 단열구조물에 적용되는 유리섬유강화 우레탄폼 제조기술을 확립하고 이에 적용되는 연속식 유리섬유매트를 자체 공급하고 있다. LNG선의 가스 방벽으로 사용되는 알루미늄 시트를 포함한 유리섬유 복합재 라미네이트 기술을 개발하여 영하 163℃의 극저온에서 강도, 접착성과 인성을 유지할 수 있는 복합재를 제조하였다.

최근에는 항공기에 적용되는 복합재 소재 개발과 관련한 항공안전기술 인증 확보에 주력하고 있으며, 무인항공기 시스템 개발에도 투자가 진행되고 있다. 또한, 자동차 시장을 겨냥한 고속경화용 프리프레그 소재 개발 기술을 확립하고 PCM공법의 복합재 부품기술을 통해 부품 생산 사이클을 1분 이내로 줄이는 데 성공하였다. 한국카본은 국내 최초로 50미터 이상의 풍력발전기 대형블레이드 제작에 필요한 탄소섬유 복합재 개발도 진행하였다. 특히 저온 경화형 탄소섬유 프리프레그 소재 개발로 블레이드 제작 시 대형 몰드의 온도 편차를 균일하게 하고, 내부 발열온도를 제어하며, 경화도를 균일하게 하는 대형 복합재 부품 성형 기술을 개발하였다. 이 소재는 서남해 해상풍력 실증단지의 두산중공업 풍력발전기에 적용되었다.

반도체 소재 국산화의 기폭제

동진쎄미켐, 미국 TI에 'ArF 포토레지스트 공급'

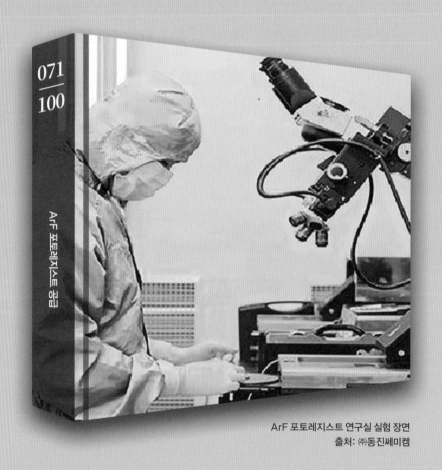

071
100

ArF 포토레지스트 연구

ArF 포토레지스트 연구실 실험 장면
출처: ㈜동진쎄미켐

빌 게이츠와 스티브 잡스가 친구들과 차고에서 조립식 개인용 컴퓨터를 조립하기 10여 년 전인 1967년, 서울 연희동에도 집 뒤 연탄 창고에 실험실을 만들어 플라스틱 원료인 폴리스타이렌 소재 개발에 나선 이가 있었다. 지난 60여 년간 우리나라는 물론 세계적으로 유명한 정밀화학업계의 핵심기술을 개발해온 (주)동진쎄미켐 이부섭 회장의 이야기다. 동진쎄미켐이 걸어온 길은 우리나라 소재 산업의 산 증인이라 해도 과언이 아닐 만큼 소재기술 역사와 맥을 같이 했다. 전량 수입되던 발포제의 100% 국산화에 성공한 것을 시작으로, 국내 최초이자 세계 네 번째로 반도체용 포토레지스트를 개발하여 현재 반도체 산업의 토대를 닦았다. 동진쎄미켐은 모든 산업을 떠받치는 소재기술 개발로 긴 세월 우리나라 산업과 과학기술의 발전 과정에 동행하며 첨단 전자소재 산업 분야에서 글로벌 선두기업의 자리를 지켜온 개척자였다.

개인이 동영상·사진·MP3 파일 등의 대용량 멀티미디어 데이터를 일상적으로 사용하면서 DMB나 휴대폰·PDA 등 소형 모바일 기기는 생활 필수품이 되었다. 이러한 기기의 핵심부품인 메모리 반도체는 수십 기가의 대용량을 저장할 정도로 발전했다. 이에 따라 고집적, 대용량 메모리 반도체 제조의 핵심인 회로 선폭 줄이기가 계속되었고, 현재 16나노미터 공정까지 양산 라인에 적용하고 있다.

동진쎄미켐은 1989년 국내 최초로 반도체용 포토레지스트의 개발에 성공한 이후, 지속적인 개발 노력으로 2000년 ArF(불화아르곤) 포토레지스트 개발에 성공했다. 기존 포토레지스트에 사용하던 원자재와는 전혀 다른 원자재를 독자적으로 개발 적용함으로써 193나노미터라는 단파장에도 투과성이 높고 해상력이 뛰어난 소재를 개발한 것이다. 다른 ArF 포토레지스트에 비해 넓은 공정 마진을 제공한 동진쎄미켐의 ArF 포토레지스트는 미국의 반도체 연구기관인 International SEMATECH으로부터 가장 우수한 제품이라는 평가를 받았다. 이를 계기로 미국 유수의 반도체 회사에서 테스트를 받아 2002년 국내 기업 최초로 미국 시스템반도체 회사인 TI(Texas Instruments)에 최첨단 반도체 양산용 ArF 포토레지스트를 공급했다.

TI에 공급이 결정된 ArF 포토레지스트는 그때까지 전인미답이었던 90나노미터의 미세 패턴을 구현할 수 있는 소재로, 세계의 유수한 포토레지스트 회사들이 양산 적용을 위해 치열하게 경합해 온 품목이었다. 동진쎄미켐은 반도체 업체 가운데 세계 최초로 ArF 포토레지스트를 양산 공정에 적용하는 TI에 공급하게 됨으로써 외국 선진사들과 기술 및 품질 면에서 어깨를 나란히 할 수 있었다.

포토레지스트는 반도체 미세화 공정의 핵심소재로 반도체 산업에서 차지하는 중요도가 크다. 따라서 동진쎄미켐의 개발 성공으로 삼성, 하이닉스 등 국내 반도체 제조사도 국내에서 첨단 소재를 공급받으면서 글로벌 원가 경쟁력을 갖출 수 있는 발판이 되었다. ArF 포토레지스트를 이용한 새로운 반도체 양산 공정은 2002년에는 로직 반도체 회사에, 2004년부터는 메모리 반도체 회사에 본격적으로 적용되어 기존의 KrF(불화크립톤) 포토레지스트를 대체했다.

이후에도 동진쎄미켐은 첨단 포토레지스트 개발에 더욱 박차를 가해, 2013년 액침 공정용 ArF 포토레지스트 개발과 상용화에도 국내 최초로 성공하였다. 해외 업체가 주도하던 정밀 반도체 공정 재료 부분에서 우리의 입지를 더욱 넓힌 것이다. 액침 공정이란 노광장치와 웨이퍼 사이에 물을 넣어 이 물이 만드는 빛의 굴절을 이용해 미세한 반도체 패턴을 형성하는 기술로, 32㎚까지 회로의 선폭을 좁힐 수 있는 기술이다. 동진쎄미켐이 개발한 포토레지스트는 액침 공정 상용화의 가장 큰 난제였던 물이나 공기방울에 의한 회로 결함을 줄인 것이 특징이다. 기존 외산 제품의 경우 단위 면적당 200~300개 수준의 결함이 나타나는 반면 이 제품은 70개 미만으로 결함을 줄여 반도체 제조사의 불량률 절감에도 기여하였다.

동진쎄미켐의 국내 최초 반도체용 포토레지스트 개발 성공과 미국 TI 수출은 반도체 소재의 국산화 시대를 열었을 뿐 아니라, 일본 등 전자 재료 선진국들이 독점하던 미세 패터닝 재료 분야의 기술 격차를 크게 줄여 사용량이 급증하는 첨단 공정 소재의 국산화율을 높이는 계기가 되었다. 이후 유사 관련 기술인 국내 디스플레이 소재의 국산화를 비롯하여 감광제 유관 기술인 코팅 머티리얼(Coating Materials) 및 시너(Thinner), 디벨로퍼(Developer) 등 여러 소재의 국산화 추진과 발전에 기폭제 역할을 하였다.

한국의 美를 세계로

인삼 성분 화장품 아모레퍼시픽의 '설화수'

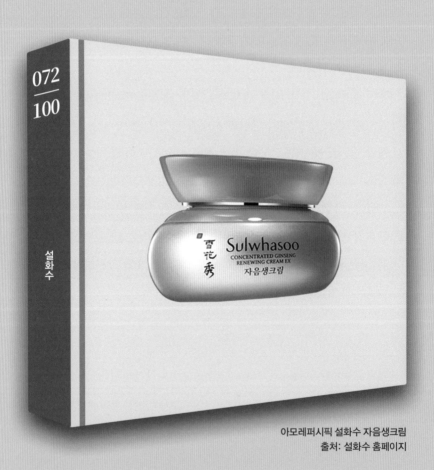

072
—
100

설화수

아모레퍼시픽 설화수 자음생크림
출처: 설화수 홈페이지

중국 최대의 명절 춘절 연휴가 시작되면 서울 명동 거리가 중국 손님들로 가득 찬다. 중국인들은 면세점이나 백화점에서 특정 제품을 싹쓸이하며 대륙의 스케일을 유감없이 발휘한다. 중국인이 가장 선호하는 최고의 제품 중 하나가 바로 '설화수'이다. 중국인이 한국 방문 시 꼭 구입하는 뷰티 아이템이며, 부모님과 지인에게 주는 최고의 여행선물로도 각광받고 있다. 중국인들의 '설화수 쇼핑'이 폭발적으로 늘어나자 국내 면세점에서 1인당 구매 개수를 제한하는 일이 벌어지기도 했다.

설화수는 2011년 3월 중국에 진출한 이후 중국인이 가장 사랑하는 한국의 명품 화장품으로 자리잡았다. 오랜 인삼 연구와 첨단 피부과학을 결합시켜 차별화한 제품으로 중국과 동남아를 넘어 미국과 유럽에까지 K-뷰티 돌풍을 일으키며 '한국의 미'를 전파하고 있다.

1990년대 초반부터 미백과 주름, 안티에이징에 효과적인 고기능성 화장품 연구가 활발해졌다. 이때부터 과일에 많이 함유된 AHA를 비롯해 비타민, 효소, 레티놀, 펩타이드 등 생체 유래 고기능성 성분을 화장품에 적용하기 시작했다. 불안정한 특성을 가지고 있는 이러한 유효성분들을 제형 내에서 안정화시키는 연구와 피부 흡수, 농도에 따른 안전성 연구 등이 진행되면서 피부과학 분야는 더욱 세분화되고 정교화되었다.

K-뷰티의 효자품목인 한방(韓方) 화장품은 1960년대 초에 인삼 성분 연구를 바탕으로 시작되었으며, 1973년 인삼을 사용한 최초의 한방 화장품 '삼미'가 탄생했다. 아모레퍼시픽은 1997년 전설적인 한방 효

능 식물에 현대 피부과학 기술을 접목한 럭셔리 기능성 한방 화장품 '설화수'를 출시했다. 한 세대에 가까운 시간 동안 부단한 연구 개발을 이어온 끝에 우수한 기술력을 축적하여 한방 화장품만의 가치를 만들어낼 수 있었다. 설화수는 출시 후 선풍적인 인기를 끌며 2008년 매출 5,000억 원을 돌파하였다. 설화수의 등장 이후 국내 한방 화장품 시장은 무한 경쟁 시대로 진입하며 LG생활건강의 '더 히스토리 오브 후' 같은 새로운 브랜드들을 계속 만들어냈다.

설화수 브랜드의 성장을 견인한 대표상품 중 하나는 인삼을 활용한 '자음생크림'이다. 아모레퍼시픽은 효소를 활용한 생전환(BIO-conversion) 기술을 개발하여 인삼 사포닌에서 컴파운드(Compound) K라는 고농도 사포닌을 확보하는 데 성공했다. 마이크로어레이(Micro-array) 기술을 통해 피부 노화에 핵심적인 역할을 하는 전사조절인자를 파악함으로써 막연하게 알려져 있던 사포닌의 피부 노화 예방 및 억제 효과를 구체적으로 검증할 수 있었다.

1960년대부터 인삼으로부터 피부 노화를 개선하기 위한 피부 활성성분 연구가 계속 이어졌지만, 인삼의 핵심 성분인 사포닌을 추출물 차원으로 활용하는 데 그쳤다. 인삼에서 고농도 사포닌 성분을 확보하는 기술을 개발하는 데 어려움을 겪었기 때문이다. 인삼을 섭취할 경우에는 장내 미생물에 의한 대사 작용을 거쳐 인체에 효능을 미치는 활성화된 사포닌 형태로 전환되지만, 피부에는 그런 환경이 갖춰져 있지 않다. 따라서 피부에 즉시 효능을 미칠 수 있는 활성화된 사포닌 형태를 만들어 화장품에 적용하는 것이 매우 중요한 과제였다. 인삼에 포함된 수십 종의 사포닌 후보 중 어떤 사포닌을 타깃으로 선정할 것인지, 어떤 반응

메커니즘을 활용할 것인지, 이를 실험실 스케일로 연구한 다음 상용 생산을 위한 스케일업을 어떻게 최적화할 것인지 등 모든 단계가 사막에서 금을 찾는 것처럼 막막했다. 인삼의 다양한 대사체 성분을 연구하고 최종 대사 산물 중 효소 반응을 통해 활성화된 사포닌으로 전환시키는 과정을 수없이 진행하고 무수한 시행착오를 거친 끝에 마침내 개발에 성공한 것이었다.

새롭게 닥친 또 다른 문제점은 이렇게 개발된 활성화된 사포닌이 난용성의 특성을 지녀 일반적인 유화제형에 고농도로 용해시켜 사용하기가 매우 어렵다는 점이었다. 이 난관을 해결하기 위해 유사한 어려움을 가지고 있던 백신제형으로부터 아이디어를 얻었다. 난용성 인삼 사포닌의 피부 흡수를 극대화할 수 있는 가용화 제형기술을 개발함으로써 마침내 설화수 자음생크림이 탄생할 수 있었다.

설화수 자음생크림은 이러한 끝없는 연구에 대한 성과를 인정받아 2008년 '장영실상' 수상을 시작으로, 2009년 '대한민국기술대상 금상' 및 세계 최초 피부 노화 개선 희귀 진세노이드 개발에 관한 '대한민국 10대 신기술 선정' 및 '대한민국 100대 기술과 주역'에 선정되었다.

인삼이라는 귀한 재료를 사용하여 완성한 하이테크 기술의 결정체인 설화수는 2015년 국내 화장품 브랜드 최초로 연 매출 1조원 달성이라는 기념비적인 업적을 세웠다. 중화권과 아세안, 북미 등 3대 시장을 중심으로 글로벌 시장 공략을 강화하는 한편 중동, 서유럽 등 신시장 개척을 통해 K-뷰티 대표 스킨케어 화장품으로 위상을 높여가고 있다.

세계적인 신약의 탄생

세계 10번째로 미국 FDA 신약 허가를 받은
LG화학의 '팩티브'

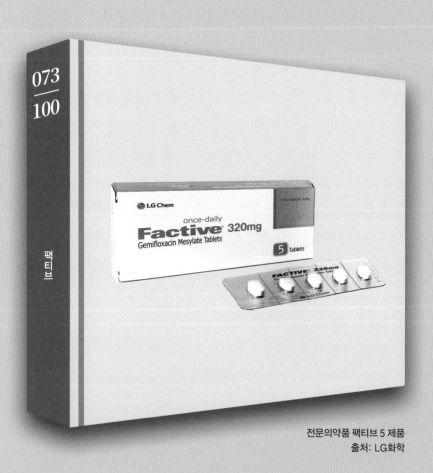

073
—
100

팩티브

전문의약품 팩티브 5 제품
출처: LG화학

2002년 10월 4일은 미국 FDA에 신약 승인을 재신청한 날이었다. 2년 전의 실패를 딛고 세계적인 신약 탄생을 위하여 재도전하는 날로 그동안 연구한 결과가 A4 용지 총 10만여 장 분량의 자료에 담겨 FDA에 제출되었다. 전임상, 임상1상, 원료의약품 및 제조시설에 대한 수많은 자료를 함께 제출했다. 이날 제출한 서류는 100여 명에 이르는 연구원들이 12년간 흘린 땀과 노력의 결정체이자 산고의 시간 그 자체였다.

6개월이 흐른 뒤 봄기운이 완연한 2003년 4월의 첫 주말, LG생명과학 본사에는 드디어 그렇게도 갈망하던 '미 FDA 신약 승인 소식'이 날아들었다. 그동안 겪었던 수많은 난관과 좌절이 성공의 기쁨과 희망으로 바뀌는 순간이었다. 한국 제약 산업 사상 최초로 미국 FDA 승인을 받은 역사적인 사건이자, 세계에서 10번째 미국 FDA 신약 승인에 성공한 국가로 우리의 기술력을 전 세계에 알리는 계기가 되었다.

2000년대부터 한국 제약 산업은 국내 시장에서 완제품 판매에 치중하던 과거에서 벗어나 글로벌 시장으로 눈을 돌리기 시작했다. 제약 산업은 과학기술과 전문인력이 강점인 우리나라의 차세대 주력 산업으로 정부의 대대적인 지원을 받고 있었다. 선진국에 비해 수출 경쟁력은 여전히 취약했지만 성장 잠재력이 높은 것으로 평가받았다. 기업들의 연구개발 투자가 지속적으로 확대되고, 그간의 연구 성과가 실제 신약 개발 결과로 이어졌다. 더불어 다국적 제약 기업과의 공동 수출계약, 기술 수출 등을 통한 신약 및 개량 신약 수출이 눈에 띄게 증가하기 시작했다.

꾸준한 연구 개발과 투자를 이어가던 2003년, LG생명과학(현 LG화학)의 팩티브가 세계에서 10번째로 미국 FDA 신약 허가를 승인받는 쾌거를 이루어냈다.

LG생명과학에서는 내성균을 치료할 수 있는 세계적인 신규 항균제 개발에 목표를 두고 연구를 시작한 지 3년 만에 새로운 퀴놀론 구조로 이루어진 신물질 제미플록사신(Gemifloxacin)을 개발했다. 1997년까지 국내 및 해외에서 전임상 시험과 1상 임상시험이 수행되어 국제적인 가능성을 확인했다. 2001년부터 팩티브 정의 세계 시장 진출이 시작되었고, 2001년 뉴질랜드, 2002년 국내 식약청으로부터 시판 허가를 받았다. 미국 FDA에는 2003년 4월에 신약으로 정식 승인을 받았으며, 8월에는 세계 처음이자 유일하게 다제 내성 폐렴 구균(MDRSP, Multi-drug resistant S. pneumoniae)에 의한 폐렴 적응증을 추가로 획득했다.

국내 신약이 미 FDA로부터 승인을 받은 것은 한국의 제약 산업 사상 최초였고, 국내 제약 역사에 획을 긋는 큰 사건이었다. 신약 개발에 필요한 모든 연구를 자체 기술원에서 수행하고, 임상 개발 중에 필요한 샘플을 자체 연구소와 공장에서 공급했다는 점에서 LG생명과학의 높은 기술력과 역량을 입증하는 성과였다.

팩티브 정은 기존 퀴놀론계 항생제의 그람음성 균주에 대한 항균력을 그대로 유지하면서 호흡기 질환의 주 원인균인 S. pneumoniae를 비롯한 그람양성 균주에 대한 항균력을 극대화시킨 제품이다. 이 제품은 각종 약제의 내성균, MDRSP, 비정형 세균을 포함하여 대부분의 호흡기감염 원인균에 광범위한 살균력을 갖고 있어 만성 호흡기질환의 악화, 폐렴, 부비동염 등 호흡기 감염증에 우수한 약효를 가진다. 특히 강력하고 신속한 균 사멸 효과, 빠른 증상 개선, 짧은 치료기간, 낮은 내성발현 가능성, 적은 약물 상호작용과 함께 모든 적응증에 동일 용량으로 1일 1회 투여라는 복용의 편리성 등을 장점으로 가지고 있다.

LG생명과학의 팩티브는 척박한 국내 신약 개발 환경을 딛고, 세계 시장 진출의 높은 벽을 극복한 성공적인 사례이다. 미국 및 유럽의 다국적 기업이 장악하고 있는 세계 제약 시장에서 한국의 제약 산업은 취약한 내수 기반과 연구 개발 투자 규모와 인력의 영세성, 경험 부족, 임상 시험 등에 필요한 핵심적인 지식 및 기술 부족 등의 벽을 넘는 것이 어려워 보였다.

신약 후보물질을 개발한 LG생명과학은 세계적인 제약회사와 자사의 협상력을 최대화하는 전략적 제휴에 성공함으로써 미국 FDA 신약 승인을 획득한 국내 최초의 기업이 되었다. 한국 기업이 강점을 가진 신약 후보물질 개발 능력을 토대로 세계적 제약사와의 제휴를 적극 활용할 때, 세계 시장 진출이 가능하다는 사실을 실제로 보여주었다. 이는 한국 제약 산업이 세계 시장 진출을 위한 신약 제조기술 및 지식을 축적하고 글로벌 제약사로 발돋움하기 위한 교두보를 마련하는 발판이 되었다.

대한 조선의 항해는
거침없이 세계를 누빈다

세계 시장 점유율 1위로 우뚝 선 '조선 산업'

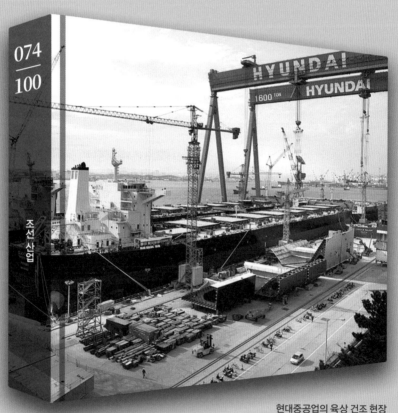

현대중공업의 육상 건조 현장

2003년 이후 지금까지 15년 이상 우리나라의 조선 산업은 수주량, 건조량, 수주잔량 및 건조기술 등 모든 분야에서 세계를 선도하고 있다. 2003년 우리나라 조선소들은 합계 3,240만 G/T를 수주하여, 전 세계 조선 시장에서 점유율 43.8%를 기록하며 세계 1위를 달성하였다. 물론 그전에도 1993년, 1999년, 2000년에 수주량 1위를 달성한 적이 있으나 지속적이지 않았고, 그 당시는 기술 자립도 미흡하였다고 판단된다. 그러나 2003년부터는 달랐다. 건조량 최고를 기록한 2003년의 세계 시장 점유율은 37.9%였으며, 수주잔량은 3년치 일감을 상회하는 4,475만 G/T로 세계 조선 시장의 39.9%를 차지하였다. 이는 일본의 32%, 중국의 13.7%를 크게 앞서는 수치였다. 수주잔량 1위는 1998년 처음으로 세계 1위를 한 후 계속 이어지고 있다.

2008년 기준으로 세계 10대 조선소 중에서 7개가 국내 조선소일 정도로 조선강국으로서의 면모를 자랑하고 있으며, 다양한 초일류 선박과 신개념 해양구조물을 설계하고 건조하면서 선박해양플랜트 분야 기술을 선도하고 있다. 따라서 2003년을 명실상부하게 우리나라 조선 산업이 세계 1위로 우뚝 선 해라고 할 수 있다.

1956년 이래 반세기에 걸쳐 세계 조선업계의 선두는 전 세계 선박 건조량의 50% 이상을 점유하던 일본이었다. 일본이 세계 조선 산업을 선도할 수 있었던 이유는 선박 블록건조 기법을 적극 도입하여 건조비용을 획기적으로 줄였기 때문이다. 숙련된 용접 기술을 선박 생산 기술에 적용하여 선박을 수십 개의 블록으로 분할하여 육상에서 제작한 후 도

크에서 조립 건조하는 생산방법을 적용함으로써 생산 효율을 획기적으로 향상시킬 수 있었다. 그러나 70년대 세계 경제가 어려워지면서 조선 산업 합리화를 추진하는 과정에서 설계 인력을 대폭 축소하여 신기술 개발의 동력을 잃어버린 일본은 선두 자리를 한국에 내어주게 되었다.

이에 반해 한국은 어려운 환경에도 지속적으로 조선 기술을 개발하였다. 자체적인 조선 기술 개발은 한국 조선 산업 발전 과정에서 매우 중요한 역할을 하였다. 후발국이었던 한국은 처음에는 일본에서 기술을 도입하려 하였으나, 기술 유출에 민감한 반응을 보인 일본의 보수적인 태도로 기술 이전을 받을 수 없었다. 한국은 80년대 당시 일본에게 패권을 빼앗기고 조선 산업을 정리하고 있던 유럽으로부터 기술을 도입하였고, 일본으로부터도 계속 기술 유입에 공을 들였다. 또한 이에 만족하지 않고 자신들이 받아들인 기술력을 바탕으로 새로운 기술을 적극 개발해 나가는 기지를 발휘했다. 설계 기술이나 도크 활용 능력 등은 애초 유럽이나 일본에서 수입된 기술이었지만, 한국 기업들은 이 기술을 활용하여 자신들만의 고유 기술로 발전시키는 데 성공했다.

조선 기술을 선도하는 원천기술의 개발은 물론 생산기술을 혁신적으로 향상시켜, Mega, Giga, Tera 블록공법을 개발하고, 초대형 해상크레인을 이용한 해상탑재 공법을 적용하였다. 조선업체들은 육상건조 공법을 대형선에까지 확대 적용하여, 조선소의 모든 공간을 선박 생산에 활용할 수 있게 하였다. 또한 대형 도크의 크레인 용량을 50% 이상 증가시켜 탑재기간도 단축시켰다. 이 같은 기술적 발전 및 개선을 통해 국내 조선소의 건조능력을 50% 이상 증가시키며 수주 경쟁력을 대폭 향상할 수 있었다.

21세기에는 석유시추선으로 영역을 확대하였다. 2004년부터 국제유가가 급상승하자 세계적인 석유회사들이 앞다투어 한국 조선업계에 석유시추선을 만들어 줄 것을 부탁하였다. 석유시추선은 세밀한 설계 및 건조 기술력이 투입돼 가격이 5억에서 최대 30억 달러(한화 3조 원)를 상회하지만 글로벌 석유기업들은 '메이드 인 코리아' 석유시추선으로 석유를 캐겠다고 나섰다.

이런 경쟁력은 대형 투자에 의한 시설의 우월성, 양질의 조선기자재 공급을 비롯한 산업 생태계의 우월성, 제품 개발 및 생산을 주도하는 우수한 기술력을 바탕으로 한다. 특히 우수한 기술력은 조직적인 기술 개발 지원 정책과 이 분야에 종사하는 기술 인력의 노력과 열정을 통하여 구축된 것이다.

최근 해양플랜트 및 고부가가치 선박인 LNG 운반선 발주가 증가해 국내 조선 산업에 청신호가 켜지고 있다. 그동안의 아픈 경험을 참고하여 이러한 기회를 잘 활용해 해양플랜트 수주에 성공한다면 현 정부가 심혈을 다해 추진하는 일자리 창출 정책에도 기여할 것이라고 기대하고 있다.

전국을 반나절 생활권으로

신교통혁명의 시작, '경부고속철도 개통'

경부고속철 1단계 개통식

서울에 사는 회사원 김 씨는 부산에 갈 때마다 고민에 빠진다. 고속철도(KTX), 여객기, 고속버스, 자가용 가운데 어떤 교통수단을 이용할지 망설여지기 때문이다. 2004년 서울에서 동대구까지 고속철도 시대가 열리고, 2010년 서울에서 부산까지 KTX가 개통되면서 김 씨처럼 어떤 교통수단을 이용할지 고민하는 사람들이 많아졌다. 이동 거리, 비용, 시간, 효용성 등을 모두 따져 보다 현명한 선택을 해야 하는 시대가 온 것이다.

김 씨는 이번 출장길에 새로 개통한 KTX를 처음으로 타보기로 했다. 기차가 고속으로 달리는 건 어떤 느낌일까. 오전 9시 부산행 KTX는 서울역 플랫폼을 미끄러지듯 빠져나가 광명역을 지나면서 속도를 내기 시작했다. "지금 이 열차는 시속 300킬로미터입니다"라는 기관사의 안내방송이 흘러나왔다. 빠르게 스쳐지나가는 창밖 풍경에 익숙해질 즈음 부산역에 도착했다. 시계는 11시 40분, 2시간 40분이 걸렸다. 4시간 넘게 걸리던 이동시간이 줄어드니 1박 2일이었던 출장길이 하루로도 충분해졌다. 느긋하게 점심을 먹고 회의에 참석했다. 퇴근 전에 다시 서울에 도착할 생각을 하니 콧노래가 절로 나왔다.

1980년대 초 정부는 경부고속철도 건설을 심각하게 고려하였다. 그러나 1988년 올림픽 개최가 확정되면서 건설비 마련이 어려워지자 88올림픽 이후로 건설을 연기하였다. 1987년 대통령 선거에서 노태우 대통령 후보가 경부고속철도 건설을 선거공약으로 내걸고 대통령에 당선되면서 경부고속철도 건설을 위한 준비사업에 착수한다. 준비반의 작업 결과를 바탕으로 1989년 5월 공식적으로 고속철도 건설방침을 공식화하였다. 1990년 6월에는 전 노선이 결정되어 1992년 6월 30일 천안아산역 예정지에서 기공식이 거행되었다. 그러나 공사는 문화재 훼손 논란, 잦은 설계 변경, 부실 공사 의혹, 외환위기, 환경 훼손 등 여러 문제로 위기에 봉착하면서 6년으로 예정되었던 공사 기간을 훨씬 넘긴 12년의 공사 끝에 1단계 서울~동대구 구간이 2004년 4월 1일 개통하였고, 2002년에 착공한 2단계 대구~경주~부산 구간 사업이 2010년 완공하였다.

경부고속철도는 최고 설계속도 350km/h, 총연장 417.5km로 총연장의 67.8%가 교량(114.4km)과 터널(170.8km)로 이루어졌다. 고속철도 건설 경험이 전무한 상황에서 시작한 사업이라 당시로서는 대단한 도전이었다. 계획 단계부터 우리나라의 전문 기술 인력을 주축으로 하되 우리에게 미흡한 부분은 외국 기술진을 적극 참여시켜 자체적으로 고속철도 건설의 기술력을 배양하도록 하는 데 목표를 두었다.

1994년 고속 차량 형식이 프랑스 TGV(Train à Grande Vitesse)로 결정되었다. 전체 차량 46편성 중 34편성은 계약에 따라 TGV 차량의 제작기술을 이전받아 이를 바탕으로 국내에서 제작하기로 하였다. 하지만 차량 설계기술은 제대로 이전되지 않았고, 극히 미미한 수준의 일부 요소기술만 이전되었다. 이 때문에 차량 시스템과의 호환, 연계성을 고려한 설계 기준 보완이 이루어졌고, 국외 전문가들의 설계 검증에 따라 교량 형식과 일부 설계 변경이 있었다. 프랑스 시스트라(Systra)의 설계 검증을 거치면서 비로소 경부고속철도 건설에 대한 대외적인 신인도를 획득하고 노반 구조물의 안전성을 확보할 수 있었다.

경부고속철도 사업은 최종 사업비 약 20조 원, 사업 기간 약 21년(1

단계 15년/2단계 6년 7개월)이 걸린 초대형 국책 사업이었다. 서울역에서 부산역까지 2시간 40분만에 주파하는 경부고속철도의 개통으로 전국의 반나절 생활권역이 확대되었고, 국민의 장거리 교통이 고속철도 위주로 재편되는 효과를 가져왔다. 이는 국토 공간의 시간적 거리를 크게 단축시켰으며 국민의 생활 패턴에도 큰 변화를 가져왔다. 우리나라는 안전하고 편리한 초고속 교통망을 갖춤으로써 물류비 절감, 남북철도망 연결 및 대륙횡단철도망 진출 등 새로운 철도혁명시대로 진입하는 기반을 마련할 수 있었다.

고속철도는 차량, 신호, 통신, 노반, 궤도 등 모든 분야에서 최첨단 기술이 집약된 과학기술의 총아이다. 고속철도의 핵심기술은 소재, 자동차, 정보 및 항공우주 산업 등 미래 산업 분야에서도 널리 활용되었다. 그런 차원에서 경부고속철도 개통은 국가적인 위상과 산업 경쟁력을 높여준 신교통혁명이었다.

풍로에서 도시가스로 이어지는
푸른 불꽃의 신비

친환경 에너지 인프라 구축을 이끈
'도시가스 수용가 1,000만 가구 돌파'

076
—
100

도시가스 수용가 1,000만 가구 돌파

마을 단위 LPG 소형저장탱크

연탄아궁이와 함께 7~80년대 부엌의 화력을 담당했던 풍로는 등유 한 통과 함께 늘 부엌 한쪽에 자리를 지키고 있었다. 풍로는 화구가 작고 화력도 낮은 탓에 온 식구가 모인 저녁식사를 준비하기에는 역부족이었다. 간혹 여유 있는 집은 액화석유가스(LPG, Liquefied Petroleum Gas)통을 연결한 가스레인지를 사용하기도 했다. 그러던 어느 날 동네 사거리부터 땅을 파헤치는 대규모 공사가 벌어지더니 각 가정마다 도시가스가 연결되었다. 부엌에서 가스레인지를 사용할 수 있게 되자 어머니의 저녁 풍경도 바뀌기 시작했다.

1980년대 후반 서울에 액화천연가스(LNG, Liquefied Natural Gas)용 도시가스가 보급되면서 연출된 풍경이다. 1973년 제1차 석유위기로 국제원유 가격이 급등하자 정부가 석유의 대체연료로 천연가스를 도입하여 국민의 난방 및 취사용 연료로 공급하기 시작한 것이다.

액화가스에는 LPG와 LNG가 있다. LPG는 석유를 정제하면서 발생하는 프로판과 부탄을 활용한 가스로 가스가 액체로 변하는 온도인 임계온도가 높은 편(97℃)이어서 통에 담아 쉽게 운반하고 보관할 수 있다. 반면 LNG는 가스 형태로 직접 채취되는 메탄가스를 액화한 것으로 온도가 낮아(−82℃) 파이프라인을 통하여 보급한다.

국내 LPG 개발은 1964년 대한석유공사의 울산 정유공장 가동에서 시작되었다. 원유 정제과정에서 생산되는 가스로 국내 LPG 산업의 기초가 마련된 것이다. 당시 울산 정유공장의 LPG 생산량은 1,000톤 미만이었으나 1968년에는 1만 5,000톤에 이르렀고, 1970년 호남정유 여천 정유공장이 가동하면서 3만 3,000톤 규모로 늘었다. LPG 생산량 증가와 함께 그 편리성에 대한 인식도 대중화되어 점차 소비가 늘어났다. 1971년에는 서울시영도시가스가 설립되어 가스 연료의 대중화에 대한 기대가 커졌다.

때마침 발생한 제1차 석유위기로 정부는 1978년에 동력자원부(현 산업통상자원부)를 신설한다. 정부는 천정부지로 가격이 치솟은 석유 대신 국민들에게 공급이 가능한 에너지원을 찾기 시작하였으며 에너지원 다원화와 대기 환경 개선을 위해 원자력발전과 LNG 도입을 결정하고, 1986년 10월 LNG를 도입하면서 도시가스 사업을 본격적으로 수행하기 시작했다. LNG의 도시가구 개별 공급은, 1990년대 초반 수도권 신도시 건설과 맞물려 급속도로 확산되었다. 국민 소득이 늘고 편의성에 대한 요구도 커지는 상황에서 도시가스 도입은 국민들에게 큰 환호를 받은 조치였다. 친환경 에너지 정책이었을 뿐더러 가스기기 산업의 성장도 이끌어 오늘날 세계적 경쟁력을 갖추게 된 시발점이 되었다.

1990년 우리나라의 LNG 소비량은 300만 TOE(Tonnage of Oil Equivalent, 원유 1톤의 발열량 1,000만 킬로칼로리 기준 단위)에서 2000년 1,900만 TOE로 급격하게 증가했다. 2004년 도시가스 1,000만 가구 보급으로 현대적 친환경 에너지 인프라 구축의 완성 단계에 돌입했으며, 2016년 말 소비량은 4,500만 TOE로 우리나라 전체 에너지 소비량의 15.4%에 이르고 있다.

가스 사용에서 가장 문제가 되는 것은 역시 안전문제다. 특히 1994년 12월에 발생한 아현동 가스사고는 가스공사의 안전관리체계를 확고히 정립하는 계기가 되었다. 가스공사는 시설 점검 위주로 이루어지던 기존 안전관리체계의 한계를 인식하고, 경영 활동 전반에 걸쳐 종합적인 안전관리체계를 구축하기 위해 1995년 가스안전관리 종합대책을 수립하였다. 이를 위해 세계 최고 수준의 종합안전관리체계를 구축한 모빌(Mobil) 그룹의 EHS(환경·보건·안전) 활동을 분석해 1997년 1월 선진 환경·보건·안전관리체계(EHSMS, Environmental Health & Safety Management System)를 구축하기 위한 안전관리 5개년 발전계획을 수립하였고, 그해 5월 모빌 EHS사와 용역 계약을 체결했다.

1998년 56%였던 EHS 관리체계의 현장 정착 정도는 2001년에는 93%로 향상돼 싱가포르 주롱(Jurong) 기지의 56.5%, 영국 세이지 가스(Sage Gas)의 85%보다 훨씬 안정적인 상태로 발전했다. 2000년 6월 가스공사의 선진 안전관리체계는 영국표준협회(BSI)로부터 안전 및 보건관련 ISO(BS8800 & OHSAS18001, 안전 및 보건경영시스템) 인증을 취득함으로써 국제적으로도 널리 인정받게 됐다.

철강 산업의 친환경 과제 해결로
원가 절감까지 이루다

포스코의 '파이넥스 공법'

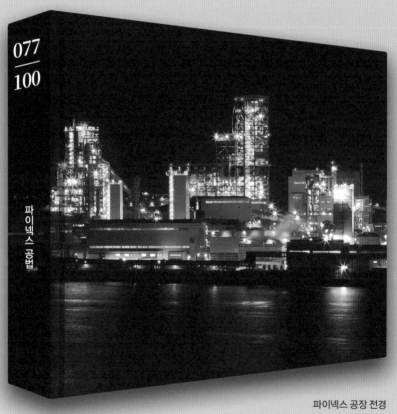

077
100

파이넥스 공법

파이넥스 공장 전경
출처: 포스코

"한국 기업이 세계 철강 산업을 획기적으로 바꿀 수 있는 신기술을 개발했다는데?" "경제성은 물론 환경 문제도 동시에 해결한다면서?" "한번 방문해서 현장을 볼 수 있을까?"

21세기 초반 국제학술대회에 가면 세계적인 에너지 및 철강 분야 학자들이 한국인 참가자들을 둘러싸고 이 신기술에 대해 물어보는 장면을 쉽게 목격할 수 있었다.

환경 오염 문제는 산업계 입장에서도 더 이상 간과할 수 없는 어려운 주제이다. 환경에 대한 고려 없이 사업을 영위하기 어려워진 상황을 타계하려면 오히려 주도적으로 '환경'이라는 키워드를 경쟁력 강화의 방편으로 삼는 것이 효과적일 것이다. 철강 산업은 환경 오염 물질을 대량으로 배출하는 산업 중 하나이다. 이런 문제를 단번에 해결할 만한 기술 혁신이 포스코에 의해 이루어졌다. 2004년 포스코와 지멘스VAI가 공동으로 개발한 세계 최대 규모 비(非)용광로 제철 공정인 파이넥스(FINEX) 공법은 산업계가 주도적으로 '친환경'의 의지를 드러낸 중요한 업적이었다. 파이넥스 공법은 환경성뿐만 아니라 경제성 면에 있어서도 의미 있는 성과를 이뤄냈다.

1973년 포항제철소의 제1고로를 가동한 이후 우리나라의 철강 산업은 비약적인 성장을 이루어 세계적인 철강 산업국의 지위를 차지했다. 그러나 2000년대 들어 국내 철강 산업은 성숙단계로 접어들었다. 국내 산업 구조의 고도화와 글로벌 경제의 침체로 자동차, 조선, 건설 등 철강 수요 산업의 성장세가 현격히 둔화된 것도 주요 요인이었다. 철강업계는 급변하는 대내외 환경에 능동적으로 대응하기 위해 혁신기술 개발에 전력을 쏟았다. 고부가가치 제품 개발을 통해 선진국 시장을 개척하고 후발 개도국 경쟁업체들의 추격에 대비하는 한편, 점차 고도화되는 내수 시장에 대응하며, 미래 경쟁력 확보를 위해 노력하였다.

포스코는 원가 절감과 환경 오염 방지 효과가 큰 제선공법인 파이넥스 공법을 중점 기술로 개발하고 상용화를 추진하였다. 포스코는 1990년 정부 공업 기반 기술과제로 파이넥스 공정을 개발하기 시작하였으며, 포항산업과학연구원(RIST)이 주관연구기관으로서 참여하였다. 연구 개발은 2000년까지 10년간 진행되었으며, 총 소요 비용은 582억 원으로 정부 215억 원, 포스코 361억 원, 그리고 신철강 조합이 6억 원을 출연하였다. 연구 개발을 통해 상업화 가능성을 확인한 포스코는 2000년부터 단독으로 파이넥스 상용화 개발에 착수하였다. 이와 동시에 제품의 고부가가치화, 저원가 기술 개발, 고객지향형 철강재 이용기술 개발, 환경친화형 기술 개발, 차세대 포스코형 혁신 기술 개발 등을 5대 중점 전략으로 삼아 파이넥스 공법, 스트립캐스팅(Strip Casting), 연연속압연기술(CEM) 등의 기술혁신을 2004년까지 추진한다는 내용이 담긴 중기기술개발계획을 발표했다.

포스코는 2003년 6월 연산 60만 톤 규모의 데모플랜트를 건설해 상용화하였다. 이어서 2007년에는 1조 600억 원을 투자하여 2세대 연간 생산량 150만 톤 규모의 파이넥스 설비를 가동하였다. 2014년에는 2세대와 동일한 투자비로 생산량이 33%나 늘어난 3세대 200만 톤 규모의 파이넥스 공장을 준공하였다. 이로써 혁신 철강제조기술로서의 파이넥스 시대를 구축해 나가는 계기를 마련하였다.

파이넥스는 지난 100여 년간 사용돼 온 고로방식의 제철 프로세스를 대체할 수 있는 제선공법으로, 가루 형태의 철광석과 석탄을 예비 처리 없이 직접 투입하여 쇳물을 생산한다. 원료의 예비처리가 필요하지 않아 설비투자 비용이 절감되고 원료처리 과정에서 발생하는 오염 물질이 배출되지 않는 친환경공법으로 기존 고로방식이나 코렉스 공법보다 훨씬 효율적인 제선공법이다. 코렉스 공법은 큰 덩어리로 된 철광석과 석탄을 사용하기 때문에 원료비가 비싼 단점이 있다. 파이넥스 공법에는 철광석덩어리(괴광)가 아니라 철광석가루(분광)를 사용할 수 있다. 분광은 괴광보다 매장량이 풍부해 가격이 20% 이상 저렴하다. 또한 연료용 석탄도 고급 강점결탄이 아닌 일반 석탄 사용도 가능해 연료에서도 20% 이상 원가가 저렴해진다.

또한 분광과 석탄을 그대로 원료로 사용하는 파이넥스 공정은 분광을 소결하는 과정과 석탄을 건류하는 코크스 제조 공정이 생략되기 때문에 투자비가 적게 들 뿐만 아니라 공해 물질 배출 또한 크게 저감할 수 있다.

파이넥스 공정은 저급 연원료를 지역 또는 생산 여건에 맞추어 대응하면 기존 고로방식에 비해 원가 경쟁력이 있으며, 환경에 관해서는 공정을 생략한 효과에 의해 지속적인 경쟁력을 가진 공정으로 주목 받을 것이다.

포스코는 현재 파이넥스 2공장(150만 톤, 2007년)과, 3공장(200만 톤, 2014년)을 가동하고 있다.

주방 문화를 바꾼 4도어 냉장고

삼성전자의 '지펠 콰트로 냉장고'

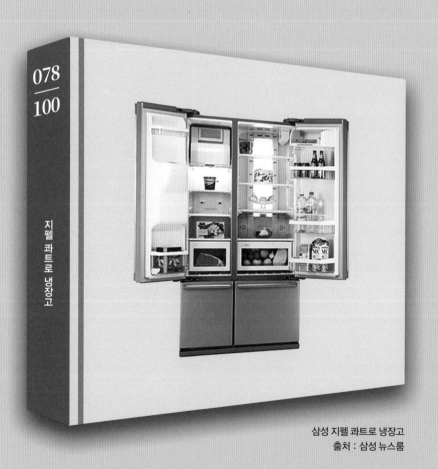

078
—
100

지펠 콰트로 냉장고

삼성 지펠 콰트로 냉장고
출처 : 삼성 뉴스룸

외국 언론은 삼성전자가 소니 등 일본 전자업체를 따돌리고 세계시장을 석권하고 있는 현실을 놀라운 눈으로 바라보고 있다. 이번에는 상상도 할 수 없었던 4도어 냉장고가 탄생했다. 삼성의 신제품 개발 과정은 외국 언론뿐 아니라 경쟁사들에게도 초미의 관심사였다. 삼성전자에서 전 세계를 사로잡는 냉장고를 연거푸 만들어내는 비결은 무엇일까? 실제 개발팀을 들여다 본 풍경은 짠 내나는 강행군 그 자체였다. 개발팀원들은 세계 최초 4도어 냉장고 개발에 착수한 이후 마음 편히 쉬어본 적이 없었다. 명절 때도 귀향을 포기해야 했고, 심지어 진급을 위한 회사 내부 교육도 빠져야 했다.

사상 초유의 '지펠 콰트로' 개발 과정은 말 그대로 무에서 유를 창조하는 과정이었다. 벤치마킹 대상이 없으니 개발 과정에서 생긴 문제는 개발팀 스스로 해결할 수밖에 없었다. 4개의 냉장·냉동 공간에 대한 성능 실험을 위해 연구원이 직접 여러 날에 걸쳐 4개의 문을 7분마다 한 번씩 개폐하는 지루하고 단순한 실험을 반복하는 일도 다반사였다. 이런 신뢰성 실험이 큰 항목만 80여 가지로, 모두 팀원들의 밤잠과 바꿔야만 하는 과정이었다. 세계 시장을 석권하는 1등 냉장고의 비결은 신기술을 제품으로 상용화하기까지 넘어야 하는 죽음의 계곡을 극복한 임직원의 땀과 열정이었다.

우리나라 냉장고 기술은 1980년대 들어 컴프레서 등 주요 부품이 국산화되고 마이콤을 이용한 전자식 냉장고 기술 수준이 높아지면서 절전형 냉장고, 다목적 냉장고, 친환경 냉장고 기술을 통해 세계 가전업계를 따라잡기 시작했다. 일부 기술은 세계 최초로 개발되는 성과를 보이기도 했다. 1990년 당시 국내 프리미엄 냉장고 주력 제품은 300~400리터였고, 600리터급 냉장고는 미국 아만나와 캘비네이터로부터 5,000대를 수입하고 있었다. 대형 냉장고 수입이 500% 이상 증가하며 제조업체가 수입에 앞장선다는 비판이 일자, 가전 3사는 냉장고 수입을 보류하고 대형 냉장고 국산화를 추진하기 시작했다. 특히 1990년대 선진국들이 냉장고 신제품 개발에 소홀하고, 후발 국가들이 아직 기술 경쟁력이 따르지 못하는 시기에 국내 기업들이 적극적인 기술 개발을 통해 냉장고 기술 선도 전환기를 맞이한다.

1990년대 중반까지 프리미엄 냉장고 시장은 GE, 월풀 등 외산 브랜드가 주도하고 있었다. 1990년대 후반부터 디오스(LG전자), 지펠(삼성전자)이라는 프리미엄 냉장고 브랜드를 내세워 양문형 냉장고를 출시하기 시작하면서 국내 프리미엄 냉장고 시장에서 외산제품들의 시장 점유율이 급격히 줄어들기 시작했다. 삼성전자는 1999년 4월부터 사내 가치혁신 프로그램(VIP, Value Innovation Program)의 일환으로 유럽형 양문형 냉장고 상품 개발에 들어갔다. 이때 탄생한 제품이 유럽형 양문형 냉장고 'ET(Euro Top)'로 환경을 중시하는 유럽 소비자들의 정서를 반영하여 에너지 등급을 A로 끌어올렸고, 유럽의 싱크대에 맞춰 설치할 수 있도록 제품 깊이를 60센티미터로 줄였다. 또한 스키를 좋아하는 유럽인의 취향을 디자인에 적용, 손잡이를 스키 모양으로 제작했다. 2000년에 양문형 냉장고를 유럽시장에 첫 수출한 삼성전자는 매년 20%씩 성장하는 추세를 이어갔다. 2002년에는 월풀, GE 등 세계 주요 가전업체를 제치고 영국, 독일 등 9개국에서 판매 1위를 차지했다.

양문형 냉장고 시장 점유율을 높이면서 삼성전자는 2005년 세계 최초의 4도어 냉장고인 '지펠 콰트로(Zipel Quatro)'를 개발하였다. 좌우의 대형저장실에 하단의 서랍식 저장고를 추가하여 공간을 좌우상하 4분할한 제품으로 4개의 저장 공간이 각각 독립된 냉각기를 쓰기 때문에 식생활 패턴 및 계절적 환경에 따라 냉장-냉동 비율을 1:3 또는 3:1로 자유롭게 바꿀 수 있다. 특히 저장 공간마다 각각의 냉각기를 배치하여, 냄새 섞임을 방지하였다. 뿐만 아니라 냉각 효율을 획기적으로 높이기 위해 독립냉각방식 기술을 한 단계 발전시켜 4개의 냉각기를 적용해 냉장 실내 습도를 72% 수준으로 개선하였다.

지펠 콰트로는 미국의 소비자 정보 조사회사인 굿 하우스 키핑(Good House Keeping)에서 2007년 굿 바이 어워드(Good Buy Awards) 제품으로 뽑혔고, CES(Consumer Electronics Show) 2006에서 국내 생활가전 제품 최초로 최고 혁신상(Best Innovations Award)을 수상했다. 영향력 있는 시사 매거진 〈타임〉에서도 지펠 콰트로를 꼭 구입해야 할 기기(Cool Must Have Gadgets) 중 하나로 소개했다. 국내 시장에서도 출시 3개월 만에 1만 대가 판매되는 등 전 세계 프리미엄 냉장고 시장을 석권했다. 2014년 세계 최대 용량 셰프컬렉션 냉장고 등 혁신제품을 지속적으로 출시하면서 8년 연속 냉장고 세계 시장 점유율 1위를 기록했다.

우리나라는 2000년대 인버터 기술과 단열재 개발을 통해 냉장고의 에너지 소비를 최소화하였을 뿐만 아니라 용적률을 극대화하는 설계 기술을 보유하면서, 전 세계 프리미엄 냉장고 시장과 글로벌 소비자 평가에서 1위를 차지했다. 냉장고의 기본적인 기능 발전 외에도 주방 인테리어에 고려되는 '디자인'을 강조함과 동시에, 사물인터넷을 결합한 스마트 냉장고 개발로 차세대 냉장고 기술을 선도하고 있다.

농어촌 근대화를 앞당긴
전화 현대화 사업

세계 일류 전력 소비효율 달성의 계기를 마련한
'220볼트 승압'

079
/
100

220볼트 승압

고압 전류를 낮은 전압으로 낮춰 가정에 보내는 변압기

1970년 1월 26일, 상공부는 110볼트를 220볼트로 승압한다는 시행 방침을 공표했다. 1972년부터는 신규 수용을 220볼트로 공급하도록 했고, 1973년부터는 강원도 명주와 삼척지역 3,000호를 시발로 승압을 실시함으로써 대역사의 첫발을 내디뎠다.

기존에 사용하던 110볼트용 가전기기는 '도란스'라 불리던 변압기를 연결해 전압을 낮춰 사용해야 했다. 당시 경제 규모가 그렇게 큰 편이 아니어서 가전기기의 보급이 많지 않았기 때문에 승압으로 인한 국민 저항은 크지 않았다. 물론 220볼트로 승압을 추진할 당시에 일부 반대 의견이 있긴 했지만, 적절한 승압 타이밍을 놓쳐 국제적으로 표준화되고 있는 220볼트 승압을 시행하지 못한 것을 후회하는 일본과 미국의 사례를 들어 반발을 무마할 수 있었다. 안전 문제는 누전차단기 개발과 적용으로, 110볼트 전용 가전제품 문제는 기기 개조, 교환, 강압기 지급 등을 통해 국민들의 이해를 구하며 밀어붙였다.

1973년에 시작된 220V 승압은 2005년 11월에 완료되었다. 가정용 전기 공급을 110볼트에서 220볼트로 승압하도록 한 정부의 정책은 결과적으로는 자원의 효율적 이용을 통한 국민의 생활수준 향상에 크게 기여하였다. 110볼트에서 220볼트로의 승압으로 설비 증설 없이 2배 정도의 전기 사용이 가능해졌고, 전기 손실율도 크게 줄어서 발전소를 두 배 늘린 효과를 얻었다.

당시 정부에서 이런 조치를 취한 것은 농어촌 발전을 위해 곳곳에 전기와 전화를 보급하기 위한 목적도 있었다. 110볼트로 전기를 보내면

송전 중 전기 손실율이 높아 중간에 승압을 위한 변전소를 지어야 하지만, 220볼트로 전기를 보내면 110볼트로 송전할 때보다 멀리 전기를 보낼 수 있어 저렴한 비용으로도 농어촌 전화 보급을 시행할 수 있었다.

1945년 해방 이후 지속돼 온 심각한 전력난으로 제한 송전을 할 수밖에 없어 신규 공급은 자제해 왔다. 당시 전력사업자였던 조선전업, 경성전기, 남선전기 등 전기 3사를 통합하여 1961년 한국전력공사를 설립하고, 1964년 제한 송전을 해제하면서 전력 개발에 본격적으로 돌입하였다. 1965년부터 수급이 안정되어 농어촌 전화문제 해결에 돌입하였다.

1965년 「농어촌 전화촉진법」을 제정하고 22.9킬로볼트 배전계통 전압의 단일화 사업에 착수함으로 본격적인 전기/전화의 현대화 작업에 돌입하였다. 어느 정도 만족할 수준까지 올라온 도시 지역의 전기/전화 보급에 비해 12%라는 턱없이 낮은 농어촌 전기/전화 보급률은 우리나라가 중진국으로 진입하기 위해 반드시 넘어야 할 걸림돌이었다. 우리나라의 60%를 차지하는 농어촌의 근대화는 단지 경제적인 면만 의미하는 것이 아니었다. 전기와 전화의 보급은 농어민의 생활수준을 향상시키고 의식 구조 개선에도 기여한 사회적 문화적 가치 측면에서도 의미 있는 사업이었다.

전력 공급은 배전시설과 자가발전시설, 개체공사 등에 소요되는 비용은 융자금과 전기수용자의 일시부담금, 국가와 지방자치단체의 보조금으로 충당하고, 내선 설비 공사비만 전기수용자가 부담하도록 했다. 전봇대에서 집 안으로 연결되는 시설비만 부담하면 집으로 끌어올 수 있었기에 많은 가정에서 전력을 공급받을 수 있었다.

1차 농어촌 전화사업 수행 결과 1964년 말 12%였던 농어촌 전화율이 1970년에는 33.5%로 증가했고, 1979년에는 275만 5,000호에 전기가 공급돼 98%의 전화율을 이루었다.

광복 이후 지난 60여 년 동안 펼쳐온 배전 기술의 발전 역사 중 가장 의미가 큰 것을 꼽아 보면, 단연 1960~70년대에 시행된 배전 전압의 단일화와 승압이라 할 수 있다. 1차 배전 전압을 외국보다 상당히 높은 전압인 22.9킬로볼트 단일 전압으로 확정했고, 미국이나 일본과 달리 2차 배전 전압 또한 220볼트로 승압을 완료함으로써 전선의 이용 효율을 획기적으로 향상시켰다. 이어서 진행된 농어촌과 도서지역의 전화 사업은 대한민국 방방곡곡에 값싸고 품질 좋은 전기를 공급해 국민의 생활수준을 획기적으로 향상시키는 계기가 됐다.

전력계통의 성과로는 이밖에도 1995년 한국전력공사의 필리핀 말라야화력발전소 프로젝트 수주, 2002년 전 국토를 아우르는 세계 최초 765킬로볼트 송전 전압 격상 및 배전자동화 국산화 성공, 제주와 육지를 잇는 HVDC 전력계통 연계, 배전설비의 지중화 사업 등이 있다.

중국 자금성도 칠한 한국의 페인트

노루페인트의 '자금성 보수 도장 프로젝트'

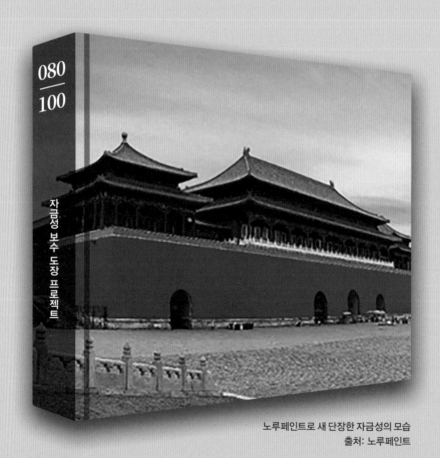

080
—
100

자금성 보수 도장 프로젝트

노루페인트로 새 단장한 자금성의 모습
출처: 노루페인트

광활한 중국 대륙, 끝없이 펼쳐진 베이징 하늘 아래 드러난 자금성(紫禁城)의 웅장한 위용이 사람들의 시선을 잡아끈다. 스스로 중화(中華)라 칭했을 정도로 세계의 중심이자 가장 앞선 문명이라 여겼던 중국인들의 자부심을 느낄 수 있는 대표적인 건축물이다. 자금성 안으로 들어가면 황금빛 기와와 형형색색의 그림으로 단장된 대들보, 사열하듯 늘어선 붉은 기둥과 끝없이 이어진 담벽의 모습에 탄성이 절로 나온다. 600년 동안 비바람에 씻기고 깎인 자태라고 하기에는 그 색이 너무나 곱고 아름답다. 21세기에 새롭게 단장한 자금성 빛깔의 비밀은 바로 한국의 페인트 기술에 숨어 있다.

중국 정부는 1995년부터 자금성 외벽의 대대적인 보수 작업에 들어갔다. 그러나 문제는 성벽을 칠할 페인트였다. 자금성의 외벽은 석회와 점토질로 이뤄져 있어 일반 콘크리트용 페인트로는 칠할 수 없었다. 세계적인 도료 업체인 독일의 BASF, 네덜란드의 AKZO 등에 제품 개발을 의뢰했으나 만족할 만한 결과를 얻지 못했다.

그때 자금성에 안성맞춤인 특수 페인트를 개발한 회사가 등장한다. 우리에게 '노루표페인트'로 친숙한 국내 최장수 페인트 기업 '노루페인트'가 그 주인공이다. 노루페인트는 대기권 통과 시 수백 도의 마찰열을 견뎌야 하는 우리별 1호 인공위성에 사용된 내열도료를 개발했을 정도로 높은 기술력을 보유하고 있다. 중국인이 자신들이 자랑하는 최고의 건축물을 맡겼을 정도로 우리의 도료 산업은 세계적인 기술력을 인정받고 있다. 노루페인트는 2005년에도 외국 기업과 중국 토종업체를 따돌리고 '자금성 보수 도장 프로젝트' 수주에 성공하면서 한국 도료 산업의 위상을 드높였다. 이어 2008년 북경올림픽 지정 도료 공급업체로 선정되어 북경 올림픽 선수촌 외부와 내부 도장을 맡아 뛰어난 내구성을 지닌 자연 친화형 고품질 페인트 제조 기술을 선보이기도 했다.

도료는 99%의 물성에 만족하여도 나머지 1% 때문에 처음부터 다시 칠해야 하는 상황이 빈번한 정밀화학 제품이다. 도료 분야에서 기업의 존재가치를 지속적으로 키우려면 성장에 필요한 기술력은 물론 수지합성 응용 기술 같은 인접 소재 산업 역량도 함께 키워야 한다. 또한 관계사와의 신뢰를 지키는 일도 중요하다. 신뢰는 때로 지속적인 성장의 밑거름이 되기도 한다. 1980년 2차 오일 쇼크로 인해 거래하던 자동차 회사의 매출이 곤두박질치며 자금 사정이 어려웠을 때 노루페인트는 한치 앞을 내다볼 수 없는 어려운 상황이었음에도 고객사가 정상화될 때까지 공급 조건을 대폭 조정하며 정상적으로 도료를 공급함으로써 신뢰를 쌓았다. 이 신뢰를 바탕으로 현재까지 그 고객사와 메이저 도료 공급사로서의 인연을 이어가며 좋은 상생의 본보기를 보여주었다.

세계 시장의 정점에 선 우리나라 도료 산업은 1945년 해방 이후 시작되어 국내 산업 발전과 함께 성장했다. 60년대 농어촌 주택 개선사업이 시작될 때는 건축 도료, 70~80년대 중화학공업 성장기에는 공업용 도료, 90년대 자가용이 늘어날 때는 자동차 보수용 도료 수요가 폭발적으로 늘면서 급성장했다. 90년대 이후로는 독자적인 기술로 고기능성 및 환경 친화성 강화 요구에 부응하는 다양한 도료를 개발하였다. 2000년대 이후로는 국내 도료 시장의 한계를 극복하기 위하여 중국, 베트남, 인도 등 해외로 눈을 돌리며 보폭을 넓히고 있다.

소량 다품종의 정밀화학 산업인 도료 산업은 비(非)장치 산업의 특성상 소규모 자본으로도 시장 진입이 가능하다. 포화 상태인 국내 시장을 탈피해 전방 산업인 전자, 철강, 기계 분야 제조업체들의 해외 진출에 따라 현지 대응을 위한 해외법인을 신설하거나 현지 업체와 합작투자사를 설립하는 등의 다양한 방식으로 세계 시장을 향해 뻗어나가고 있다. 현재 국내 도료 시장 규모는 약 4조 원 정도이며, 상위 6개사(KCC, 노루페인트, 삼화페인트, 강남제비스코, 조광페인트, 벽산페인트)가 시장을 주도하고 있다.

중국이 변방이라 부르는 한국에 자신들이 최고라고 자부하는 건축물의 도장을 맡긴 것은 상징적인 사건이었다. 실제로 중국은 전 세계 도료 및 페인트 생산량의 30%를 차지하는 세계 1위의 생산국이기도 하다. 중국의 자존심과도 같은 자금성의 외벽을 칠하게 된 것은 세계 최고의 기술력을 인정받은 결과이자 한국 도료 산업의 우수성을 만천하에 알리는 성과였다.

1945년 '나의 조국을 위하여'라는 창업정신으로 국내 최초의 잉크 제조회사로 출발한 노루페인트는 70년의 세월을 견디며 세계 최고의 건축물을 칠하는 정상의 자리에 도달했다. 지금 이 순간에도 한국의 도료 산업은 세계의 건축, 선박, 자동차, 철강 등 산업 현장 곳곳으로 뻗어가고 있다.

외부의 적에 맞서는 국산 PI의 지혜

SKCKOLON PI의
'연성회로기판용 폴리이미드 필름'

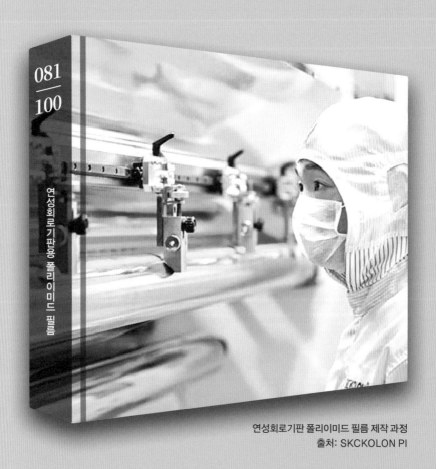

081
—
100

연성회로기판용 폴리이미드 필름

연성회로기판 폴리이미드 필름 제작 과정
출처: SKCKOLON PI

'어제의 적이 오늘의 동지'라는 말이
있다. 어제까지만 해도 눈에 불을 켜고 서로에게 달려들던 사이가 하루
아침에 손을 맞잡게 되는 경우를 가리키는 말이다. 이렇게 손을 맞잡는
경우는 바로 둘 사이의 싸움보다 더 큰 싸움, 바로 공동의 적이 등장했
을 때 생긴다. 외부의 적은 내부의 내홍을 무마하거나 내부 갈등을 해소
한다는 동서고금의 격언은 4차 산업혁명 시기에도 유효하다.

　　우리 산업계에도 어제까지는 적이었지만 오늘은 동지가 된 멋진 사례
가 있다. 바로 SKCKOLON PI라는 회사다.

　　이름에서도 느껴지듯이 국내 고분자화학 산업의 양대 산맥인 SKC
와 KOLON이 손을 잡고 만든 회사다. 바로 PI로 불리는 폴리이미드 수
지(Polyimid Regine) 때문이다. 국내에서 치열하게 경쟁하던 SKC와
KOLON은 우리나라 폴리이미드 산업의 국제 경쟁력을 지키고 세계 시
장을 선점하기 위하여 동지가 되어 손을 맞잡았다.

　　한국화학연구원(KRICT) 최길영·원종찬 박사팀은 산업통상자원부
의 '중기거점기술개발사업'에 참여하여 5년간 연구 개발 끝에 폴리이미
드 필름 제조기술을 개발하여 2005년 10월말에 SKC에 기술을 이전하
였다. SKC는 2006년 7월 연 생산 300톤 규모의 진천공장을 준공하고
생산을 개시했다. 이로써 미국, 일본에 이어서 세계 3번째 PI 필름 생산
국이 되었다. PI 필름 제조기술의 상업화는 고분자소재 분야에서 혁신
기술을 개발한 중요한 사례이다.

　　PI의 제조 과정은 먼저 전구체인 폴리아믹산(PAA, Polyamic Acid)

을 중합하고 이 상태에서 필름을 용액제막한 다음, 최종적으로는 400℃ 이상의 고온에서 이미드화하여 PI 필름을 제조하는 복잡한 공정을 거친다. 이 기술을 개발할 당시에는 필름 제막성을 평가할 수 있는 설비가 국내에 없었기 때문에 PAA를 일본으로 공수하여 일본 현지 설비업체에서 평가할 수밖에 없었다. 특히 PAA는 극소량 수분이 존재하면 가수분해가 일어나서 필름을 제막할 수가 없다. 즉, 저온 상태로 밀봉하여 평가를 진행해야 했기 때문에 많은 어려움이 있었다. KRICT 최길영 박사 연구팀은 정부와 민간 연구개발비 총액 약 45억 원을 투입하여 5년여의 각고의 노력 끝에 2005년 10월에 기술 개발을 완료한 것이었다.

PI는 현재 상업화된 고분자소재 중에서 내열성 및 기계적 특성이 가장 우수하기 때문에 내열부품 성형용 수지, 연성회로기판(FPCB)용 소재, 고내열 코팅제 등 다양한 분야에서 활용되고 있다. 2000년 당시 PI 필름은 미국의 듀폰, 일본의 도레이, 가네카, Ube 등 몇몇 회사에서만 생산하고 있었다. 국내에서는 전기전자, 디스플레이 제품의 핵심부품인 연성회로기판용 PI 필름을 전량 수입해야 했지만 지금은 이 분야 세계 시장 점유율 1위를 기록하고 있다.

우리 기업이 세계 시장 점유율 1위를 기록한 데는 기막힌 사연이 숨어 있다. 바로 SKC와 KOLON의 합종연횡이다. SKC가 본격적으로 PI 필름 생산에 박차를 가할 즈음, 코오롱도 PI 필름 제조기술을 개발하여 구미공장에 1호기 생산라인을 구축하였다.

양사의 생산능력의 합은 당시 국내 수요를 훨씬 상회하였기 때문에 두 회사의 극한 경쟁은 모두에게 큰 손실이었다. 이에 양사는 2008년 6월에 PI 필름 사업부문을 통합한 단일법인인 SKCKOLON PI를 발족시

컸다. 그 결과 통합법인 SKCKOLON PI는 2014년 말부터 전 세계 시장 점유율 1위를 차지할 정도로 성장하였다. 2018년 기준으로도 전 세계 PI 필름 시장 점유율 29.8%로서 세계 1위에 올라 있다.

2000년대에 들어와서 대한민국 산업 전체에 주어진 가장 큰 명제는 '시장 개방과 기술 개발'이라는 큰 추세에 적응하는 산업들과 그렇지 못하는 산업들 간의 구조조정 과정을 원활하게 추진하는 것이었다. 또한 '미래의 성장동력'을 새롭게 발굴하고 발전시키는 일이 절실해진 시기이기도 하였다. 이 시기의 기술 개발 활동의 주류는 정보통신, 디스플레이용 첨단 고분자소재 관련 기술 개발이 활발하게 이루어졌으며 상당한 성과를 나타내기도 하였다. 즉, '혁신적이고도 일부 창의적인 기술 개발이 진행된 시기'라고 할 수가 있다.

보잉787 날개의 유선형 구조물은
연료탱크가 아니다

AFP 장비를 이용해 제작한 대한항공의 '보잉 787AB'

082
100

보잉 787AB

AFP 장비를 이용한 보잉 787 Aft Body 제작 장면

비행기를 처음 구경하는 사람들이 비행기 구조에서 가장 궁금해 하는 구조물이 있다. 바로 날개 아래 달린 연료통을 닮은 구조물이다. 한쪽에 세 개, 양쪽 여섯 개가 달린 유선형의 이 구조물의 이름은 '플랫 서포트 페어링(FSF, Flap Support Fairing)'이다. 날개 뒤쪽에는 항공기가 짧은 활주로에서도 이착륙할 수 있도록 활공각을 조절하게 하는 '플랩'이라는 고양력 장치가 달려 있는데, 이 플랩을 구동하는 장치의 덮개 구조물이 바로 FSF이다. 비행기 날개의 유선형 끝 부분에도 비밀이 숨어 있다. 살짝 휘어진 날개 끝 부분은 '레이크드 윙 팁(RWT, Raked Wing Tip)'이라 부르는데, 비행에 꼭 필요한 중요 역할을 담당하고 있다. RWT에는 '와류'라는 과학 현상이 숨어 있다. 흐르는 시냇물이 바위를 만나면 바위 뒤쪽에 회오리처럼 물이 도는 현상이 생기는데 이것이 바로 와류다. 비행기에도 날개에 양력이 작용하는 동안 날개 끝 부분에 와류가 발생한다. 와류는 비행기 날개에 불필요한 자극을 발생시키기 때문에 비행기 날개 끝에서 발생하는 와류의 힘을 감소시키기 위해 RWT를 만들어놓은 것이다.

자랑스럽게도 첨단의 기술력과 소재로 제작되는 FSF와 RWT에도 우리 기술력이 들어가 있다. 대한항공은 2006년부터 보잉사의 보잉 787 기종의 제작과 설계 사업에 참여해 날개 하부 구조물인 'FSF', 날개 끝 곡선 구조물인 'RWT', 항공기 후방 동체인 '에이에프터 바디(Aft Body)', 항공기 동체의 뼈대인 '스트링거(Stringer)', 랜딩기어가 들어가는 공간인 '휠 웰 벌크헤드(Wheel Well Bulkhead)' 등 6가지 핵심

부품을 부산 테크센터에서 제작해 보잉사에 공급하고 있다. 1980년대부터 국제 항공기 부품 시장을 개척하고, 다양한 기종의 민간항공기 구조물을 설계 제작하며 기술을 축적해온 대한항공은 보잉과 에어버스 등 항공기 제작사에서 생산 중인 항공기 날개, 동체, 미익 등을 설계 개발부터 제작까지 일괄 생산하는 방식으로 참여해 왔다.

대한항공이 민간항공기용 구조물을 본격적으로 수주하기 전인 2000년 이전에는 소형 제품 중심의 노동집약적 수작업 생산 방식이 대부분이었으나, 현재는 설계부터 제작 및 운송까지 모든 책임을 지는 턴키방식으로 운영되는 기술집약적 대형 구조물이 대부분이다. 이 대형 구조물은 탄소섬유 복합소재로 만드는데, 대한항공은 이를 위해 자동적층장비, 초음파검사시스템 등의 설비를 구축하여 전체 공정을 첨단화하였다. 이러한 성과를 기반으로 보잉을 비롯한 세계적인 항공기 제작업체들로부터 기술력과 품질을 인정받았다. 보잉의 차세대 항공기인 보잉787 기종의 첨단 복합재 구조물과 737MAX의 윙렛, 에어버스 A350 기종의 카고 도어와 A320 기종의 샤크렛 구조물 등 각종 항공기의 복합소재 구조부품 개발 사업에 참여하고 있다.

2000년 이후 항공기 구조물은 거의 모두 탄소섬유/에폭시 복합재료를 사용하고 있다. 이 복합재료는 ATL(Automatic Tape Lay-up)이나 AFP(Automatic Fiber Placement)를 사용해 층을 쌓은 후 오토클레이브를 이용하여 경화하는 방식으로 생산하고 있다. AFP 장비를 이용한 항공기 복합재료 동체 제작기술은 국내에서 대한항공이 처음 양산 적용에 성공하였다. 현재 이 기술을 이용하여 보잉787 동체를 제작하는 업체는 대한항공을 포함해 세계적으로도 5개 업체에 불과하다.

AFP 장비는 섬유자동적층 장비를 말한다. 섬유자동적층 기술은 CAD 기술과 로봇 기술의 결합으로 이루어진다. CAD 기술로 주어진 형상에서 섬유적층 구조를 완성하기 위해 소프트웨어에서 동작해야 할 궤적을 데이터화하여 로봇으로 전송하면 로봇은 궤적을 따라서 소재를 적층한다. 로봇을 통한 자동화와 반복성, 해석/설계와의 연동성, 제품의 품질 등이 기존 수작업 적층 방식 대비 월등하여 제작 단가를 낮출 수 있다. 장비에 따라 다양한 폭의 Tow나 Tape를 장착한 후 로봇을 이용하여 최대 1m/s의 빠른 속도로 제품을 제작할 수 있으며, 스크랩량을 5% 이내로 줄일 수 있다.

항공기 산업은 복합재 연구 개발이 가장 활발한 분야이다. 보잉 737MAX 부품에 코큐어(Co-cure) 방식의 일체형 복합재가 개발되었고, 보잉787기의 후방 동체는 AFP 기술이 적용되었으며, 보잉787기의 RWT와 A350기의 화물용 도어(Cargo Door) 제작에 ATL 기술이 적용되었다. 보잉787 스트링거 제작에 일체형 제작기술인 HDF(Hot Drape Forming) 기술을 개발하였으며, A320기 샤크렛(Sharklet)은 오토무빙 조립 라인에서 제작되었다.

대한항공은 축적된 복합재 기술력을 무기로 다양한 영역으로 사업을 넓혀가고 있다. 대한항공은 유, 무인 항공기 전 분야에 걸친 연구 개발을 위해 R&D 센터를 별도로 운영 중이다. 항공기 부문에서는 보잉과 에어버스 등 민항기 국제 공동개발에 참여했고, 한국형 기동 헬기(KUH) 공동개발에도 함께했다. 또 정부 주관 특수임무 항공기 개발사업에 항공기 분야 개발업체로 참여해 사업을 완료했다.

자연의 힘으로 충분하다

신재생 에너지 3총사
'태양광, 해상풍력, 수소 자동차'

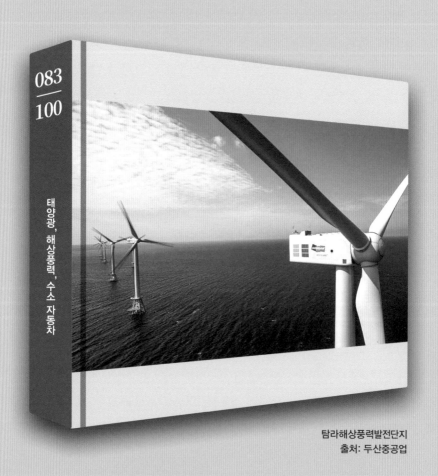

083
—
100

태양광, 해상풍력, 수소 자동차

탐라해상풍력발전단지
출처: 두산중공업

신재생 에너지란 태양에너지, 바이오 매스, 풍력, 소수력, 연료전지, 석탄의 액화, 가스화, 해양에너지, 폐기물 에너지, 지열 등 원천적으로 자원 고갈 문제가 없는 무한히 재생 가능한 에너지들을 가리키는 단어이다. 우리나라는 2016년 제정된 '신재생 에너지 개발 및 이용보급촉진법'에서 신재생 에너지를 11개 분야로 정했다. 자연 에너지원 중심의 재생 에너지는 태양열, 태양광발전, 바이오매스, 풍력, 소수력, 지열, 해양에너지, 폐기물에너지 등 8개, 기술 중심의 신에너지는 연료전지, 석탄액화·가스화, 수소에너지 등 3개 분야이다. 1980년대 후반 부터 미래 에너지에 대한 정책적 접근을 시도한 우리나라는 국제유가가 여러 번 변동을 거듭하는 동안에도 미래를 대비하기 위해 30여 년 넘게 지속적인 신재생 에너지 진흥정책을 펼쳐왔다. 이들 중 태양광 발전과 해상풍력 발전, 수소연료 전지 자동차 분야에서 풍성한 결실을 이루었다.

태양광은 대표적인 무공해 에너지원이다. 인간은 예로부터 다양한 방식으로 태양에너지를 이용해 왔다. 태양에너지를 집적할 때 가장 중요한 것은 태양광을 모으는 태양전지의 효율이다. 태양전지의 기본은 폴리실리콘이다. 태양광 산업의 '쌀'로 불리는 폴리실리콘을 원재료로 잉곳과 웨이퍼를 만든다. 웨이퍼를 조작하여 태양전지(셀)를 만들어 대규모 모듈로 만든 뒤 집적하여 전기를 생산하면 태양광 발전소가 된다. 폴리실리콘−잉곳−웨이퍼−태양전지−모듈−태양광 발전소로 이어지는 과정이 바로 태양광 산업의 가치사슬(Value Chain)이다. 우리나라에서 태양광 산업으로 가장 앞서가는 기업은 단연코 OCI(전 동양제철화학)이다. OCI는 2006년 태양광 산업의 핵심 원료인 폴리실리콘을 차세대 주력 사업으로 육성하기 위해 4,000억 원을 투자했다. 2007년 11월 폴리실리콘 시험 생산에 성공했고, 2008년 3월 연 5,000톤 규모의 제1공장을 준공하였으며, 2009년과 2010년 제2, 제3공장을 증설하였다. 2015년 제3공장 생산 공정 개선을 통해 1만 톤을 증설해 현재 총 5만 2,000톤의 생산능력을 확보했다. 이는 단일 공장 생산 규모로는 세계 최고 수준이다. OCI는 이 같은 노력으로 단기간에 태양광 분야 세계 3위로 도약했다.

제주시 한경면 두모리 해역에는 10기의 거대한 바람개비가 세워져 있다. 이것이 바로 국내 최대, 최초의 해상풍력발전소인 탐라해상풍력 발전단지의 풍력발전기이다. 두산중공업과 정책 당국의 적극적인 지원으로 건설된 이 발전단지의 3메가와트급 해상풍력발전기들은 연평균 이용률 32% 수준으로 가동되어 제주도 연간 전력 사용량의 3%인 8만 5,000메가와트시 상당의 전기를 생산하고 있다. 두산중공업은 2005년부터 '국내 해상풍력 시장 개척을 통한 실적 확보와 이를 통한 해외 시장 진출'이라는 비전으로 해상풍력 발전시스템을 개발했고, 해상풍력 발전단지 조성을 동시에 추진하였다. 2004년 3메가와트급 해상풍력 시스템을 개발하며 국산화를 도모했고, 2008년에는 5메가와트급 대형 해상풍력발전기 시스템 개발에 착수했다. 2009년 3메가와트급 시스템을 개발하여 2011년 해외인증기관인 DEWI-OCC로부터 아시아 최초로 해상풍력 형식인증서를 취득했다. 두산중공업은 2015년 4월 제주도 한경면에 발전단지 건설을 시작하여, 2016년 9월 최초로 발전을 개시했으며, 2017년 9월 종합 준공 및 상업 운전을 시작했다. 이로써 우리나라는 세계 9번째 해상풍력 국가로 인정받았다. 성장 잠재력이 큰 해상풍력 발전은 풍력발전기와 단지의 대형화를 통해 사업화가 진행될 것으로 보이며, 국내에서는 해상 설치 및 운전, 해상구조물, 해저전력선 등 육상풍력과 차별화되는 기술에서 경쟁력을 갖출 수 있을 것으로 기대하고 있다.

수소연료전지차(HFCV, Hydrogen Fuel Cell Vehicle)는 휘발유 대신 수소를 에너지원으로 사용하는 궁극의 친환경차다. 수소와 산소가 만나서 결합할 때 발생하는 전기를 사용하여 자동차를 구동하고 부산물로 물을 배출한다. 충전배터리를 사용하는 기존 전기차와 달리 충전시간이 몇 분밖에 걸리지 않아 편리하다. 현대자동차는 1998년 4명으로 이뤄진 금속재료연구팀에서 수소연료전지 연구를 시작했다. 2004년까지 자체 설계로 소용량 스택 개발을 진행하였고, 동시에 UTC 등 해외 선진업체의 스택과 시스템을 도입하여 기술 벤치마킹을 진행하였다. 2005년 자체 설계한 차량용 80킬로와트급 연료전지 스택 개발에 성공하여 스포티지에 최초로 장착하였다. 2007년에는 100킬로와트급 승용차와 200킬로와트급 버스의 국산화 개발을 완료했다. 2013년에는 세계 최초로 1회 주행거리 594킬로미터에 달하는 수소연료전지 자동차 투싼ix 모델을 양산하는 성과를 이뤘다. 투싼ix 연료전지시스템은 2015년 워즈오토 엔진상을 최초로 수상했다. 현대자동차는 수소 전기차 리딩 메이커로서 연료전지시스템의 고성능·고효율화를 이룬 넥쏘를 2018년 출시하였다. 세계 최고 수준의 효율과 주행거리를 가진 넥쏘는 차별화된 전용 디자인과 편의성으로 기존 내연기관차와 비교되는 경쟁력을 지니고 있다. 최근에는 수소연료전지 자동차 모니터링 사업을 통해 신뢰성을 확보하였고, 북유럽 4개국과 독일·미국 등에도 보급하였다.

창의적인 디자인으로
세계 초일류 제품에 오르다

삼성전자의 '보르도 TV'

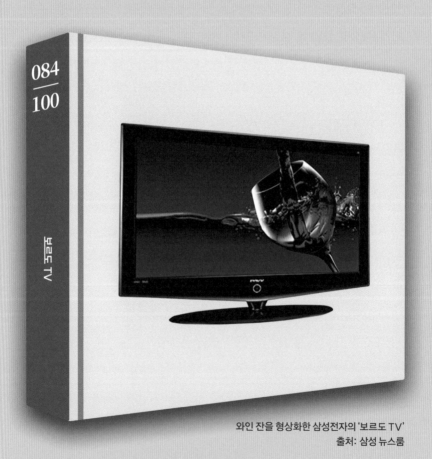

084
—
100

보르도 TV

와인 잔을 형상화한 삼성전자의 '보르도 TV'
출처: 삼성 뉴스룸

붉은 와인이 담긴 와인 잔의 모습을
감각적으로 형상화하여 만든 보르도 TV는 새로운 TV의 시대를 선언
하는 놀라운 제품이었다. 단순히 보여주고 들려주는 TV의 기능을 넘어
하나의 작품으로써 라이프스타일을 디자인하는 경지에 올랐다. 와인의
우아한 이미지와 고급스러운 라이프스타일을 결합시킨 보르도 TV는
전 세계 TV 시장을 뜨겁게 달구었다. 사각 프레임에 갇힌 딱딱한 TV의
이미지를 벗고 우아하고 부드러운 감성적인 이미지로 갈아입었다. 이전
에 볼 수 없었던 또렷한 화질과 초슬림을 현실화한 최첨단 기술력은 기
본이었다. 1993년부터 이건희 삼성 회장이 강조해온 파격적인 역발상의
'디자인 경영' 성과가 빛을 발하는 순간이었다.

　2000년대 들어 LCD 기술의 표준화는 곧 범용화로 이어졌다. LCD
가 디스플레이 기술의 주류로 자리잡았지만, 범용화로 인해 패널과 세
트 기업의 수익은 낮아졌다. 새롭게 이 시장에 뛰어드는 기업이 늘어나
면서 공급 과잉과 수익 저하가 나타났기 때문이다. TV 시장이 성숙기에
접어들면서 기술이 보편화되어 프리미엄 제품들조차도 외관만으로는 어
느 기업 제품인지 구분하기 어려워졌다. 이에 따라 TV 시장을 주도하던
소니, 파나소닉, 샤프 등 일본 기업은 어려워지고, 가격 경쟁력을 확보한
하이센스, 스카이워스, TCL 등 중국 기업들이 성장하는 추세이다.

　삼성전자 이건희 회장은 2005년 5월에 열린 이탈리아 밀라노 국제가
구박람회에서 "앞으로는 디자인을 선도하는 기업이 이기는 세상이 될
것이다. 이미 가전업계의 기술과 품질은 평준화되었고, 결국 사람들에

게 감동을 선사하고 강한 인상을 주는 기업만이 살아남을 것이다"라고 하며 다시 한번 '디자인 경영'을 천명하였다. 그 결과물로 2006년 '보르도 TV'를 출시하며 세상을 놀라게 했다. 보르도 TV는 철옹성 같던 소니 TV를 제치고 세계 TV 시장 1위로 등극했다. LCD 기술도 훌륭했지만, 스피커를 TV 하단으로 내리고, TV 모서리를 곡선으로 처리해 와인잔을 연상하게 만든 혁신적인 디자인이 결정적이었다. 당시 보르도 TV는 6개월 만에 100만 대 판매를 돌파했다. 삼성전자는 2007년형 Full HD LCD인 보르도 TV의 명암비를 당시 세계 최고 수준인 1만 대 1로 선명도를 개선하고, 청색과 녹색 표현 영역을 확대하여 자연색에 가까운 색상을 구현하면서 자연광 아래에서도 색상을 선명하게 구분하는 '와이드 컬러 컨트롤' 기능을 채용했다.

2008년에는 세계 최초로 이중 사출 방식을 적용한 '크리스털 로즈 TV'를 선보이며 흥행을 이어갔다. 이중사출 방식으로 TV 케이스의 뒷면은 검은색, 앞면은 투명한 색을 입혀 마치 유리로 감싼 듯한 느낌을 줘 TV 디자인의 혁신을 가져왔다. 이 제품은 출시 후 5개월 만에 100만 대 판매 돌파 기록을 세웠다. 이후 삼성은 LED TV, 3D TV, 곡면(Curved) TV, SUHD(QLED) TV 등 신기술을 적용한 제품으로 TV 시장을 계속 선도하고 있다.

2005년을 기점으로 한국 기업은 일본 기업을 제치고 세계 TV 시장에서 점유율 1위를 기록하며 정상에 올랐다. 당시 매출액 기준으로는 삼성전자가, 판매량 기준으로는 LG전자가 1위를 차지했다. 삼성전자의 보르도 TV가 2006년 세계 LCD TV 판매 1위를 차지하면서 한국 TV 산업은 명실공히 세계 디지털 TV 시장을 주도하는 단계에 들어섰다. 이러한 성과는 강력한 오너십 아래 우수한 연구 개발 인력과 디지털 TV 전문 연구 조직을 구성하고, 연구비를 집중 투자해 기술력을 축적한 결과였다. TV 핵심부품인 브라운관, LCD, PDP 등을 계열사를 통해 조달하여 생산성, 기술력, 원가 경쟁력을 높이고, 글로벌 마케팅 전개로 브랜드 인지도를 제고한 것도 효과가 컸다.

2000년대 중반 이후 디지털 TV 기술은 지속적인 화질 개선, 고화소화(HD→풀 HD→UHD), 대형화, 새로운 디스플레이 개발(LED, 퀀텀닷, OLED 등)의 방향으로 진행되었고, 3D TV와 스마트 TV의 개발로 이어졌다.

스마트 폰에 500개 들어가는
초소형 부품 MLCC

세계 최고 기술력을 보유한 삼성전기의
'적층 세라믹 콘덴서 제조기술'

085
/
100

적층 세라믹 콘덴서 제조기술

쌀알보다 작은 초소형 MLCC의 모습
출처: 삼성전기

회로나 전기기기에 전력을 전달하는 장치인 콘덴서(Condenser, 축전기)는 일관성이 중요하다. 전자기기 내의 전력은 항상 일정한 강도로 유지되는 게 아니라 작업 내용이나 전력 요인에 따라 전력의 세기가 들쑥날쑥하다. 전력이 불안정하면 전자기기의 작동도 영향을 받기 때문에 변덕스러운 전기를 내부에 잠시 모아두었다가 일정한 강도로 전류가 흐르도록 하는 콘덴서가 반드시 필요하다. 휴대폰이나 스마트폰, 또는 노트북에 들어가는 최첨단 콘덴서를 생산하며 세계적인 기업으로 인정받는 국내 기업이 있다. 바로 삼성전기다. 최첨단 모바일 기기에는 적층세라믹콘덴서(MLCC, Multi Layer Ceramic Condencer)라는 최첨단 콘덴서를 사용한다. 스마트폰 부품으로 들어가는 유전체 세라믹스의 일종인 MLCC 제조 기술은 통신 산업의 발전에 힘입어 세계 최고 수준으로 발전하였다. 삼성전기는 TV, 스마트폰, 전기자동차 등에 가장 많이 사용되는 MLCC를 $BaTiO3$ 나노분말 합성과 이를 이용한 초정밀 세라믹 박판 제조 기술로 세계 최고 성능의 제품으로 생산하고 있다.

MLCC는 가로세로 길이가 머리카락 굵기 수준이다. 일반 휴대폰에는 150~400개, 스마트폰에는 450~600개, 노트북에는 800여 개, LCD TV에는 1,100여개, 전기 자동차에는 12,000여 개가 들어간다. MLCC는 갤럭시 S10 등 프리미엄폰의 등장과 자동차 전장화 추세로 인해 2018년 전 세계적으로 품귀 현상이 발생하기도 했다. 이 때문에 삼성전기는 연간 10%대의 통상적인 증설과 함께, 부산 사업장에도 전장용 MLCC 생산 설비를 증설하며 개발 및 제조기술 인력을 지속적으로 확충하고 있다. 2018년에는 5,700억 원을 투입한 중국 톈진 공장에서도 전장용 MLCC를 생산하며 수요에 대응하고 있다. 자동차의 전장화 추세 속에 ECU(Electronic Control Unit) 수도 증가하면서 고신뢰성 MLCC 수요도 증가하고 있다. MLCC 수요량은 내연기관 자동차 대비 HEV/PHEV는 2.5~3배, EV는 4배 이상이다.

MLCC로 대표되는 뉴세라믹스 분야는 1960년대 정부가 섬유, 전자 산업을 육성하면서 대구를 중심으로 전자절연체와 섬유용 내마모 부품 인 사도를 세라믹으로 개발하면서부터 출발하였다. 이후 전자세라믹스 는 1980년대 이후 가전, 디스플레이, 통신 산업의 발전과 함께 절연체, 유전체, 압전체, 자성체 등을 중심으로 기술 발전이 이루어졌다. 삼성 전기는 수년간의 선행 연구를 거쳐 1986년 5월부터 은/팔라듐(Ag/Pd) 전극 MLCC 양산에 들어갔다. MLCC는 종래 동일 용량의 세라믹콘덴 서에 비해 크기는 700분의 1, 무게는 50분의 1에 불과하여, 전자제품의 세계적인 경박 단소화와 세트 조립공정 자동화에 획기적인 진전을 가져 왔다. 삼성전기는 1997년 본격적으로 니켈(Ni) 전극 MLCC를 개발하 기 시작하였으며, 당시 과학기술부의 중점 국가개발 사업으로 지정되어 3년간 지원을 받기도 했다. 1999년 12월 개발을 완료한 뒤 터널형의 소 성로를 발주하면서 양산이 시작되었다.

단소화가 요구되는 전자세라믹스 산업은 모바일 등 IT용을 비롯해 전기차와 자율차 기술 향상에 따라 폭발적으로 수요가 늘고 있는 전장 용 장치 등에 핵심기능 부품으로 사용되면서 초소형화, 경량화, 저가격 화, 고용량화, 저소음화, 친환경화, 복합화, 융합화 등 지속적인 기술 개발이 이루어지고 있다.

전자세라믹스 산업은 전후방 산업에 미치는 영향이 매우 큰 산업으로 2000년 초반까지는 연간 3,000억 원의 매출을 올렸는데, 2012년엔 크기의 0.1uF급의 B특성 위주로 생산하다가 이후 3216크기의 10uF급의 고용량 고부가가치 품목을 생산하였다. 초고용량 기종의 개발이 꾸준히 추진되어 2019년 현재 0603크기로 3uF, 1005크기로 22uF, 1608크기로 47uF등의 고부가가치 제품이 판매되고 있다. 2018년 매출은 3.3조 원을 웃돌 것으로 보인다. MLCC 개발의 핵심은 동일 칩 크기에서 용량을 2배로 늘리는 것이다. 고용량화는 분말 입도 50nm 미립화, 시트 0.5um 수준 박층화, 미립의 분산 공정, 박층 성형 공정, 적층 공정 및 전극의 박층화 기술 향상이 동시에 이루어진 결과이다. 특히 원료 분말은 다양한 제조 방법을 활용하여 대부분 내재화하였으며, 성형, 인쇄, 적층의 결과물인 시트의 박층화는 결함, 데미지, 산포 영향의 증대로 기술 난이도가 증가하고 있지만 재료, 공법, 설비의 지속적인 혁신으로 대응하고 있다. 향후 전기 자동차 성장에 따라 온도 150~200도, 전압 100볼트 이상에서도 견딜 수 있는 고신뢰성 제품 개발을 위해 노력 중이다. 이를 위해 서브마이크론 급의 분말을 사용한 좀 더 치밀한 조직의 내구성이 향상된 제품 개발이 필요한 실정이다.

신의 힘이 깃든
거룩한 원전을 수출하다

한국형 표준원전 개발로 'UAE 원전 수출'

086
/
100

UAE 원전 수출

아랍에미리트 바라카 원전 전경

2010년 1월 27일, 아랍에미리트연합 (UAE)으로부터 대한민국 원자력 산업계에 큰 선물이 도착했다. 한국 전력공사 컨소시엄이 미국(GE)-일본(Hitachi) 컨소시엄, 프랑스 아레 바(Areva) 등 유수의 경쟁자를 물리치고 총 400억 달러 규모의 UAE 원전 4기 건설의 최종 사업자로 선정된 것이다. 세계 주요 원전 공급사 들과의 경쟁을 뚫고 한국형 원전 APR-1400 노형 수출에 최초로 성공 한 역사적인 사건이었다. 이는 우리나라 원전 기술이 세계 최고의 수준 에 올라와 있음을 증명하는 쾌거였다. 이로써 우리나라는 미국, 프랑 스, 캐나다, 러시아, 일본에 이어 세계 6번째 원전 수출국이 되었다.

아랍에미리트연합의 수도 아부다비 서쪽 약 270킬로미터에 위치한 바라카(Barakah) 지역에 건설되는 원전은 2018년 1호기를 시작으로 2020년까지 매년 1기씩 총 4기가 건설될 예정이다. 계약 범위는 원전 4 기 건설(EPC), 핵연료 공급, 운영 지원 등이다. 우리나라는 국내 최초 원전인 고리 1호기의 상업 운전 이후 30여 년 만에 국내 기술로 개발한 국산 원전의 해외 수출에 성공하였다. 원자력 개발은 단순히 전력 에너 지 개발이라는 차원을 넘어 정치, 경제, 외교, 군사, 과학기술 등 여러 분야에 걸친 역량을 확인할 수 있는 분야이기 때문에 세계 시장에서 통 할 수 있는 경쟁력 확보 노력이 필요하다. 세계 경쟁사들과 치열한 경쟁 을 펼치기 위해 APR-1400 노형 원전을 대상으로 2017년 유럽 사업자 요건 인증과 2018년 미국 원자력규제위원회 표준설계인증(NRC DC) 을 취득하였다.

우리나라의 원자력 개발은 1956년 이승만 대통령과 미국 전기기술 분야의 대가 워커 리 시슬러(W. L. Cisler) 박사와의 만남에서 처음 시작되었다.

"우라늄 1그램이면 석탄 3톤의 에너지를 냅니다. 석탄은 땅에서 캐는 에너지이지만 원자력은 사람의 머리에서 캐내는 에너지입니다. 한국처럼 자원이 적은 나라에서는 사람의 머리에서 캐낼 수 있는 에너지를 적극 개발해야 합니다. 우라늄을 이용해 원자력 발전을 하려면 인재를 육성해야 합니다. 지금부터 시작하면 20년 후 원자력 발전으로 전깃불을 켤 수 있을 겁니다."

시슬러 박사의 이 같은 도전적이며 진취적인 주장은 이승만 대통령의 마음을 움직였다. 이 대통령은 1956년 문교부에 '원자력과'를 신설하고 인재 양성에 관심을 기울였다. 1958년 「원자력법」을 제정하고 대통령직속기구인 '원자력원'을 설립한 데 이어, 1959년 원자력연구소(현 한국원자력연구원)를 설립했다. 1962년에는 연구 목적의 원자로인 100킬로와트 규모의 트리가마크-Ⅱ(TRIGA Mark-Ⅱ)를 가동시켰다.

정부는 1967년 장기전원개발계획에 따라 500메가와트급 원전 2기를 건설하기로 확정하였고, 1978년 우리나라 최초의 원전인 고리 1호기를 준공하여 상업운전을 실시하였다. 고리 1호기 건설로 우리나라는 세계 21번째 원전 보유국이 되었다.

원자력 발전 도입 시 고려되었던 점은 에너지 수급 불균형 해소와 효율적인 경제성이었다. 1970년 당시 에너지 발전에서 석유 비중이 70%를 넘으면서 수입 에너지원 다변화의 필요성이 제기되었다. 두 차례의 석유 위기는 국내 원자력 발전 선호도를 높이기에 충분했다. 다른 발전에 비해 전력 생산성이 우수하다는 것도 중요한 고려 조건이었다. 실제 1,000메가와트급 발전소 가동 시 천연가스는 110만 톤, 석유는 150만 톤, 석탄은 220만 톤이 필요했지만 우라늄은 20톤이면 충분해 발전원가 면에서 연료비 비율을 획기적으로 줄여주었다.

　'한국형 표준원전'은 우리의 순수 기술력을 바탕으로 개량된 설비용량 1,000메가와트급 가압경수로 원전이다. 1998년 한울원자력발전소 한울 3호기가 상업운전을 시작한 이래, 한울, 한빛, 고리, 월성 원자력 발전소에서 10기가 운용되고 있다. 한국형 표준원전 개발은 1984년에 수립된 원전기술자립계획에 따라 진행되었다. 같은 해 미국 ABB−CE 사와 1,300메가와트급 원전인 시스템80(System80)을 모델로 공동설계에 들어갔다. 한국인의 체형 등을 고려한 운전 제어 설비를 갖춰 실수에 의한 사고를 줄이도록 개량했다. 더불어 한국의 원전 부지와 산업 특성을 고려한 설계로 우리 실정에 최적화한 원전을 개발하였다. 한국수력원자력과 두산중공업은 아시아 원자력 발전 산업 시장을 개척하기 위해 '한국형 표준원전'의 이름을 기존 상표인 'KSNP(Korea Standard Nuclear Power Plant, 한국표준형 원자로)'에서 'OPR(Optimized Power Reactor, 최적화 경수로)'로 바꾸었다. 여기서 1000은 1,000 메가와트를 의미한다. OPR-1000이라는 명칭은 2011년 고리원자력발전소의 신고리 1호기부터 적용되었다. UAE 바카라에 수출한 APR-1400는 OPR-1000를 잇는 차세대 한국형 표준원전으로 1992년부터 연구 개발을 시작해 2007년 착공한 신고리 3호기부터 적용되었다.

레드오션까지 직조한 MVS 방적

삼일방직의 혁신 방적 기술 'MVS'

087／100

MVS 방적 기술

조방, 방적, 감기를 한 공정으로 해결한 MVS 공정

사람마다 엄혹한 시절을 건너는 각자
의 방법이 있다. 물론 외부의 거센 도전에 살아남는 사람보다 쓰러지는
사람이 더 많다. 이미 마른 논에 모 심는다고 고집부리다 농사 망친다는
쓴소리를 듣기도 한다. 레드오션에서 살아남으려면 특별한 무엇이 있어
야 한다. 그곳에서 승부를 거는 사람은 외부의 도전에 수동적으로 대처
하는 사람이 아니라 판 자체를 흔드는 사람이다. 판을 보는 눈과 그것을
흔들 힘이 있어야 하는 것이다. 삼일방직의 노희찬 대표는 사양 산업으
로 여겨지는 면방적 산업이라는 레드오션에서 살아남아 우뚝 선 대표적
인 승부사다.

　섬유 산업 중에서도 면방 산업은 전통적으로 낮은 임금의 노동력으
로 생산이 가능하기 때문에 개발도상국 초기의 주요 산업으로 여겨져
왔다. 1980년대 초반까지 수출 산업의 효자 역할을 하던 섬유면방 산업
은 1990년대에 이르러 대외 여건 변화와 인건비의 가파른 상승으로, 경
쟁력이 약화되어 해외 이전이 가속화되었다. 현재는 고부가가치를 창출
하는 고기능성 섬유에 집중력을 모으고 있는 상황이다.

　하지만 이런 분위기에 반하여 오히려 품질 향상과 생산성을 극대화
하며 면방적 설비에 힘을 기울여 세계 1등 생산기업이 된 삼일방직의 사
례는 저성장 산업에 종사하는 리더들에게 귀감이 될 만하다.

　삼일방직은 2000년 일본으로부터 MVS(Murata Vortex
Spinning)를 들여와 국내 기술로 난제를 해결하며 기능을 향상시켰다.
이를 토대로 고강력 레이온사인 에어젯 MVS 방적사를 개발하였다. 이

제품은 기존 일본 제품보다 품질이 향상되었고, 차별화된 제품을 생산할 수 있게 되어 일본의 생산성을 크게 앞지를 수 있었다. MVS는 기존링 정방에 비해 공정이 짧고 생산 속도도 높아 스무 배의 생산성을 향상시키는 공법이다.

국내 섬유 산업의 메인 아이템 중 하나였던 면방 산업은 섬유 산업의 지형도가 변하면서 1989년을 정점으로 사양화의 길을 걸었다. 1989년 370만 추 규모이던 규모가 2016년에 이르러서는 102만 추로 뚜렷한 감소세를 보이고 있다. 이는 신흥 면방국가의 성장으로 인한 자연스러운 결과이다. 인건비 측면에서 현격한 차이가 나면서도, 상대적으로 기술력과 품질은 가격 대비 성능 면에서 큰 차이가 나지 않기 때문이다. 하지만 사람들은 여전히 면으로 만든 의복을 선호하고 있다. 중요한 시장을 놓치고 섬유 산업을 말하는 건 어불성설이다.

국내 면방업체가 신흥 면방국가와의 경쟁을 극복하고 우위에 서기 위해서는 오랫동안 축적한 기술력을 바탕으로 생산성 증대와 품질의 고급화를 도모하여야 한다. 또한 방적설비도 고생산 고효율로 자동화해야 하고 끊임없는 연구 개발로 기술력을 보완해야 한다.

삼일방직의 MVS는 연구 개발의 힘이 일궈낸 소중한 결과이다. 일본에서 개발한 방적기인 MVS는 섬유소에 꼬임을 주어 실을 만드는 기존링(Ring) 방적 방식과는 달리, 정방기로 단섬유를 평행으로 배열하여 원사 표면의 부유섬유(잔털)를 제트에어(Jet-air)로 표면에 감싸주는 방적 기술이다. 노즐 내의 고속선회기류에서 섬유들이 빠르게 돌면서 실로 구성되는데, 음속의 제트기류 내에서 회전하여 힘을 가하지 않고도 자동으로 섬유를 꼬는 특수한 방적사 제조 과정이다. 이때 생산되는 실은 링사에 가까운 꼬임 구조가 된다. 기계적인 꼬임이 없기 때문에 링사에 비해 공정이 짧아져 고속 생산이 가능하고 섬유가 제트 기류로 회전하기 때문에 실의 표면이 깨끗하며, 실을 형성할 때 내부의 직선 섬유와 외부를 감싸는 섬유로 2중 구조를 갖추고 있어 이로 인한 물성이 나타난다. 다만 꼬임이 적기 때문에 강력이 저하되는 단점이 있다. 필링 등급이 3급 이상으로 링사보다 빠르게 마르며, 건조감을 가지고 있어 스포츠 의류, 액티브 의류 등 활동적인 제품에 적합하다. 순면 코머사, 순면 카드사, 혼방사, 화섬사, NEP사 등 다양한 소재의 원사를 생산할 수 있다.

MVS는 현재까지 전 세계에서 가장 생산성이 높은 방적 방법이다. MVS의 특징은 우선 기존의 방적 방법에 비해 공정이 간단하다는 것으로 조방(Roving), 방적(Spinning), 감기(Winding)의 3가지 공정을 MVS의 한 공정으로 대체했으며, 방적 속도는 최대 분당 450미터로 링방적이 30분단 30미터 이하, OE 방적이 분당 100~200미터 정도인 것에 비하면 획기적으로 생산 속도가 향상되었다. 또한 공정을 단순화하였으므로 공장에서 차지하는 공간이 작고 기존 방적 방법에 비해 적은 인원으로도 설비 운전이 가능하다. 원래 면 생산 목적으로 개발되어 무연사 제조 등에 치명적 결함이 있던 것을 국내 기술진이 자체 보완 개발하여 일본으로 역수출한 경우이다. 최근 세계적인 면방적 산업 현황은 하향 추세가 지속되고 있다. 그럼에도 우리 면방직 산업계는 품질 향상과 생산성 극대화를 위한 최신화로 변화를 모색하고 있다.

산을 뚫고 달리는
고속철도 KTX-산천

한국철도기술연구원과 현대로템의 'KTX-산천 상용화'

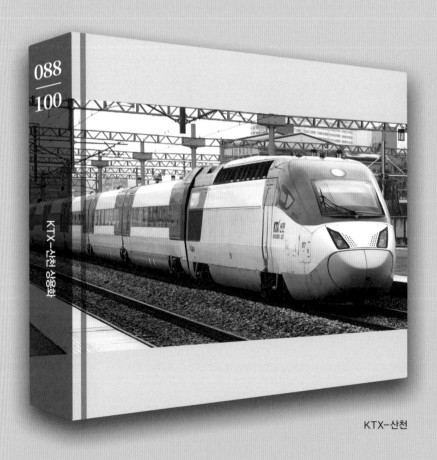

088
—
100

KTX-산천 상용화

KTX-산천

2010년 3월 2일 오영주 기장이 운전하는 광주행 501호 KTX-산천 열차가 오전 6시 40분 서울역을 미끄러지듯이 조용히 출발하였다. 국내에서 개발된 고속열차가 상용화의 첫발을 내딛는 역사적인 순간이었다. KTX-산천 열차는 이날부터 경부선(서울~부산)과 호남선(용산~광주·목포)에 1일 6회 운행되기 시작하였다. 허준영 코레일 사장은 "오늘은 우리 기술로 만들어진 한국형 고속열차 'KTX-산천'이 첫 운행된 역사적인 날이며, 'KTX-산천'에 대한 국민들의 뜨거운 애정과 관심에 한 차원 높은 서비스로 보답하겠다"고 말했다.

KTX-산천 열차는 프랑스에서 설계한 KTX-I에 이어 우리나라에서 운행되는 두 번째 고속열차 모델이다. 처음에는 KTX-II라고 불리다가, 토종 물고기인 산천어를 모티브로 디자인된 전두부 형상과 우리나라 산천을 누빈다는 의미를 담은 KTX-산천으로 변경하였다.

정부는 1989년 경부고속철도 건설을 결정하면서 고속열차는 외국에서 도입하는 것으로 결정하였다. 당시 국내에는 최고운전속도 시속 300킬로미터의 열차를 설계하거나 제작할 수 있는 기술이 없었다. 고속철도는 일본 신칸센(新幹線), 프랑스 TGV(Train Grande Vitasse, High Speed Train)과 독일 ICE(Inter-City Express)뿐이었다. 이에 정부는 1992년 국제 입찰을 실시하였고, 1993년 8월 프랑스의 TGV를 우리나라의 고속열차 차량 형식으로 선정하였다. 차량 형식을 결정하면서 평가 항목 중 하나에 기술 이전이 포함되었다. 당시 우리나라 철도기술은 최고운전속도 시속 140킬로미터에 머물러 있었고, 지하철 차량의 국산화율이 50~60% 정도에 그치고 있었다. 대부분의 주요 전장품도 외국에서 도입할 수밖에 없었다. 또한 철도기술을 책임지고 개발하는 국내 기관도 없었다. 철도청에 기술연구소가 있었으나 연구 개발 활동은 미미하였고, 서울지하철을 운영하는 지하철공사도 연구 개발은 꿈도 꾸지 않던 시절이었다.

TGV 제작사인 알스톰(ALSTOM)과의 기술 이전 협정에서 제작기술을 이전하는 것에는 합의하였으나 설계기술에 대해서는 큰 성과를 거두지 못했다. 고속전철의 설계기술이 이전되지 않을 것이라는 공감대가 형성되며 1996년 말부터 G7 사업으로 '고속전철기술개발사업'이 시작되었다. G7 사업은 우리나라 과학기술 수준을 선진 7개국(Great 7 Nations) 수준으로 끌어올리기 위해 과기부를 포함하여 7개 부처가 참여하여 수행한 범정부적 연구 개발 사업이다. G7 고속전철기술 개발사업은 건설교통부가 주관하였고, 산업자원부와 과학기술처가 협조부처로 참여하였으며, 범부처적으로 18개의 사업이 수행되었다. 1996년 3월 출범한 한국철도기술연구원(이하 철도연)이 주관을 맡았으며, 생산기술연구원에서 차량 개발을 담당하였다. G7 사업은 경부고속철도 건설사업으로 시작된 고속철도기술을 우리 기술로 만들고, 더욱 발전시키자는 취지로 시작되었다. 따라서 연구 목표도 "한국형 고속철도(최고운행속도 시속 350킬로미터) 시스템 개발 및 관련 핵심기술 확보"로 정하였다.

2002년 3월 ㈜로템(현재의 현대로템)의 창원공장에서 시제차로 동력차 1호기를 출고했다. 2002년 말 G7 사업의 종료 후 실용화를 위한 추가사업이 계획되었고, 사업명은 '고속철도기술개발사업'으로 하였다. 시제차의 이름은 'HSR-350x'로 명명하였다. HSR(High Speed Railroad)은 고속열차를, 350은 최고속도를, x는 실험 (eXperimental)을 뜻하였다. 주행시험 결과 2003년 8월에 시속 300킬로미터를 돌파했고, 2004년 12월 시속 352.4킬로미터에 도달하였다. 이는 일본, 프랑스, 독일에 이은 세계 4번째의 기록이었다. 이후에는 HSR-350x를 상업화에 이를 수 있도록 개발시스템을 안정시키는 연구를 지속적으로 하기 위해 상설 조직 '한국형고속열차시운전단'을 광명역 내에 발족하였다. 시운전단에서는 2008년 7월까지 449회에 걸쳐 20만 9,000여 킬로미터의 시운전시험 기록을 달성하여 상업화 시스템의 성능을 확보하였다. 연구 도중에 개발차량 HSR-350x가 이미 상용화에 근접했다는 평가를 받았다.

2005년 말 코레일에서 시행한 KTX-1의 후속 차량에 대한 국제입찰에서 HSR-350x에 근거한 차량이 낙찰되었고, 2010년 KTX-산천이라는 이름으로 상용화되었다.

우리나라 최초의 고속철도인 경부고속철도 차량은 프랑스의 TGV 시스템을 46편성 도입하였지만 그 이후로는 KTX-산천으로 대체되었다. 이후 건설된 호남선과 수서선, 원강선 등에 투여되는 고속열차는 KTX-산천으로 이미 71편성이 상용화되었고, 발주금액은 약 2.3조 원이었다. 한국형 고속열차 KTX-산천 개발은 대한민국 철도기술 수준이 철도 선진국과 어깨를 나란히 하는 역사적 사건이라 할 수 있다.

글로벌 전기차 시장의 배터리 강자

2차 전지의 원천 소재 기술, LG화학의 'SRS®'

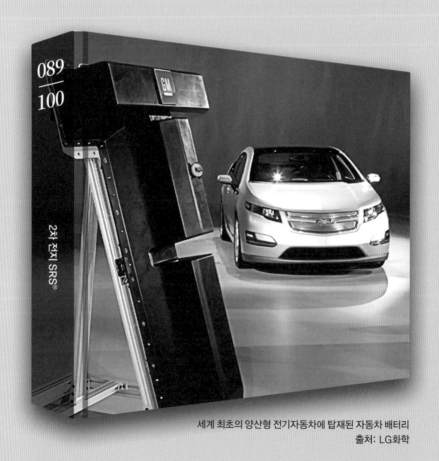

089
——
100

2차 전지 SRS®

세계 최초의 양산형 전기자동차에 탑재된 자동차 배터리
출처: LG화학

2010년 7월 15일 미국 미시간 주 홀랜드. 포클레인이 연신 황토빛 터를 고르는 벌판에서 LG화학 배터리 공장 기공식이 열렸다. 이 자리에는 이례적으로 미국의 오바마 대통령이 참석하였다. 그는 축하 연설에서 "오늘 홀랜드의 기공식은 배터리 공장 건설 이상의 의미가 있다. … 홀랜드는 미국 경제가 어디로 가는지 보여주는 상징이다"라며 극찬했다. 미국 대통령이 외국 기업의 공장 기공식에 참석한 것도 흔치 않은 일인데, 미국 경제의 미래를 상징한다는 연설까지 했다는 것은 LG화학의 세계적인 기술력을 인정함과 동시에 전기자동차 배터리 산업의 비전을 얼마나 중요하게 인식하고 있는지 보여주는 장면이었다.

휴대용 전자기기, 전기차, 로봇 등의 산업기술이 발전하면서 2차 전지의 중요성은 나날이 높아지고 있다. 2차 전지는 한 번 사용 후 재사용이 불가능한 1차 전지와 달리 방전 후에도 다시 충전해 반복 사용이 가능한 배터리를 말한다. 대표적인 2차 전지로 꼽히는 리튬이온 배터리는 폭발 사고 위험 때문에 안전성 문제로 쉽게 상업화하지 못하다가 1991년 일본 소니에서 상업화에 성공하면서 휴대용기기 시장을 빠르게 장악했다. 특히 전기차 및 에너지 저장장치(ESS)의 필수 소재로 쓰이기 때문에 전기자동차 시장의 활성화에 힘입어 폭발적으로 성장할 것으로 예상된다. 세계적인 기업들이 2차 전지를 새로운 성장 동력으로 눈여겨보는 이유다. 미국전기차협회는 전기자동차의 원가 중 2차 전지가 차지하는 비중이 29~33%에 이르기 때문에, 2020년 전체 자동차 판매량 중 전기차가 10%만 차지하더라도 중대형 2차 전지 시장이 70조 원 규모로 커질 것으로 예상했다.

우리나라 배터리가 세계 시장을 주도할 만큼 성장한 가장 큰 이유는 바로 리튬이온 2차 전지의 안전 문제를 해결하는 기술을 독자적으로 개발했기 때문이다. 안전을 담보하는 가장 중요한 핵심 기술 중 하나가 분리막이다. SRS®(Safety Reinforced Separator, 안전성강화분리막) 기술은 2004년 LG화학이 독자 개발한 기술로, 배터리 핵심소재인 분리막 원단에 나노 세라믹 코팅을 적용함으로써 배터리의 내구성과 내열성을 강화시킨 것이 특징이다. 통기도가 높은 다공성 PO소재를 통해 배터리 내부의 전기적 단락을 감소시켜 기존보다 월등한 안전성을 제공할 수 있었다.

LG화학은 2000년부터 신규사업 진출의 일환으로 전기자동차 배터리 개발에 뛰어 들었다. 아직 전기자동차 시장이 활성화되기 전이라 안전성과 성능, 양산 가능성에 대한 확신이 어려웠고, 연구 개발을 위한 대규모 투자에 따른 위험 부담도 컸다. 하지만 미국에 전담 연구법인을 설립하는 것을 시작으로 한발 앞선 투자 역량을 집중한 결과, 2009년 세계 최초로 전기차용 리튬이온전지를 상용화하는 데 성공했다. 이어 2010년 세계 최대 자동차 메이커 GM의 세계 첫 양산형 전기자동차 쉐보레 '볼트(Volt)'의 배터리 공급업체로 선정되어 순수 국내 기술로 개발한 배터리를 단독 공급하게 되었다.

그 동안 각종 하이테크 분야에서 일본에 한발 뒤진다는 평가를 받아온 우리나라가 기술력 경쟁에서 새로운 전환점을 마련한 획기적인 사건이었다. 이는 꾸준한 투자를 통해 튼튼한 기초체력의 바탕 위에서 기초

원재료 및 원천기술을 확보한 결과였다.

국내에서는 LG화학과 SK이노베이션 등이 이 기술을 보유하고 있다. LG화학의 경우 2004년 독자 개발한 SRS(안전성강화분리막) 기술을, SK이노베이션도 같은 해 세계에서 세 번째로 자체 분리막 기술을 개발하는 성과를 거두었다. 전기자동차 업계의 '퍼스트 무버'로 평가받는 LG화학의 SRS®는 특히 안전 문제가 중요한 전기차용 배터리에서 월등한 성능을 인정받아 GM, 르노, 포드, 볼보, 아우디 등 글로벌 완성차 업체의 배터리 공급업체로 선정되는 데 결정적 역할을 하였다. 과감한 도전과 선제적인 투자를 통한 원천 기술 확보 및 내재화로 전기자동차용 리튬이온 시장을 주도하고 있다.

전기자동차 시대는 우리의 산업 전반을 혁명적으로 바꾸고 있다. 배출가스가 전혀 발생하지 않는 친환경적인 전기자동차가 달리는 지구촌 곳곳의 모습을 상상한다. 그리고 그 전기자동차를 움직이는 세계 최고의 배터리를 만든 한국의 기술력에 주목한다. 새로운 시대를 여는 새로운 기술에 과감하게 도전하며, 차세대 글로벌 산업의 핵심기술을 선점해가는 한국 산업의 거침없는 질주가 시작되고 있다.

폴리에틸렌 섬유와
신섬유 산업의 미래

동양제강의 '초고분자량 폴리에틸렌 초고강도 고탄성 섬유'

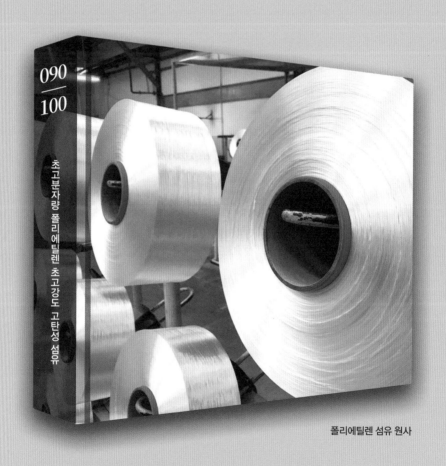

폴리에틸렌 섬유 원사

섬유 산업에서 신물질 개발이 가지는 의미는 기존 섬유 산업의 가치를 능가한다. 이미 섬유 산업은 최첨단 기술의 경연장으로 변모하고 있다. 가까운 미래에 투명망토 같은 신기한 원단이 나오는 것은 전혀 이상한 일이 아닐 것이다.

우리나라 섬유 산업의 신물질 개발 상황은 어떨까? 21세기에 접어들면서 섬유 산업은 기존 합성섬유 산업과는 차원이 다른 산업구조를 지향하고 있다. 산업용 섬유 기술 개발과 상용화 등 기술 고도화를 통해 신섬유 중심의 고부가가치 산업으로 변화를 꾀하고 있다. 1990년대 구조 조정기를 맞으며 가장 많이 지적된 문제는 우리나라 섬유 산업이 지나치게 의류용 섬유에 치중해 있다는 점이었다. 비의류용 또는 산업용 섬유는 우수한 성능이 요구되고 유행을 따르지 않으며, 관련 산업 분야의 성장과 함께 지속적으로 시장이 성장한다는 특성이 있어 섬유 산업의 재도약을 위해 비중을 높일 필요가 있었다. 미래 가치를 구현하는 화학섬유 기술 개발은 세 방향에서 진행되었다. 친환경섬유(에코섬유), 스마트섬유, 슈퍼섬유 등이다.

스마트섬유는 주변 상황이나 인체 자극에 대한 감지 및 반응 시스템을 적용한 고부가가치 신섬유다. 고유의 감성적 속성을 유지하면서 각종 IT 기능을 부가한 것으로 국내 기술 수준은 아직 선진국에 미치지 못하고 있다. 코오롱이 2012년 체온을 일정하게 유지시켜 보온성과 쾌적성을 유지할 수 있는 발열섬유를 개발했고, 휴비스도 외부 환경에 스스로 반응하는 자기감응형 스마트섬유를 개발하고 있다. 최근에는 전자-IT

융합에 의한 스마트 섬유기술이 급속도로 발전하고 있다.

슈퍼섬유는 일반 섬유에 비해 강도, 탄성, 내열성, 내화학성, 내후성 등이 우수한 고기능성 섬유를 말한다. 꾸준히 경량화하고 가공성을 높이는 방향으로 생산 공정을 정밀화하고 있다. 섬유 소재 자체를 새롭게 개발하는 것은 원천물질의 문제로 기존 재료의 화학적 개량과 가공성 개발을 바탕으로 고강도, 고탄성, 초내열성 등을 부여하는 소재공정 기술이 진행되고 있다. 가장 대표적인 예가 초고분자량 폴리에틸렌, 초고강도 고탄성 섬유이다. 초고강도 고탄성 섬유인 초고분자량 폴리에틸렌(UHMWPE) 섬유는 2009년 동양제강에서 100톤 규모의 상업 생산을 하고 있다.

21세기 섬유 산업을 선도할 신섬유 산업에서 우리가 주목해야 하는 지점은 동양제강의 활약이다. 로프 생산 전문기업인 동양제강은 2006년 산업부의 산업 원천기술 개발사업의 지원 하에 초고강도 폴리에틸렌 원사의 국내 개발을 위해 2007년 리서치센터를 설립하였다. 원료인 일반 폴리에틸렌 생산 회사와 협력하여 UHMWPE 섬유 개발을 돕는 한편, 고강도 섬유 생산을 위해 대학과의 공동 연구를 진행하면서 신재료, 오토메이션 설비의 개발을 추진하였다. 2009년 UHMWPE 섬유를 국내 최초 토종 기술로 독자 개발하여 2011년 '미라클®'이라는 상표명으로 상용화하였다. 미라클은 세계에서 세 번째로 공업화에 성공한 UHMWPE 섬유이다. 상용화 면에서도 성공적이어서 물성 및 품질 면에서 세계 최고 수준으로 인정받고 있다. 킬로그램당 3,000원 정도인 폴리에틸렌(PE)을 원료로 사용하지만, 가공하면 20배 넘는 가격에 판매할 수 있는 고부가가치 제품이다. 슈퍼섬유 미라클은 강도와 탄성률, 신장률 등에서 대표적인 슈퍼섬유인 아라미드를 능가하는 물성을 갖고 있다. 특히 인장강도는 강철보다 15배 이상 높다. 미라클은 현재까지 개발된 슈퍼섬유 중 가장 가볍고 강한 섬유 소재로 알려졌다. 고강도, 고탄성은 물론 내마모성 또한 뛰어나 방탄복, 해양용 로프, 낚싯줄, 인공관절, 치실, 절삭가공, 산업용 안전장갑 등 적용범위가 다양하다. 이 제품은 1300데니어 섬유 한 가닥(머리카락보다 가는 실 10가닥을 엮은 것)이 152킬로그램의 중량을 견딜 수 있어 고강도 섬유를 요구하는 해양 계류용 로프(Mooring Rope), 비행기 프레임 등에 주로 활용된다. 계류용 로프는 해양 원유, 가스 시추선을 한곳에 고정시키는 데 쓰이므로 무게가 가벼우면서 부식·내마모성 등이 높은 고강도 섬유가 사용된다. 현재 섬유 로프는 초대형유조선(VLCC)을 중심으로 수요가 늘고 있다. 동양제강의 슈퍼PE 제품은 해군의 최신예 함정인 독도함에도 납품되는 등 기술력을 인정받고 있다.

동양제강은 미라클 외에도 용융 방사된 폴리에틸렌 섬유도 개발하고 있다. 특히 폭넓은 강도의 고밀도 폴리에틸렌(HDPE)을 제공할 수 있는 세계 유일의 회사이다. 초고강력 폴리에틸렌 섬유는 고강도 산업용사로서 잠재 시장이 크기 때문에 지속적인 연구 개발이 필요하다.

세계 최초로
대형 AMOLED 기술을 석권하다

삼성디스플레이의 'AMOLED 세계 최초 5.5세대 가동'

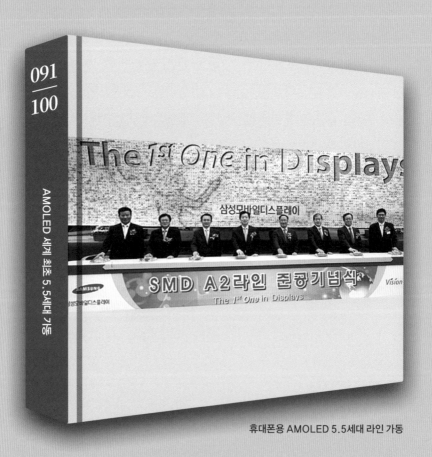

091
100

AMOLED 세계 최초 5.5세대 가동

휴대폰용 AMOLED 5.5세대 라인 가동

바람에 하늘거릴 만큼 얇고, 구부리거나 말아서 갖고 다닐 만큼 유연한 TV, 종이 같은 전자책이 나오고, 신분증에는 증명사진 대신 영상이 플레이된다. 미래를 배경으로 한 영화에나 나올 법한 이야기가 우리 기술로 눈앞의 현실이 되었다. TV를 벽지처럼 만들 수 있다고 해서 꿈의 디스플레이로 불리는 에이엠올레드(AMOLED, Active-Matrix Organic Light-Emitting Diode, 능동형 유기발광 다이오드)는 이미 스마트폰 화면으로 대중화되었다. 초슬림, 초고화질은 물론 햇볕 아래에서도 선명하다. 스마트폰을 통해 온갖 정보와 새로운 세상을 경험하면서도 그것을 보여주는 창인 디스플레이 기술이 우리나라 기술이라는 사실은 잘 모르는 경우가 많다. 더 얇고, 더 선명하고, 더 빠르며, 더 유연하게 진화하는 우리나라 기술로 만든 세계 최고의 디스플레이가 지금 우리 손 안에 있다.

2007년 9월, 삼성디스플레이(당시 삼성SDI) 천안 1공장(730×920㎟ 라인)에서 '꿈의 디스플레이'로 불리는 AMOLED 대량 생산이 세계 최초로 시작되었다. AMOLED는 LCD를 뛰어넘는 초슬림, 초고화질의 차세대 디스플레이 기술이다. TFT가 발광 소자마다 내장되어 개별적으로 발광이 가능하여, 전력 소모가 상대적으로 적고, 더 정교한 화면을 구현할 수 있다는 장점이 있다. 그러나 생산단가가 높다는 단점 때문에 소형기기를 제외한 곳에서는 잘 쓰이지 못했다. 미국 코닥, 일본 소니 등 쟁쟁한 글로벌 기업들이 일찌감치 차세대 디스플레이로 AMOLED의 가능성에 주목하며 연구 개발에 집중했으나 기술적 난이도가 높아 시제품 개발에 그치고 양산에는 실패했다. 그런데 삼성SDI 는 2000년 3월 프로젝트팀을 발족하여 개발을 시작한 지 약 7년 만에 세계 최초로 4.5세대 AMOLED 양산에 성공하였다. 2011년에는 기존 4.5세대 라인과 비교해 유리기판이 3배가량 넓어 생산성과 원가 경쟁 력을 높인 5.5세대 라인을 가동함으로써 차세대 디스플레이 기술을 선 점하며 시장 주도권을 한층 강화하였다. 당시 세계 AMOLED 시장의 99% 이상을 점유한 삼성디스플레이는 새 라인을 통해 스마트폰용 제품 위주에서 태블릿PC, 휴대용 게임기 등으로 포트폴리오를 확대했다.

스마트폰 시장의 경쟁이 치열해지면서 더 크고 뛰어난 화질의 디스플 레이를 구현하기 위한 AMOLED 기술 혁신도 끊임없이 진행되었다. 특 히 스마트폰 화면은 햇볕 아래에서도 잘 보여야 하기 때문에 AMOLED 디스플레이의 밝기와 반사율도 크게 개선되었다. AMOLED가 탑 재된 첫 스마트폰(갤럭시S, 2010년)의 화면 크기는 4인치, 해상도는 WVGA(800×480), 화소 밀도 233ppi였다. 7년 뒤인 2017년 스마트 폰(갤럭시S8)은 크기 5.8인치, 해상도 WQHD+(2,960×1,440), 화소 밀도 570ppi로 높아졌다. 화면은 1.45배, 화소 밀도는 2.45배 증가했 다. 삼성디스플레이는 일본 다이닛폰프린팅(DNP)과 협력하여 두께가 10~20㎛ 수준으로 얇고 열팽창계수가 낮아 고온에서도 마스크가 늘어 나는 현상을 최소화한 생산기술을 구현했다. 유리 기판이 아닌 플라스 틱 기판을 사용한 플렉시블 AMOLED 디스플레이 개발에도 성공해 더 얇고, 깨어지지 않으며, 테두리가 없는 스마트폰을 만들 수 있게 되었 다. 삼성디스플레이는 2010년 11월 갤럭시S에 탑재된 '수퍼아몰레드'와 동일한 해상도인 4.5인치 WVGA(800×480) 플렉시블 AMOLED를 개발하고, 일본 도쿄에서 개최된 'FPD International 2010'에서 발표했다. 곡률반경 1센티미터로 원통처럼 둥글게 말아도 화질 왜곡 없이 동영상을 재생할 수 있었다. 2013년 양산에 성공하여, 5.7인치 FHD(1,920×1,080, 386 ppi) 플렉시블 '수퍼아몰레드' 디스플레이를 적용한 제품(삼성 Galaxy Round)을 출시했다.

한국 기업들은 이에 머물지 않고 성공신화를 계속 이어가고 있다. 삼성SDI는 2000년대 초반 세계에서 유일하게 PMOLED 양산에 성공하였고, 2007년에는 세계 최초로 AMOLED 양산에 성공했다. LG디스플레이도 2013년 세계 최초로 대형 OLED TV 양산에 성공했다. 일본 등 선진국 기업들이 90년대 초부터 OLED 상용화를 시도했지만, 기술적 난관에 부딪혀 시제품 생산에 머물렀으나, 한국 기업들은 TFT-LCD 개발 경험을 바탕으로 세계에서 유일하게 LTPS TFT 기반으로 AMOLED 양산에 성공했다. 그리고 새로운 산화물 반도체 TFT와 백색 OLED 기술을 이용하여 8세대 양산라인에서 OLED TV를 양산하고 있다. 또한 플렉시블 AMOLED 양산에도 성공하여 프리미엄 스마트폰 시장을 주도하고 있다. 특히 삼성, LG, 애플에서 2017년부터 최첨단 대화면 스마트폰에 모두 플라스틱 AMOLED를 사용하면서 삼성디스플레이와 LG디스플레이, 국내 두 기업이 디스플레이 제품 전량을 공급하고 있다. 우리나라 제조업 사상 최초로 재료부터 시작해 장비, 패널까지 세계 시장을 선도하며 기술 개발의 신화를 다시 쓰고 있다.

천하를 호령하는 교량 기술

현수교 기술 자립, '이순신대교 개통'

092
—
100

이순신대교 개통

이순신대교 건설 장면

아름다운 한려수도의 풍광이 360도 파노라마로 펼쳐지는 이순신대교를 달려 전망대에 오른다. '하늘과 바다 사이의 평행선', '철로 만든 하프'라는 별칭이 멋스럽게 어울리는 이순신대교는 임진왜란 당시 노량해전이 펼쳐진 여수 바다 위에 건설된 대교이다. 노량해협과 이어지며 이순신 장군이 왜적과 7년 전투를 위해 누비던 바다이자 그가 죽음으로 임했던 마지막 해전인 노량해전이 시작된 장소이기도 하다. 이 아름다운 바다를 지키기 위해 수많은 시련과 맞서야 했던 이순신 장군의 마음을 기리는 듯 서 있다. 이순신대교는 순수 우리 기술로 시공한 국내 첫 현수교이자 국내 최대 규모이며, 세계 최고 높이의 주탑을 세워 올렸다. 최첨단 토목기술과 구조 응용역학이 망라된 최신 토목공학을 상징하는 교량이다. 주탑과 주탑 사이의 거리 1,545미터는 충무공이 태어난 해인 1545년을 기념해 만들었다고 하니 후손들이 충무공께 바치는 헌사 같아 자못 숙연해진다.

이순신대교는 전라남도 여수시 묘도(猫島)와 광양시 금호동 사이를 연결하는 총길이 2,260미터의 현수교(懸垂橋)이다. 여수국가산업단지 진입도로 개설공사의 3구간으로 건설되어 2007년 10월에 착공하였다. 여수세계박람회 기간을 전후하여 2012년 5월 10일 임시 개통되었고, 2013년 2월 8일에 전면 개통되었다. 건설 계획 초기에는 광양대교로 불리었으나 2007년 공모를 통해 이순신대교로 그 이름을 확정하였다. (주)유신이 설계하고, 대림산업(주)이 시공한 순수 국산기술로 만들어졌으며, 총 사업비는 약 1조 700억 원이 소요되었다. 이 다리의 건설로 여

수산업단지와 광양산업단지 간의 거리가 종전의 60킬로미터에서 10킬로미터로 단축되었고, 소요 시간도 80분에서 10분으로 단축되었다.

교량 형태는 주탑과 주탑 사이를 케이블로 연결하고 쇠줄을 늘어뜨려 다리 상판을 매다는 방식의 현수교이다. 주탑의 높이는 270미터로 현수교 콘크리트 주탑으로는 세계에서 가장 높다. 주탑과 주탑 사이의 거리인 주경간장(主徑間長)은 1,545미터로 국내에서 가장 길고, 세계에서는 네 번째로 길다. 바다에서 상판까지 높이는 평균 71미터(최대 85미터)이고, 선박 운항 폭은 최장 1,130미터로 21만 톤급 초대형 컨테이너 선박 2대가 동시에 통항할 수 있다. 또한 지진 규모 6.5, 진도 8단계의 강진에도 견딜 수 있도록 설계되었다.

세계적인 매머드급 이순신대교는 당시 (주)유신의 이명재 박사가 주도한 설계팀에 의해 구체화되었다. 전북대학교 권순덕 교수가 풍동실험을 통해 개발한, 초속 90미터 바람에도 견딜 수 있는 '트윈박스거더(Twin Box Girder)'를 국내 최초로 적용하였다. 교량의 시작과 끝부분의 앵커리지를 지형적인 조건에 따라 달리 적용해 두꺼운 연약층이 존재하는 종점부는 구조물의 자중으로 저항할 수 있는 중력식 앵커리지를 선정했다. 시점부측은 산악 지형을 활용한 지중(地中)정착식 앵커리지 기술을 국내 최초로 적용하였다. 또한 세계에서 4번째로 긴 길이를 자랑하는 주경간의 초강도 케이블 시공 과정에는 첨단기술인 '에어 스피닝' 공법이 적용됐다. 5.35밀리미터 강선 4가닥을 꼬아 교량 양쪽 끝까지 1,600회 왕복하면서 하나의 케이블을 완성하는 기술이다. 두 개의 케이블에 들어간 강선만 7만 2,000킬로미터로 지구 두 바퀴에 해당하는 길이이다. 주탑 건설에는 하루에 2미터씩 올라가는 '슬립폼' 공법을 적용했다. 콘크리트 거푸집을 유압잭을 이용해 자동으로 밀어 올리는 기술로 주야간 공사가 가능해 일반 공법에 비해 공기를 절반으로 줄일 수 있었다. 더불어 레이저 및 GPS를 활용한 정밀 측량으로 품질을 확보하였다.

이로써 설계에서부터 장비, 자재, 기술진에 이르기까지 현수교와 관련된 모든 분야를 국산화하는 데 성공했다. 이는 우리나라가 미국, 중국, 일본, 영국, 덴마크에 이어 세계 여섯 번째로 현수교 기술 자립국 반열에 오른 것을 의미한다. 이순신대교 건설 이후 우리나라의 현수교 기술은 브루나이교(1,233억 원), 템부롱교(4,830억 원) 공사를 수주하며 세계로 뻗어나가고 있다.

정유공장의 야경,
세계 6위 석유 산업국의 위용

자본과 기술의 고도화로 이룩한
'석유 제품의 수출 1위 달성'

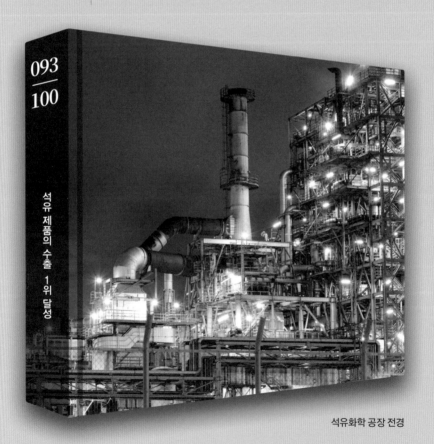

093
/
100

석유 제품의 수출 1위 달성

석유화학 공장 전경

석유 산업이란 원유를 정제해 공장, 가정, 자동차 연료 등에 사용하는 휘발유, 경유, 엘피지(LPG) 등을 생산하는 산업이다. 석유 제품으로는 휘발유, 경유, 중유, 등유, 나프타(Naphtha), 아스팔트, 윤활유, 파라핀왁스, 정제가스 등과 아스팔트, 윤활유, 석유코크 등이 있다. 석유화학 산업, 철강 산업, 기계 산업 등 에너지 다소비형 중화학 공업에서 필요한 에너지 조달에도 큰 역할을 하며 모든 산업의 근간이 되고 있다.

우리나라의 석유 산업은 LPG, 석유화학, 석유 판매, 석유 개발을 비롯해 플랜트엔지니어링 및 중공업 등의 발전에 지대한 영향을 끼쳤다. 석유 산업은 미래 주종 에너지원으로서 외국의 자본과 기술을 적극적으로 활용해 유치 산업을 육성하는 방식으로 개발되었다.

우리나라 석유 제품의 수출 현황을 보면, 2004년 수출 100억 달러를 달성했으며, 2008년에는 376억 달러로 국내 산업으로는 두 번째로 연간 20조 원을 돌파했다. 또한 2012년에는 자동차, 반도체, 선박 등을 제치고 수출 총액의 10%인 562억 달러를 돌파하여 마침내 국내 수출 품목 1위를 차지하였다. 이는 역대 최대치였던 2011년보다 8.9%나 증가한 수치다. 이는 반도체(504억 달러), 일반기계(480억 달러), 자동차(472억 달러) 분야를 넘는 1위 기록이다.

그동안 석유 산업은 내수 산업으로 여겨졌지만, 2007년을 기준으로 보면 국내 석유 제품 총 생산 2억 4,000만 배럴 중 수출이 1억 배럴에 이르러 명실상부한 수출 산업으로 확고하게 자리매김하고 있다. 세계 최고 수준의 원유정제 기술로 고부가가치의 석유 제품을 만들어 수출 제품 다변화 전략을 추구했고, 거래선도 동남아, 일본, 중국을 넘어 유럽, 호주, 미국 등으로 확대했기 때문에 이런 성과를 이룰 수 있었다. 우리나라 원유 정제 능력은 2013년 기준 하루 295만 배럴로 세계 6위의 규모다.

우리나라에서 본격적인 석유 산업 시대가 열린 건 1962년 대한석유공사(현 SK이노베이션)를 설립하고, 1964년 하루 3만 5,000배럴 규모의 정유 설비가 울산에 완공되면서부터다. 1962년은 제1차 경제개발 5개년 계획이 시작되는 시기로, 정부는 자립경제체제 확립이라는 목표 아래 중공업의 근간이 되는 석유 에너지의 안정적인 공급을 위해 석유 산업의 자립화를 추진했다.

국내 석유 산업은 대한석유공사의 1964년 울산정유공장을 시작으로 호남정유, 경인에너지(현 SK인천석유화학, SKIPC), 극동정유(현 오일뱅크), 쌍용정유 등이 가세하면서 몸집을 불릴 수 있었다. 1978년 설립된 동력자원부의 탄탄한 지원도 큰 역할을 감당했다. 1970년대 제1, 2차 석유 파동에도 불구하고 경제 성장에 따른 에너지 수요 증가와 수입선 다변화로 위기를 극복하고 성장세를 이어갔다. 1990년대 침체기에는 자체 브랜드화로 경쟁력을 강화시켜 극복하였으며, 2012년 전체 수출 품목 중 1위에 오르는 성과를 일궈낼 수 있었다. 호남정유는 1995년 '테크론'이라는 휘발유 브랜드를 출시했고, 같은 해 유공은 휘발유 '엔크린'과 윤활유 '지크(ZIC)'을 출시했다. 2000년대 이후 국내 석유 수요는 성숙단계로 진입하면서 성장률이 둔화하였고, 2010년 이후는 1% 성장세만 유지하고 있는 상태다.

원유와 석유제품은 2010년 국내 전체 수입액의 20.2%를 차지하며 1위와 4위의 수입품목에 올라가 있다. 2013년 한 해에 수입한 원유 양은 9억 1,500만 배럴(1일 기준 251만 배럴, 서울 상암월드컵경기장 61개를 채울 수 있을 정도의 양)이며, 국내 정유공장에서는 약 10억 200만 배럴의 석유 제품을 생산했다.

우리나라의 석유 및 석유화학 산업이 보유한 수출경쟁력은 국내 정유사들이 가지고 있는 규모의 경제와 고도화 설비 비율에서 우위를 점했기에 가능한 일이었다. 아·태 지역 주요 경쟁국들의 평균 정제설비 규모를 살펴보면 한국이 가장 큰 것을 알 수 있다. 규모의 경제 효과로 대한민국 석유 산업은 원가 경쟁력 측면에서 상대적 우위에 있다. 특히 우리나라 5대 기간산업으로 자리매김하며 생산된 제품의 60% 정도를 해외에 수출할 정도의 수출주도형 산업으로 국가 경제에 크게 기여하는 산업으로 성장하였다. 또한 석유 산업에서 원료를 공급받아 현대생활에서 널리 쓰이는 각종 소재 및 제품을 생산하는 석유화학 산업에서도 큰 발전을 이루었다.

자본과 기술의 고도화가 필요한 석유 산업이 세계 6위에 오를 수 있었던 건 정부와 기업, 그리고 산업 인력들의 헌신이 있었기 때문이다. 비산유국에서 석유 제품을 최대 수출품목으로 키운 것은 세계 산업계에서도 드문 기념비적인 사건으로 볼 수 있다.

세계 최초의 대형 OLED TV 개발

LG전자의 '올레드 TV 세계 최초 상용화'

094
———
100

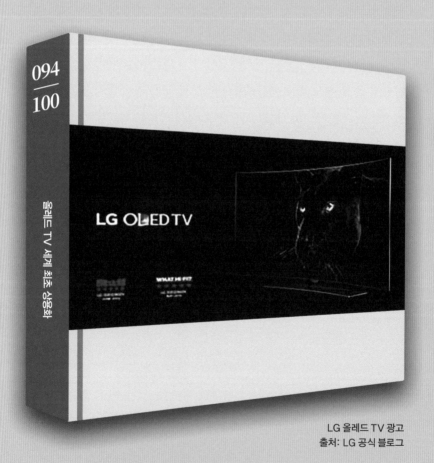

올레드 TV 세계 최초 상용화

LG 올레드 TV 광고
출처: LG 공식 블로그

'완벽한 블랙만이 완벽한 컬러를 만든다.' 2014년부터 러시아와 유럽 시장에서 전개된 LG전자 올레드 TV의 흑표범 광고는 세계인의 눈길을 사로잡았다. 머리부터 발끝까지 모두 까만 흑표범의 털 한 올 한 올과 빛나는 눈빛까지 실감나게 표현해 '완벽한 검정색'이 무엇인지를 제대로 보여주었다. 올레드 TV가 보여준 블랙에 외신들의 호평이 쏟아졌다. 미국 유력 IT 전문 매체 디지털 트렌드(Digital Trends)는 "올레드를 제외한 그 어떤 디스플레이도 완벽한 블랙을 표현하지 못한다"라고 극찬했다. 영국 엑스퍼트 리뷰(Expert Reviews)도 "완벽한 블랙으로 최고의 화질을 제공하는 제품"이라며 "올레드 TV를 한번 보고 나면 기존 LCD TV가 부족해 보일 것"이라고 했다. USA 투데이의 IT 전문 평가매체 리뷰드닷컴(Reviewed.com)은 "올레드 TV의 어두움(Shadow) 표현력은 최고 수준으로 올레드 화소가 완벽하게 꺼져 그 명암으로 사물 이미지가 더 밝고 컬러풀하게 표현된다"라고 평가했다. 이제 TV로 광활한 우주 공간이나 야경을 실감나게 감상하는 수준을 넘어 체험하는 시대로 진입한 것이다.

　　2010년대 TV 시장의 주류였던 LCD TV는 이미 범용화되어 업체 간 기술적 차이가 거의 사라지고 중국 업체의 추격이 빨라지면서 시장 전망이 어두웠다. 삼성전자와 LG전자는 2007년부터 주력 제품군을 Full HD LCD TV에 두고 다양한 크기와 Full HD영상 화질을 개선한 신제품들을 선보이면서 Full HDTV 시장을 본격적으로 형성했다. 그러나 2012년 이후 OLED TV와 UHD TV가 등장하면서 새로운 시대가 열리기 시작했다. 2009년 IFA(베를린 국제가전박람회)에서는 다양한 OLED TV 시제품이 등장하면서 LED TV 뒤를 잇는 차세대 TV로서의 가능성을 예고했다.

LG전자는 2011년 12월 세계 최초로 55인치 TV용 OLED 패널 개발에 성공했다. 'CES(Consumer Electronics Show, 소비자전자제품박람회) 2012'에서 OLED TV를 공개한 다음 상용화를 시작했다. OLED TV는 당시 기술 선점을 통해 우리나라가 새로운 시장을 개척해 가고 있는 선도 분야였다. OLED TV는 스스로 빛을 내는 자체 발광 디스플레이로 LCD TV보다 반응속도가 1,000배 이상 빨라 잔상이 남지 않고 저온(-10℃)과 고온(40℃)에서도 동일한 응답속도를 유지한다. 명암비도 LCD TV보다 높고 색 번짐이 없으며 천연색에 근접한 색 재현이 가능하다. 백라이트가 없어 전력 소모량이 적고 매우 얇은 두께로 만들 수 있어 초슬림 면에서도 LCD보다 우위이다. 그러나 양산화 기술이 더디게 발전하면서 LCD보다 TV 상용화가 늦어졌다.

LG OLED 올레드 TV는 RGB 3컬러가 아닌 WRGB 4가지 색상을 사용하여 완벽한 색감을 구현했다. WRGB 4가지 색상과 블랙은 완전히 그 자리를 꺼버리는 기술이기 때문에 깊고 풍부한 블랙 처리가 가능해 몰입감을 높일 수 있다. OLED는 자체발광을 하는 전류 구동 소자로 LCD의 백라이트, 액정 CF 기능을 한 장에 집적화하므로 두께가 4.4밀리미터 정도로 얇다. OLED의 특성상 엄청난 응답속도를 가지고 있어서 빠른 동영상을 어느 자리, 어떤 화각에서건 자연 색상 그대로 선명하게 볼 수 있어 꿈의 화질이라 불린다.

LG전자는 2013년 1월에 평면 Full HD OLED TV를, 4월에는 곡면

HD OLED TV를 세계 최초로 출시하였고, 이어 삼성전자도 동일한 유형의 제품을 출시했다. 한국 업체들은 2013년 9월 IFA에서 70인치 이상 대형 OLED TV와 양산이 가능한 UHD OLED TV를 선보였다.

LG디스플레이는 독자적인 기술로 개발한 차세대 디스플레이 기술인 OLED 패널을 탑재한 55인치 올레드 TV를 출시했고, 2013년 세계 최초로 대형 올레드 TV(55인치)를 상용화하면서 올레드 TV 시대를 선도하고 있다. LG전자가 올레드 TV를 양산하기 시작한 2013년 세계 올레드 TV 시장 규모는 연간 4,000대에 불과했으나 이후 각국의 평가기관, 소비자로부터 화질, 음질, 디자인 등을 인정받으며 수요가 폭발적으로 늘면서 2018년 251만 대로 5년 만에 600배 넘게 성장했다.

LG전자는 백라이트가 없어 얇고, 다양한 형태로 만들 수 있는 올레드 강점을 활용해 얇은 패널 뒤에 투명 강화유리를 적용한 '픽처 온 글래스(Picture on Glass)' TV, 4밀리미터가 안 되는 두께로 마치 그림 한 장이 벽에 붙어 있는 듯한 '월페이퍼(Wallpaper)' TV, 디스플레이 진화의 정수(精髓) '롤러블' TV에 이르는 TV 폼팩터(제품 형태) 변화를 지속적으로 선도하고 있다. LG 롤러블 올레드 TV는 세계 최초로 화면을 둥글게 말거나 펼 수 있는 플렉서블 TV이다.

LG전자는 기존 4K 해상도의 올레드 TV에 이어 현존 최고 해상도와 최대 크기를 모두 갖춘 88인치 8K 올레드 TV를 2019년 7월 출시했다. 독자 개발한 인공지능 프로세서를 기반으로 최적화된 화질·사운드를 구현하고, 독자 인공지능 플랫폼 및 구글, 아마존, 애플 등 주요 인공지능 플랫폼을 탑재해 더 편리한 서비스 환경을 제공하고 있다.

ICT 융합으로
전력 산업의 미래를 꿈꾸다

한국전력의 '배전자동화 시스템과 전력IT 기술'

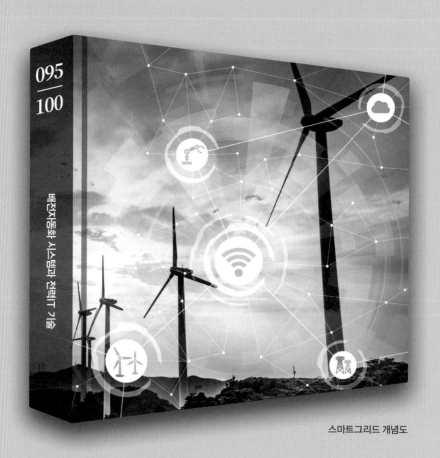

095
/
100

배전자동화 시스템과 전력IT 기술

스마트그리드 개념도

정전은 7~80년대에는 늘 겪는 흔하디 흔한 일이었다. 한 번 정전이 되면 두세 시간은 지나야 복구가 되었다. 요즘 같은 때에 두세 시간 정전이 된다면 아마 한전 전화통에는 불이 났을 것이다. 이 같은 정전 사고가 일어났을 때 신속하게 복구하려면 배전자동화 시스템이 필요하다. 배전자동화는 첨단 통신과 컴퓨터 시설을 이용해 배전계통을 중앙제어소에서 원격 감시 및 제어하는 기술을 말한다. 배전자동화가 국산화에 성공하기 전인 1982년엔 연간 호당 정전 시간이 733분이었다. 배전자동화 시스템을 구축한 이후인 2013년에는 정전 시간을 11.5분으로 단축하는 데 성공한다.

우리나라에 배전자동화 시스템이 시작된 것은 1979년 동력자원부의 '배전선로 운전 자동화 추진' 지시에 따라 한국전력이 배전자동화 추진계획을 수립하면서부터다. 한전은 이 계획에 따라 1983년부터 1988년에 걸쳐 미국 웨스팅하우스사의 제품을 적용해 배전자동화 시스템을 개발하였다. 경기지사에서 시범운전을 하며 배전자동화의 첫걸음을 내디뎠다. 이후 1990년부터 1993년까지 한국형 배전자동화시스템 개발 연구를 완료하고 전국으로 확대했다. 2002년에는 전국 배전사업소에 배전자동화 시스템 설치를 완료했으며, 2007년부터는 광역 배전자동화 시스템을 본격 도입하였다. 2010년 전국 41개의 배전센터에 광역 배전자동화 시스템을 구축하여 광역 배전센터 사업까지 완료했다. 전기를 복구하는 시간도 대폭 향상되었다. 선로 고장 인지에서 원상 복구까지 73분 걸리던 것이 6분으로 크게 단축되었다. 신기술 국산화에 따른 종합 자동화시스템의 수입 대체 금액은 2,952억 원이고, 소규모 시스템 수입 대체 1조 553억 원 등 총 1조 3,505억 원의 대체 효과를 얻으며 국가 경제 발전에 상당한 기여를 했다.

1979년에 시작한 배전자동화 시스템은 대한민국의 전력 산업의 미래를 위해 장기적인 안목에서 시행한 정책이었다.

최근 우리나라 전력 산업의 기조는 기간산업에서 IT 융합을 통한 차세대 성장동력 산업으로 한 단계 발전했다. 일본의 기술 표준을 적용해 간간이 이어오던 전력 산업은 6~70년대 새로운 기술 도입과 신기술 개발을 통해 성장 가능성을 열었다. 80년대에는 고압선 절연화, 배전공사 신공법을 개발하면서 기술 자립의 기반을 다졌다. 90년대에는 배전설비 국산화, 전기품질 향상 등으로 세계 전력 산업과 어깨를 겨루는 수준에 이르렀다. 2000년대에는 분산형 전원의 배전 계통 연계, 배전자동화 시스템, 전력 IT 기술 개발에 돌입했으며, 2010년대 들어서는 스마트그리드, 마이크로그리드, 배전IoT 기술 분야에서 세계 수준을 웃도는 상황이 되었다.

성숙 산업으로 인식되어 있던 전력 산업은 ICT(Information & Communication Technology)가 접목되며 새로운 부가가치를 창출할 수 있는 산업으로 변모하고 있다. 우리 전력 산업은 2004년부터 전력 IT 기술 개발에 본격적으로 뛰어들었다. 제주도에 스마트그리드 실증단지를 구축해 총 153개의 기술 검증 및 9개 사업모델을 발굴했다. 이를 토대로 2030년까지 거점도시에서 광역 단위, 국가 단위로 점차 사업의 영역을 확대할 계획이다. 우리나라는 지능형 전력망인 스마트그리드 기술 개발을 선도하기 위해 2011년 '지능형 전력망의 구축 및 이용촉진에 관한 법률'을 제정했고, 소비자와 공급자의 양방향 정보 교환과 이를 이용한 수요반응 서비스 등을 목표로 2012년에 지능형전력망 기본계획을 수립했다. 또한 전력 IT 10대 과제(2005~2010)를 통해 스마트그리드 사업의 토대를 마련했다. 이를 바탕으로 개발한 기술과 시스템은 2009년 제주 실증사업으로 이어지며 스마트그리드 시대를 알렸다. 제주 실증단지 구축사업(2009~2013)은 세계 최대 규모의 복합 실증단지 구축사업으로 스마트미터, 지능형 송배전기기 등이 설치되어 실시간 요금제, 전기자동차충전소, 신재생발전원 연계 등을 통한 실증데이터 분석 및 비즈니스 모델 개발을 성공적으로 완료했다. 스마트그리드는 2016년부터 거점도시에서 광역 단위를 거쳐 2030년 국가단위 지능형 전력망 구축을 위한 사업을 실시하고 있다.

정부는 전력 산업의 미래 가치를 확장하기 위해 2015년부터는 '에너지 신산업'을 추진하고 있다. 지능형 수요관리, 전기자동차, 스마트가전, x-EMS, 신재생에너지 안정화 등의 기술 개발을 통해 기후변화 대응, 에너지효율 향상, 비용 절감을 주요 사업 대상 목표로 삼았다. 2030년까지 연평균 5만 개의 신규 일자리 창출과 온실가스 2억 3,000만 톤 감축, 74조 원의 내수 창출, 49조 원의 수출 증대, 에너지 수입 총 74조원 절감 등의 파급효과가 기대된다.

사료용 아미노산 시장의 글로벌 1위

CJ제일제당의 '세계 유일 5대 아미노산 친환경공법 생산'

096
100

세계 유일 5대 아미노산 친환경공법 생산

CJ제일제당의 사료용 아미노산
출처: CJ제일제당 베트남

세계 최대의 양돈농가가 밀집돼 있는
중국 쓰촨성의 양돈 농장, 미국 델라웨어와 브라질 상파울루의 양계 농
장, 우리나라의 양돈 양계농장에 이르기까지 전 세계 수많은 농장에서
가축들을 건강하게 키우기 위해 필수적으로 사료에 투입해야 하는 핵심
품목이 있다. 바로 사료용 아미노산이다. 가축의 성장과 발육을 돕고 면
역력을 강화하기 위해 사료에 첨가하는 필수 아미노산은 체내에서 만들
어지지 않기 때문에 꼭 음식물로 섭취해야 한다. 전 세계적으로 육류 수
요가 급증하면서 사료용 아미노산 시장도 급성장하고 있다. 이 시장에서
독보적인 기술로 점유율 1위를 차지하고 있는 기업이 바로 우리나라의 CJ
제일제당이다. 국내에서는 식품기업 이미지가 강하지만, 세계적으로는
라이신, 쓰레오닌, 트립토판, 메치오닌, 발린 등 5대 사료용 아미노산 모
두를 친환경 바이오 발효공법으로 생산하는 유일한 기업으로 유명하다.

　CJ제일제당은 1988년 후발주자로 아미노산 시장에 뛰어들었다. 가축
의 경우, 곡물 사료만으로 필수 아미노산을 충분히 공급받기 어렵다는
데 착안했다. 인도네시아 파수루안에 해외법인을 설립하고, 사료용 필수
아미노산의 하나인 '라이신' 개발에 나섰다. MSG(1964년), 핵산(1977
년) 등 식품조미소재 개발에 성공한 발효 기술 노하우가 자산이었다. 하
지만 일본 아지노모토, 미국 ADM, 중국의 GBT(Global Bio-chem
Technology) 등 시장을 장악한 선진국 기업들의 진입 장벽은 높았다.

　2008년 공격적인 연구 개발(R&D)로 생산성이 뛰어난 새로운 균주
를 개발하는 데 성공하면서 전환점을 맞는다. 생산성이 뛰어난 균주를

확보하는 것은 바이오사업의 승패를 가르는 요소다. 아미노산 발효 기술의 핵심은 고생산성 균주의 개발과 개량에 있기 때문이다. 외래 유전형질을 숙주균 내로 도입하는 유전공학적 형질전환법과 기술 발전에 따라 세포융합, 유전자조작, 유전체 개량 등에 의한 방법이 새로이 개발되었다. 이런 새로운 기술 덕분에 획기적인 개량 균주가 나타날 가능성이 높다. 실제로 이런 신기술을 배경으로 탄생한 것이 대사조절발효와 대사공학이다. 현재 세계적으로 이 같은 대사공학적 방법에 의한 산업용 아미노산 생산균주의 개량 노력이 광범위하게 이루어지고 있으며, 한국의 기술 역량은 세계적인 것으로 평가를 받고 있다.

한편 CJ제일제당은 사료 내 조단백질(Crude Protein, 질소함량이 높은 단백질) 함량을 낮추고 발린을 비롯한 아미노산을 첨가하는 친환경적 배합비를 제시함으로써 가축의 성장촉진은 물론 배설물로 발생하는 질소배출을 줄이는 등 친환경 바이오기업으로 자리매김하고 있다.

새로운 고생산성 균주 개발에 성공함으로써 라이신 생산수율이 글로벌 1위 수준으로 높아졌고, 2013년에는 아지노모토를 제치고 세계 1위가 됐다. 라이신에서 경쟁력을 확보하자 다른 부문의 경쟁력도 높아졌다. 2014년에는 또 다른 사료용 필수아미노산인 트립토판에서 세계 1위 자리에 올랐다. 트립토판은 아지노모토가 처음으로 개척해 독점하고 있던 시장이었다. 3년여에 걸친 R&D 끝에 2014년에 출시한 사료용 아미노산 발린도 2016년에 1위에 오르며 '트리플 크라운'을 달성했다. 사료용 아미노산 사업을 강화해 글로벌 1위 바이오 기업으로 발돋움했으며 2015년 세계 최초로 5대 사료용 아미노산 체제를 구축했다.

아미노산은 미생물이라는 바이오 기술이 들어간다. 생물체를 활용해 유용한 물질을 생산하는 그린바이오 산업의 미래는 무궁무진하다. 그중에서도 사료용 아미노산이 발효기술적인 측면과 식품 산업적 측면에서 중요한 이유는 우리가 최종적인 소비 주체이기 때문이다. 곡물에서 나온 사료와 아미노산을 먹고 돼지와 닭이 자라고, 여기서 나온 육류로 다양한 요리가 만들어지기 때문이다. 인간과 동물, 자연이 순환하고 후대에 보다 더 건강하고 깨끗한 환경을 물려줄 수 있는 기술에 더욱 매진하는 기업에 주목하는 이유다.

세탁 문화를 혁신한 세탁기

세계 최초 드럼과 통돌이가 결합한
LG전자의 '트윈워시 출시'

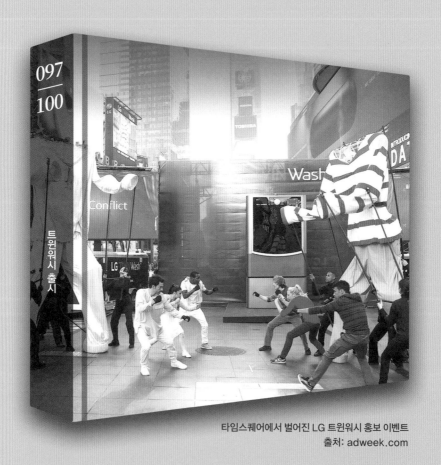

타임스퀘어에서 벌어진 LG 트윈워시 홍보 이벤트
출처: adweek.com

2015년 11월 3일 많은 사람들로 붐비는 낮 12시, 뉴욕의 랜드마크인 타임스퀘어에 어마어마하게 큰 여자 속옷 형상의 조형물이 등장했다. 여섯 명의 남녀가 조종하는 자이언트 꼭두각시였다. 이어 남자겉옷 형상의 자이언트 꼭두각시가 출현해 긴장감 넘치는 음악과 함께 격렬하게 서로 치고받는 공방을 벌였다. 결국 꼭두각시는 화해의 몸짓을 취하고 주인공 남녀도 포옹했다. 그런 다음 두 꼭두각시는 무대 중앙에 있는 자이언트 세탁기를 향했다. 겉옷 꼭두각시는 드럼세탁기로, 속옷 꼭두각시는 통돌이세탁기로 들어가는 것으로 15분의 퍼포먼스가 끝이 났다. 이를 지켜보던 사람들은 겉옷과 속옷을 뒤섞지 말고 겉옷은 드럼세탁기에, 속옷은 통돌이에 넣는 트윈워시를 사용하라는 기발한 퍼포먼스에 환호하며 아낌없는 박수를 보냈다. 브로드웨이쇼를 방불케한 트윈워시의 등장은 기발한 상상력만큼이나 혁신적인 신제품으로 뜨거운 찬사를 받았다.

드럼세탁기는 여러 장점에도 불구하고, 빨래 시간이 길고 전기 사용량이 많으며 세탁력이 약하고 소음이 심한 단점을 안고 있었다. 한국 기업들은 드럼세탁기의 이러한 단점들을 보완하기 위한 신기술 개발에 나섰다. LG전자는 드럼세탁기를 처음 출시하면서 모터와 세탁통 사이의 연결벨트를 없앤 DD모터를 개발해 소음과 진동을 획기적으로 줄였다. 삼성전자는 물줄기를 늘려 세탁력 강화에 초점을 둔 버블샷을 출시해 드럼세탁기의 인식 변화를 이끌었다.

드럼세탁기를 비롯해 가전시장이 성숙기에 접어들면서 '세컨드

(Second) 가전'에 대한 열풍도 거세졌다. 세컨드 가전은 '특정 용도'나 '사용 상황'에 유용한 가전으로 메인 가전을 보완하는 성격을 갖는다. LG전자는 소비자들의 목소리를 반영해 8년 동안 신제품 개발에 매진한 끝에 2015년 두 개의 세탁기를 하나로 결합한 '트윈워시'를 탄생시켰다. 세계 최초로 드럼세탁기 하단에 통돌이세탁기인 미니워시를 결합한 혁신적인 제품이었다. 세탁물의 양이나 옷감에 따라 상단의 드럼세탁기와 하단의 통돌이세탁기 중 하나만 사용하는 분리세탁이나 동시에 두 대를 사용하는 동시세탁이 모두 가능해졌다. 22킬로그램의 대용량으로 용량 제한의 한계를 극복했고, 두 세탁기가 위 아래로 맞붙어 있어 공간을 절약할 수 있었다. 용량이 작은 아이 빨래를 별도로 분리해 세탁할 수도 있는 새로운 세탁문화를 만들었다. 또 건조기와도 결합해 손쉽게 사용할 수 있다. 세탁기나 건조기에 맞는 미니워시만 구매하면 손쉽게 트윈워시의 신개념 의류관리문화를 경험할 수 있게 했다.

2000년대 이후 국내 기업들은 다양한 응용기술을 개발하며 세계 세탁기 시장을 선도하고 있다. 2005년 LG전자에서 세계 최초로 개발한 스팀 세탁기술은 고농도 세제수와 98℃ 고온의 스팀을 분사해 세제수로 세탁물을 적시고 스팀으로 때를 불려 깨끗이 세탁하는 방식을 채택했다. 물을 적게 사용하면서도 스팀과 열풍만으로 구김과 냄새를 제거할 수 있는 장점이 있다. 2011년 LG전자는 옷을 빨거나 다리지 않고 새 옷처럼 다시 입을 수 있게 해주는 의류처리장치 '스타일러'를 개발했다. 스타일러는 세탁기의 스팀 기술, 냉장고의 인버터 컴프레서 기술, 에어컨의 기류 제어 기술 등을 융합한 기술집약적 제품이다. 2015년에는 세계 최초로 기존 드럼 세탁기 밑에 세컨드 세탁기를 설치하여 분리·동시 세탁을 가능하게 한 트윈워시 세탁기를 개발함으로써 독보적인 선도자의 자리에 올라섰다. 단지 세탁만을 위한 가전제품에 그치지 않고 계속 진화하는 세탁기 시장에서 본연의 기능을 위한 소음저감 기술, 에너지저감 기술, 세탁력 향상 기술 등을 지속적으로 발전시키고 있다. 이외에도 앱을 사용한 무선컨트롤 세탁, 근거리 무선통신을 이용한 세탁기, 고장 확인 및 원격수리 등 부가기능을 더하면서 최정상의 새로운 가전 기술을 열어가고 있다.

마천루,
하늘에서 세상을 내려다보다

국내 최고 높이의 초고층 빌딩 '롯데월드타워'

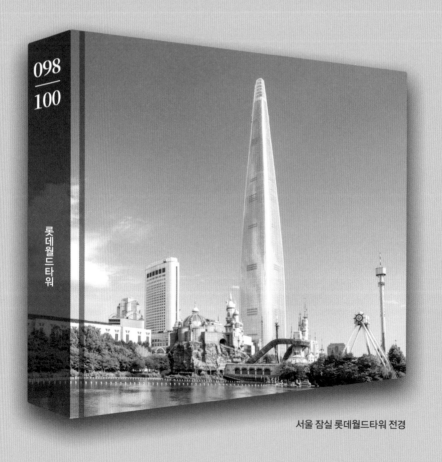

098
100

롯데월드타워

서울 잠실 롯데월드타워 전경

선뜻 발을 내디딜 수 없는 투명한 스카이테라스에서 555미터 아래를 내려다보는 심정은 짜릿하다 못해 스릴이 넘친다. 하늘과 땅 어디를 향해도 감탄사가 절로 나는 포토존에서 연신 카메라 셔터를 눌러내는 외국인 관광객의 웃음소리에서 세계에서 여섯 번째로 높은 초고층 건물의 등반에 성공한 만족감이 묻어난다. 나이 지긋한 어르신들은 360도 전망을 둘러보며 짧은 시간 급속도로 발전한 서울의 모습에 격세지감을 느낀다. 젊은이들은 은하수처럼 물결치는 서울의 야경을 보며 더 나은 내일을 위한 꿈을 꾼다. 도시의 시선은 그 도시의 초고층 건물 높이만큼 그렇게 높아져왔다. 도시 풍경에 익숙한 현대인들에게도 초고층 건축물은 작은 도시 기능을 갖춘 매우 매력적인 복합공간으로 다가온다.

우리나라 최초의 고층빌딩은 1968년 착공해 1970년에 완공된 삼일빌딩(31층, 114미터)으로 30층 시대를 열었다. 1985년 개장한 63빌딩(60층, 249미터)은 60층 시대를 열면서 대한민국에서 가장 높은 마천루가 되었다. 이후 2011년 해운대 두산위브더제니스(101동 80층, 301미터)와 2014년 송도 포스코타워(69층, 305미터)가 300미터를 넘는 초고층 건물의 대열에 이름을 올렸다.

고층 건물 건설은 구조 안전성을 확보하기 위한 구조설계 면에서 매우 힘든 작업이다. 뿐만 아니라 소재·재료 기술, 설비, 환경 및 정보통신 기술, 구조·안전·방재 기술, 시공 및 유지관리 기술 등 모든 관련 산업기술의 집결로 이뤄졌다고 할 수 있다.

우리나라의 경우 초고층 건물 건축은 서울의 인구 유입과 교통 과밀을 억제하려는 정부시책에 반하여 정부의 비협조와 지역 주민의 반대, 경제 위기 봉착 등의 어려움으로 오랫동안 전문 건설기술을 개발하거나 발전시킬 수 없었다. 대신 쉽게 경제적 이득을 취할 수 있는, 건축 승인이 상대적으로 쉬운 60~70층 주거용 고층 건물이 서울과 부산을 중심으로 계획 시공되었다. 그러다가 마침내 롯데월드타워(Lotte World Tower)의 완공으로 100층이라는 초고층 시대에 돌입하게 되었다.

롯데월드타워는 서울특별시 송파구 신천동 롯데월드몰 단지 내에 위치한 지상 123층, 높이 555미터의 마천루이다. 2010년 착공하여 2015년 12월 22일 123층까지 상량을 완료했으며, 2016년 3월 첨탑공사를 끝으로 외장 공사가 완료되어, 2016년 12월 22일에 완공되었다. 2017년 4월 3일에는 정식으로 오픈했다.

롯데월드타워의 공사는 중앙 코어를 ACS라고 하는 자동 상승 거푸집을 중앙 코어(Core)와 건물 외벽에 설치되는 8개의 메가칼럼(Megacolumn)이 비슷한 높이로 올라가 각 층을 철근으로 엮는 방식으로 계획되었으며, 40층 공사까지는 그렇게 공사하였다. 이후 메가칼럼 공사를 맡은 하청업체가 부도가 나면서 메가칼럼 공사가 지지부진한 사이에도 코어는 계속 올라갔고 이 때문에 높이 차이가 20층 넘게 벌어지자, 이후 메가칼럼 공법을 바꿔서 철근을 우선 올린 다음 층 공사 시 콘크리트 포장을 하는 방식으로 바꾸었다.

일반 콘크리트의 3배 이상 고강도이면서 화재 발생 시 최소 3시간 이상 버티는 고내화 콘크리트를 사용했으며, 여기에 건물의 뼈대 역할을 하는 국내 최대 규모의 코어월(Corewall)과 8개의 메가칼럼을 세워 수

직중력을 지탱하게 했다. 롯데월드타워의 설계를 맡은 미국 초고층 전문 업체 KPF사의 설계 책임자 제임스 본 클렘퍼러는 "롯데월드타워 메가칼럼은 워낙 크고 단단해서 비행기가 직접 부딪치는 실험에서도 끄떡없이 파이지도 않고 원형 그대로를 유지했다"고 말했다.

40층마다 1개씩 중심부 기둥들을 묶어 벨트 역할을 하는 첨단 구조물 '아웃리거'와 '벨트트러스'가 설치돼, 진도 9의 지진과 초속 80미터의 강풍에도 견디는 내진 및 내풍 설계가 돼 있다. 보통 초고층 건물의 내진 설계는 '리히터 7'이 기준이지만 롯데월드타워는 진도 7의 파괴력보다 에너지량 기준으로 15배나 크다. 2,400년의 주기로 한번 오는 것으로 알려진 '리히터 9'의 지진에도 견딜 수 있는 내진 설계를 했다.

세계에서 6번째, 아시아에서 3번째, 대한민국 최고층인 롯데월드타워의 완공으로 우리나라는 독보적인 초고층 건축기술 수준을 대내외에 입증했다. '한국 건축 기술의 집약체'로서 건설재료기술, 내풍설계기술, 내진설계기술 및 방재기술 등 건축구조설계 및 시공기술의 세계적 수준을 인정받는 계기가 되었으며 이후 해외 초고층 건축 수주에 긍정적인 이정표가 되었다.

미션 임파서블,
대륙 간 해저터널을 뚫어라

SK건설의 '터키 유라시아해저터널 개통'

099
—
100

터
키
유
라
시
아
해
저
터
널
개
통

유라시아 해저터널
출처: SK건설

수십 대의 자동차들이 해저터널로 빨려 들어가듯 사라진다. 사라진 자동차 행렬은 마치 해저도시의 도로 위를 달리듯 시원스레 질주한다. 들어갈 땐 아시아였는데 빠져 나온 곳은 유럽이다. 인간의 한계는 어디까지일까. 터키의 유라시아(Eurasia) 해저터널은 다시 한번 그 경계를 확장시켰다.

터키의 최대 도시 이스탄불은 보스포루스(Bosporus) 해협을 가운데 두고 아시아와 유럽 양 대륙에 걸쳐 있다. 실제로 인구의 대부분이 이 해협 주변에 밀집해 있고, 오가는 인구도 많다. 하지만 보스포루스 해협은 폭이 좁은 탓에 물살이 세서 그동안 다리가 2개밖에 건설되지 않았다. 그 때문에 극심한 교통 체증이 불가피했다. 고심 끝에 제시된 방법이 바로 보스포루스 해협 아래를 관통하는 해저터널을 만드는 것이었다. 세계의 고도(古都)이자 관광 명소인 이스탄불의 악명 높은 교통 체증이 획기적으로 해결되고, 아시아와 유럽 대륙이 쾌속으로 연결되는 것을 알리는 결정적 순간이었다.

유라시아해저터널은 이스탄불 보스포루스 해저를 가로질러 아시아와 유럽을 잇는 5.4킬로미터에 달하는 세계 최초의 자동차 전용 복층 터널이다. SK건설이 2008년 터키기업 야피메르케지(Yapi Merkezi)와 함께 공동으로 수주했다. 당시까지만 해도 유럽의 건설 시장은 세계 메이저 업체들의 전유물이었고, 국내 기업은 유럽지역의 인프라 개발 사업에 진출하여 성공한 케이스가 없었다. 중동에서 거둔 우리 기업의 성공 신화는 유럽에서는 통하지 않았다. SK건설은 일본, 프랑스 등 선진국들이 주로 실적을 보유한 해저터널 사업에 국내 기업 최초로 뛰어들어 수주에 성공하였다. 특히 프로젝트 개발에서 운영까지 토털솔루션을 제공하는 BOT(건설·운영·양도) 방식으로 사업을 따내 더욱 주목받았다.

해저터널을 공사하는 과정은 쉽지 않았다. 보스포루스 해저는 최고 수심 110미터에, 수압이 대기압의 11배에 달할 만큼 높고 지반이 모래, 자갈, 점토가 뒤섞인 무른 충적층 해저였으며, 고대 유물과 유적을 보호해야 하는 난공사 조건까지 겹쳐 작업 환경이 매우 까다로웠다.

그렇기 때문에 SK건설은 동원할 수 있는 최첨단 장비와 기술력을 모두 쏟아 부었다. 그중 하나가 특별 제작한 '터널굴착장비(TBM, Tunnel Boring Machine)'였다. 단면 직경이 아파트 5층 높이와 맞먹는 13.7미터, 총 길이 120미터, 무게 3,430톤에 달하는 세계 최대 규모의 거대한 굴착기였다. TBM 공법 커터헤드로 암반을 뚫는 동시에 터널 벽면을 시공하는 것으로, 하루 평균 25톤 트럭 100대 분량의 토사를 퍼 올리며, 매일 7미터씩 굴진한 끝에 16개월 만에 준공하는 데 성공했다. 2014년 4월 착공해 48개월간의 공사 끝에 2016년 12월 20일에 개통했다. 진도 규모 7.5의 강진에도 끄떡없는 내진 설비를 갖췄으며, 한 건의 사고도 없이 준공 시기를 계획보다 3개월이나 앞당겨 화제가 되었다.

사업비 12억 4,500만 달러(약 1조 4,700억 원), 건물 5층 높이에 달하는 13.7미터의 터널 직경으로, 세계 6위 수준의 초대형 터널이 탄생했다. 유라시아해저터널의 개통으로 보스포루스 해협을 통과하는 시간은 기존의 100분에서 15분으로 크게 줄어들었다. 하루 평균 약 12만 대의 차량이 이용하고 있으며, 이스탄불 전역의 차량 운행시간이 줄어들면서 이산화탄소 배출량도 감소하여 공기 질 개선에도 기여하고 있다.

SK건설에서 성공적으로 건설한 유라시아해저터널은 Shield TBM(Ø13.7미터)으로 해저 106미터에 건설했다. 해저터널 건설 분야에서의 국제 경쟁력을 보여준 대표적 사례로 인정받았다. 이로 인해 한국공학한림원이 뽑은 '2017년 건설환경공학 분야 최고의 프로젝트'로 선정됐다. 한국공학한림원은 기술력과 사회적 파급력 등을 기준으로 매년 5개 분야의 우수 기술을 선정하는데, 유라시아해저터널은 이동 시간, 도로 유지비, 공해물질 배출을 한꺼번에 절감하는 사업으로 평가를 받았다. 이 뿐만 아니라 국제도로연맹의 '2017년 글로벌 도로(Road) 프로젝트' 건설기술 분야 대상, '2016년 터널·교량 분야 글로벌 베스트 프로젝트상', '2016년 올해의 메이저 프로젝트상', '2015년 지속가능경영 사회·환경 분야 최우수 모범상'까지 굵직한 상을 잇달아 받았다.

해외로 바이오 영토를 넓혀라

세계 최초의 항체 바이오시밀러, 셀트리온의 '램시마'

2016년 4월 램시마 미국 FDA 허가 획득
출처: 셀트리온

'엘리베이터에서 마주친 옆집 아저씨의 표정이 요즈음 많이 밝아지셨다. 류머티즘 관절염을 앓고 계셨는데 요즘 들어 한결 통증이 줄어든 것 같다. 게다가 어제는 친구들 모두에게 아이스크림도 사 주셨다.'

'요즘은 매일이 즐겁다. 어제는 나를 잘 따르던 옆집 아이들을 엘리베이터에서 만난 김에 아이스크림을 사 주었다. 지겹도록 나를 괴롭히던 류머티즘 관절염이 좋아지고 있기 때문이다. 이게 완치가 어려운 자가면역질환이라서 통증도 통증이지만 오랜 기간 치료제를 복용할 수밖에 없어 약값 부담이 만만치 않았는데, 이제 새로운 약의 개발로 인해서 약값이 훨씬 싸졌기 때문에 집사람한테 용돈 더 달라고 눈치 보지 않아도 되어 좋다!

이러한 일이 가능해진 이유는 기존의 제약회사가 약값을 내린 것이 아니라, 저렴한 복제약이 출시되면서 같은 약효의 약을 아주 저렴하게 구입할 수 있게 되었기 때문이다. 바로 '바이오시밀러(Biosimilar)'이다. 혹 약효가 떨어지거나 부작용이 있는 건 아니냐는 의심쩍은 물음에, 담당 의사는 똑같은 효능을 갖고 있으니 걱정 말라며 백신이나 자가면역질환치료제 같은 바이오의약품을 복제한 약이라 정식 명칭이 '바이오시밀러'라고 알려주었다. 이렇게 고마울 데가 있나 병원을 나서는 발걸음이 가벼워진다.

'바이오시밀러'는 특허가 만료된 바이오의약품과 유사하거나, 동일한 효능을 갖는 복제약을 말한다. 바이오의약품은 세포나 단백질, 또는 유전자 등의 생물을 소재로 하여 만든 의약품이다. 일반 의약품보다 효과는 뛰어나지만 값이 비싸다는 단점을 해결하기 위해 개발되었다. 하지만 세포와 배양조건, 그리고 정제 방법 등의 차이로 인해 오리지널 바이오의약품과 완전히 동일한 의약품을 만드는 것은 불가능하기 때문에 '바이오제네릭'이라 하지 않고, 유사한(Similar) 의약품이라는 의미의 '바이오시밀러'라고 부르고 있다. 합성의약품에 비해 만드는 과정은 훨씬 까다롭지만, 상용화에 성공할 경우 비교하기 힘들 정도로 높은 수익성을 자랑한다. 더군다나 이미 특허가 만료됐거나 만료 시점이 임박한 오리지널 바이오의약품들이 계속해서 등장하면서 국내뿐만 아니라 전 세계적으로 바이오시밀러 제품에 대한 개발 경쟁이 본격화되고 있다.

우리나라의 바이오 분야는 2000년대 이래 동물 복제의 성공과 인간 DNA 염기 서열 규명 등의 성과를 통해 급격히 성장했다. 날로 발전하는 바이오 기술이 IT 혁명의 뒤를 이을 것이라는 전망 속에 바이오 산업에 대한 관심 또한 높아졌다. 한국에서도 IMF로 극심한 침체에 빠져 있던 국내 경제를 활성화하기 위한 방안으로 정부가 벤처 산업 육성에 많은 노력을 기울이면서 바이오 벤처 붐이 일기도 했다.

1990년대 말부터 협소한 국내 시장 상황을 타개하기 위해 ㈜럭키, 제일제당, 녹십자, 동아제약 등은 1세대 재조합단백질의약품들에 대한 제3국 시장 진출을 본격화했다. 특히, 2000년대부터 주요 거대 제품들의 특허 만료가 이어질 것이란 예측에 따라 LG화학은 바이오시밀러 허가 규정이나 허가 경로가 확립되지 않았던 시기였음에도 불구하고 미국과 유럽 등 선진시장 진출을 적극적으로 모색했다. 그 결과 2006년과 2007년에 LG화학의 성장호르몬(Valtropin®)이 각각 유럽과 미국에서 판매 승인을 받았다. 2007년에는 이수앱지스에서 국내 최초로 항혈전 항체치료제인 '클로티냅(Clotinap)'의 바이오시밀러 제품을 국내에 출시했다. 셀트리온과 삼성도 2000년대 중반부터 항체 바이오시밀러 사업에 본격적으로 진출했다. 그러던 와중에 셀트리온의 램시마(Remsima)가 2013년 유럽에서 바이오시밀러 항체의약품 가운데 최초로 허가를 받는 성과를 거두었다.

셀트리온의 자가면역질환 치료제 램시마는 종양 괴사인자(TNF-α) 저해 항체 레미케이드(성분명 Infliximab)에 대한 바이오시밀러 제품이다. 글로벌 비교 임상 결과 효능 및 안전성 측면에서 오리지널 제품과 동등하다는 것이 입증되었다. 2012년 7월 한국 식약처로부터 제품 허가를 획득했고, 2013년 8월에는 유럽 의약청(EMA)으로부터 항체 바이오시밀러로는 세계 최초로 허가를 취득하였다. 또한 2014년 1월과 7월에는 각각 캐나다와 일본에서 판매 허가를 획득했고, 2016년 4월에는 미국 FDA의 판매 허가를 획득했다. 뿐만 아니라 2018년 유럽에서 바이오시밀러로는 최초로 오리지널 의약품이 차지한 시장 점유율을 넘어섰다.

이외에도 삼성바이오에피스의 플락사비 등 한국의 바이오시밀러는 유럽 EMA 및 미국 FDA 등 선진국 규제기관의 승인을 획득함으로써 글로벌 품질 경쟁력을 확보하고 입증했다. 유럽과 미국의 의약 시장 진출을 통해 국내 의약품의 본격적인 글로벌 비즈니스 영토를 선점하는 신호탄을 쏘아 올렸다.

에필로그

한국공학한림원은 2016년부터 4년간 약 400명의 전문가가 참가하여 전 산업 분야를 아우르는 대한민국 산업기술 발전사 정리 편찬 작업을 진행하였다. 2019년 6월, 10대 산업별로 정리된 10권, 총 5,000쪽 분량으로 완성된《한국 산업기술 발전사》에는 광복 이후부터 2015년까지 70년간의 각 분야별 산업기술 발전 과정이 체계적으로 수록되어 있다. 특히 기계, 운송장비, 전기전자, 정보통신, 화학, 소재, 생활(섬유, 식품), 바이오의료, 에너지자원, 건설 등 10대 산업별 편찬위원회를 구성하고, 각 분야의 기술개발 주역 및 연구자들이 집필진으로 참여하여 기술의 발전과정을 더욱 생생하게 전달하였다.《한국 산업기술 발전사》는 우리나라 최초로 발간한 산업기술 사료이자, 한국 산업기술 발전에 대한 상세하고 객관적인 기록물로 평가받고 있다.

《한국 산업기술 발전사》10권은 전문적이고 학술적인 사료로서의 가치를 널리 인정받았지만, 많은 분량과 내용으로 인해 우리 산업기술의 발전과정을 일반 대중들에게도 알리기 위한 보다 대중적이고 교육적인 콘텐츠를 제작해야 한다는 필요성이 제기되었다. 이에 우리 산업기술의 역사를 일반 대중이 쉽게 이해할 수 있는 형태의 단행본 도서로 만들기 위한 사업을 준비하게 되었다.

2018년 10월 한국공학한림원 내에 '한국 산업기술 도전 100년, 도약 100장면' 사업 추진단을 구성하였다. 이 사업은 대통령 직속 '3.1운동 및 대한민국 임시정부 수립 100주년 기념사업 추진위원회'가 정부 기념사업으로 지정하면서 산업통상자원부의 지원을 받았다.

먼저 '산업기술 100장면 기획TF 위원회(위원장: 차국헌 서울대 공대 학장, 활동기간: 2018년 10월~2019년 12월)'를 구성하여 이 사업의 전체적인 개요와 운영안을 기획하였다. 기획TF에서는 구체적인 사업명과 일정 및 계획, 기간의 범위와 장면 선정기준, 발굴요령, 심사 절차 등을 기획하였고 11개의 각 '산업별 장면 발굴위원회(활동기간: 2019년 2월 ~2019년 5월)에 후보 장면을 발굴하기 위한 가이드라인과 시대별/산업별 장면 배분안을 제시하였다. 한편 작업 영역에서 벗어나는 일제강점기와 정책 부문의 후보 장면 발굴도 별도로 진행하기로 하였다.

산업별 장면 발굴위원회는《한국 산업기술 발전사》발간에 참여한

'산업별 발전사 편찬위원회' 중심으로 구성하였다. 각 발굴위에서는 후보 장면 발굴을 위해 각 산업별 연대기표(3,777개)를 추출하였고, 이를 토대로 심의를 진행하여 기획TF에서 제안한 '시대별/산업별 장면 배분안'을 적극 반영한 후보 장면 145개를 예비 선정하였다. 기획TF에서는 산업별 영역에 포함되지 않은 일제강점기 15개와 정책제도 부문 20개의 최초 후보 장면을 발굴하고, 이를 토대로 일제강점기 9개, 정책 10개 후보 장면을 예비 선정하였다.

예비 선정한 후보 장면들은 각 장면의 이름과 시대배경, 역사적 의의, 성과물, 산업 발전 기여도 등을 간략하게 담은 설명자료로 정리하여 2019년 5월 28일 개최한 '산업기술 100장면 선정위원회(위원장: 권오경 한국공학한림원 회장, 구성: 산/학/연 전문가 – 11개 발굴위원장, 기획TF, 회장단, 전문가 등)'에서 상세 검토 및 심의하였다. 회의 결과를 토대로 협의 과정을 거쳐 산업별 장면 82개, 일제강점기 8개, 정책 10개 등 100개 장면을 최종 선정하였다.

이렇게 선정된 100장면은 시대 순으로 배치하였고, 시대별로 4부 구성(1부: 일제강점기~1950년대, 2부: 1960년대~1970년대, 3부: 1980년대~1990년대, 4부: 2000년 이후)으로 그룹화하여 각 장면에 대한 스토리텔링 작업을 진행하였다. 이와 함께 도서 내용을 기반으로 하는 10분 내외의 다큐멘터리를 제작하여 '산업기술 발전사 포럼'에서 소개한 후 '채널i' 및 각종 공공방송에 편성하여 방영한다.

《꿈이 만든 나라(부제: 대한민국 산업기술 100장면)》는 우리 산업기술의 발전과정을 대중적인 사건 중심으로 접근하여 누구나 쉽게 읽을 수 있는 책으로 만들고자 했다. 다소 딱딱한 산업기술의 발전상을 읽기 편한 문장과 100장면이라는 익숙한 프레임에 담아 독자들의 흥미와 몰입도를 높이고자 노력하였다.

지난 100년 동안 우리나라는 끊임없는 노력과 도전으로 오늘날 세계적인 국가로 도약하는 데 성공했다. 4차 산업혁명 시대를 살아갈 우리의 미래 세대들이 이 책을 통해 우리의 자랑스러운 과거의 성과를 가슴에 품고 새로운 도전과 도약을 향해 나아가는 계기가 되었으면 한다.

꿈이 만든 나라
대한민국 산업기술 100장면

1판 1쇄 발행 2019년 12월 10일
1판 2쇄 발행 2019년 12월 18일

한국공학한림원 편저

발행인 추기숙
기획실 최진 | **경영총괄** 박현철 | **편집장** 장기영 | **디자인** 이찬범
디자인실 이동훈 | **경영지원** 김정매 | **제작** 사재웅

발행처 ㈜다니기획 | 다니비앤비(DANI B&B)
출판신고등록 2000년 5월 4일 제2000-000105호
주소 (06115) 서울시 강남구 학동로26길 78
전화번호 02-545-0623 | **팩스** 02-545-0604
홈페이지 www.dani.co.kr | **이메일** dani1993@naver.com

ISBN 979-11-6212-059-0 03320

산업기술 100장면 사업 기획TF

차국헌 서울대 공대학장(공학한림원 부회장/기획TF 위원장)
김근배 전북대 교수(기획TF 위원)
김도훈 산업연구원 前 원장(기획TF 위원)
이나리 플래너리 대표(기획TF 위원)
임혜숙 이화여대 공대학장(기획TF 위원)
허은녕 서울대 교수(기획TF 위원)

김종훈 한국공학한림원 기획전략팀장
윤관영 한국공학한림원 선임연구원

자료 구성 유상원, 윤치영

1919 ~ 2019

100

100 YEARS OF TECHNOLOGICAL CHALLENGE,
100 BREAKTHROUGH SCENES IN KOREA